DAS BESTE VON WHITE EAGLE

WHITE EAGLE LESEBUCH

ZWEI BÜCHER IN EINEM

STELLA POLARIS VER-
LAG UG

DAS BESTE VON

White Eagle

und

WHITE EAGLE LESEBUCH

ZWEI BÜCHER IN EINEM

Eine Zusammenstellung aus den Lehren von White Eagle
mit Illustrationen von Bodel Rikys

STELLA POLARIS VERLAG UG

Titel der englischen Originalausgabe:
THE BEST OF WHITE EAGLE

Deutsche Übersetzung:
Rotraut Ganser
1. Auflage - Dezember 2012

Stella Polaris Verlag UG (haftungsbeschränkt)
Schraystr. 2, 82110 Germering,
Deutschland

Druck: AALEXX Buchproduktion GmbH, Großburgwedel

ISBN 978-3-937980-18-8

Inhalt

WIR RATEN euch, unseren Brüdern, dass die Vision auf die ihr euren Blick gerichtet haltet, der sechseckige Stern sein soll, das Symbol des Geistes, das Symbol des Christus. Wenn ihr eure Vision stetig und fest auf diesen Stern ausrichtet, werdet ihr erhoben und nehmt die Dinge auf eurer Erde von einer höheren Warte aus wahr. Wenn ihr die Dinge aus dem Tal heraus beobachtet, könnt ihr die gesamte Schönheit, die euch umgibt, nicht klar erkennen. Aber wenn ihr durch den Stern auf eine höhere Ebene gehoben werdet, nehmt ihr die verschiedenen Bedingungen und Probleme des Lebens ganz anders wahr. Alle Menschheit sollte dem Stern folgen. Er wird euch niemals vom rechten Weg abbringen und nie in die Irre führen.

DER PFAD INS LICHT

1. Auf der Suche

Der Schlüssel, der das Tor zu den himmlischen Geheimnissen öffnet, liegt nicht im menschlichen Verstand, sondern im Herzen.

ALLE suchen das Licht, doch nicht in Gegenwart anderer wird dein Licht entzündet, nicht einmal deinen Nächsten und Liebsten wird es enthüllt, sondern im innersten Heiligtum – ohne Schleier zwischen dir und deinem wahren Selbst.

WENN sich dein Herzzentrum in Liebe und Freundschaft gegenüber allen Geschöpfen öffnet, beginnt es zu wachsen und sich auszudehnen und Hellsichtige können es als ausstrahlendes Licht erkennen.

WORTE DES INNEREN MEISTERS

SO WIE du dich nach Gott sehnst, wie du dich bemühst, das göttliche Licht im Inneren heller und größer werden zu lassen, sodass deine Gedanken positiv und gut sind und all dein Sehnen und Trachten himmelwärts gerichtet ist, so setzt du machtvolle Schwingungen in Gang. Du wirst selbst zu einem Wirbel aus Licht und geistiger Macht und – wenn vielleicht auch unbewusst – das Gute auf den Plan rufen. Dein Leben gewinnt dadurch einen neuen Aspekt. Du empfindest zunächst eine ruhige innere Harmonie, ein festes Gottvertrauen. Um Gott zu wissen heißt, zu glauben und darauf zu vertrauen, dass alles in deinem Leben zum Guten zusammenwirkt und dass ebenso alle Dinge in der Welt zum Guten ineinanderwirken.

GEISTIGE JAHRESZEITEN

Auf der Suche nach Gott

Die Göttliche Mutter

MANCHE Menschen fühlen sich dem Geist oder Gott in einem Garten, auf der Heide oder auf den Bergen näher. Andere würden dir sagen, wenn sie ehrlich aus dem Herzen sprächen, dass sie sich auf dem einsamen Meer Gott näher fühlen. Wieder andere fühlen sich Gott näher, wenn sie schöner Musik lauschen. Etliche spürten die Nähe zu Gott, wenn sie ein schönes Bild betrachteten oder selbst eines malten. Eine Mutter könnte dir sagen, dass sie Gott am innigsten bei der Geburt ihres Kindes spürte oder wenn sie in dessen Augen blickte, in dieser unbeschreiblichen seelischen Nähe, die einer Mutter so viel bedeutet. Zwei Freunde kommen Gott näher in der Liebe, die sie füreinander empfinden - Seele zu Seele.

Solche Gefühle kann man nicht mit irdischen Worten ausdrücken; es kann sich nur um ein stilles Verbundensein und ein inneres Wissen um Gott handeln. Du kannst Gott in Mann und Frau und in deinem Gefährten erkennen. Wenn du nämlich das innere Licht in deinem Mitmenschen fühlen und erkennen kannst, siehst du tatsächlich Gott.

Das ist das Ziel und das ideale menschliche Leben, nach dem sich alle sehnen – dieser Augenblick, in dem du das Licht blendend aufblitzen siehst und du eins wirst mit Gott und dem Leben, mit Gott und den anderen. Diese Erfahrung kannst du bereits machen, wenn du noch in einem materiellen Körper weilst. Dieses von Angesicht zu Angesicht Gott gegenüberstehen, ist das Finden der Wahrheit. Du erkennst es noch nicht als Wahrheit, aber du hast so ein Gefühl. Ja, Gefühle können manchmal in die Irre führen, aber es gibt einen Faktor der nie in die Irre führt und das ist der Blick oder die Sichtweise deines Geistes. Weißt du, was wir meinen? Die geistige Vision, die Vision, die auf das Leben blickt und Gott in der Form manifestiert sieht. Das ist die Suche, auf die ihr euch alle begeben habt: die Suche nach Gott.

Vorbereitung

WEISHEIT VON WHITE EAGLE

UM Einfachheit sollte jeder Suchende beten, denn erst, wenn die Seele wahrhaft demütig wird, kann sie empfänglich werden für die Führung und Liebe der unsichtbaren Brüder und der Engelsboten, die unter Gottes Befehl darauf warten, zu dir und allen menschlichen Wesen zu kommen. Der Schlüssel, der das Tor zu den himmlischen Geheimnissen aufschließt, liegt nicht in des Menschen Verstand, sondern im Herzen. Die Wahrheit ist einfach. Doch gerade weil sie so einfach ist, verbirgt sie sich vor dem mächtigen Intellekt und jenen, die mit Worten spielen. Dem liebenden Herzen aber offenbart sie sich.

Versteht uns nicht falsch. Wir wollen damit nicht sagen, dass gebildete Menschen diesen himmlischen Segen, die Führung und die Inspiration nicht empfangen könnten. Wir meinen lediglich jene, welche intellektuell arrogant sind, jene die von ihrer eigenen Arroganz geblendet werden und erst noch eine Einweihung oder Erfahrung durchlaufen müssen, bei der sie durch Leid oder Freude (Leid und Freude spiegeln sich gegenseitig) zur Demut finden.

Jede Seele muss derartige Erfahrungen machen, vielleicht sogar mehrmals, ehe sie begreift, was es heißt, demütig zu sein. Der größte Geist ist immer der demütige, das wirst du bei allen älteren und weisen Brüdern finden. Demut ist tatsächlich die wichtigste Tugend, wenn die Seele Gott in irgendeiner Weise verstehen oder erfahren will. Durch die Erfahrungen im menschlichen Leben mit all seinem Leid und seiner Freude wird die Seele angeregt und in die Lage versetzt, die Wahrheit zu erkennen, was natürlich heißt, dass sie ihre Beziehung zum Ewigen Geist erkennt.

Die Stille – ist das Geheimnis

MIT Christus kann man alles erreichen. Der Fehler den so viele Menschen machen ist, sich auf ihre eigene Kraft zu verlassen. Das Geheimnis besteht nämlich darin, einzutreten in die Herzenskammer, in das inneren Selbst, den Ort der Ruhe und Stille und dort zu beten, oder anders ausgedrückt, beiseite zu treten und die Kraft Gottes durch das Medium Körper, Geist und Seele wirken zu lassen. Dann gibt es nichts, was man nicht erreichen könnte, denn dann geschieht alles, was man tut, zur Ehre Gottes. Jede Seele, die fähig ist mit Gott zu kommunizieren, in Einklang mit ihm zu kommen, ist bereit, Gott zu offenbaren.

DIE VIER GROSSEN EINWEIHUNGEN

Einige Wunder des Meisters bestanden in der Heilung Blinder. Blinde symbolisieren diejenigen, denen es an Einsicht und Verstehen der geistigen Wahrheit mangelt. Während sich ihre Seele nach Liebe sehnt, können sie sie weder empfinden noch geben. Sie nehmen die unsichtbaren Welten großer Schönheit und Strahlkraft um sich nicht wahr, oder sie merken nicht, dass sie selbst in einer Welt leben, die, recht betrachtet, eine Welt voller geistiger Pracht und Herrlichkeit ist. Was für eine schöne Aufgabe ist es doch, die Augen derer öffnen zu können, die in Finsternis weilen und ihnen zu zeigen, dass es keinen Tod und nicht einmal eine Trennung gibt, selbst wenn ein geliebter Mensch seinen physischen Körper verlässt, um in eine andere Welt einzugehen! Das ist die Aufgabe derjenigen, welche die Wassereinweihung bestanden haben, die ihre seelisch- geistigen bzw. übersinnlichen Kräfte unter Kontrolle gebracht haben, die in andere Welten blicken und die ihre Vision der Wahrheit an ihre Gefährten weitergeben können.

Viele Leute vergeuden Zeit und Energie mit dem Versuch, andere von der Existenz einer geistigen Welt zu überzeugen. Es besteht keine Notwendigkeit, irgendjemanden zu überzeugen. Am besten ist es, jene Kraft auszustrahlen, welche die Seele unterweist, sobald diese dafür bereit ist. Das ist alles nur eine Frage des Entwicklungsstandes der betreffenden Person. Diese Dinge haben ihre Zeit. Sobald jemand das Recht erworben hat, eine geistige Wahrheit zu erfahren, stellt sich der Lehrer auch ein. Manchmal werden die Menschen nervös und sehnen sich danach, einem Meister aus Fleisch und Blut zu begegnen. Für gewöhnlich werden sie enttäuscht. Haben sie jedoch schließlich den Punkt erreicht, an dem sie einen Meister erkennen können, wird sich der Meister auch offenbaren. Sie selbst haben dann die nötigen Bedingungen geschaffen, um vom Meister die Erleuchtung, die Lehre, die Tröstung und die Hilfe zu empfangen, die sie als Vorbereitung für den nächsten Schritt auf dem Weg brauchen. Es ist eine große Aufgabe, das Augenlicht von Blinden wieder herzustellen, oder mit anderen Worten, sie durch die Macht des inneren Christusgeistes zu erleuchten.

Es ist nicht die Sprache, es sind nicht nur die Gedanken – es ist das innere Selbst des Menschen das so kraftvoll und so christusähnlich werden kann, dass es Heilung, Unterweisung und Segen übertragen kann. Die daraus resultierende Wirkung kann nicht oberflächlich oder vorübergehend sein, denn sie stammt vom Gott in der Seele und ist daher ewig und unendlich. In jeder Seele wohnt Gott, auch wenn noch viele Schichten abgetragen werden müssen, ehe das Licht des Christus hervorstrahlen kann. Diejenigen, die etwas weiter fortgeschritten sind als andere, können tatsächlich manchmal ihren Brüdern helfen, einige dieser äußeren Schichten abzulegen.

Das Wirkliche

EINES Tages wirst du feststellen, dass du nicht nur von geistigen Welten und Wesen umgeben bist, sondern auch von feineren physischen oder halb-physischen Welten, die von

Wesen bewohnt werden, die dir ähnlich sind. Zeitweise mischen sich Wesen unter euch, die nicht von dieser Welt sind, sondern von anderen Planeten kommen. Wesen von anderen Planeten ist es nicht fremd, durch ein sensitives menschliches Instrument zu sprechen. Die Menschen sind festgefahren in ihren Vorstellungen und kommen von ihrem eingleisigen Verstand nicht los. Jenseits dieser eingleisigen Denkart gibt es jedoch so viel Wunderbares und ein herrliches Leben, von dem ihr nichts wisst.

Du empfindest das Leben als schwierig und einsam und hast das Gefühl, dich immer nur abzurackern und im Stress zu sein. Deine Füße sind schwer wie Blei und der Weg, auf dem du dich dahinschleppst, kommt dir sehr beschwerlich vor. Lerne offen zu sein für deine Vision und habe den Mut, zu glauben was du glauben willst. Viele haben schon zu uns gesagt: “Ach White Eagle, ich wünschte, ich könnte glauben! Gib mir einen Beweis, dann will ich glauben!” Mein liebes Kind, der Beweis, nach dem du verlangst, liegt in dir! Du verlangst eine Bestätigung dafür, dass du ein unvergängliches Wesen bist und dass dein Schöpfer die All-Liebe ist? Du möchtest wissen, dass der Tod nicht zu fürchten ist? Du möchtest sicher sein, dass du niemals von deinen Lieben getrennt sein kannst? Die Antwort auf jede dieser Fragen liegt in dir selbst. Du möchtest sicher gehen, dass du bei deinen Meditationen keiner Selbsttäuschung unterliegst und dass du dir nicht einfach irgendetwas einbildest, was zwar schön aussieht, aber tatsächlich unwirklich und nur Fantasie ist? Wenn du in deinen Meditationen und in deiner Sehnsucht dein Bewusstsein zu deinem Schöpfer erhebst, bemerkst du etwas Anbetungswürdiges und großartig Schönes. Den Atem des Unendlichen! Den Duft dieses Atems! Die Freude dieses Lebens! Ist es wirklich oder wird es am Morgen wieder verschwunden sein?

Wir antworten, dass alles Heilige, alles Reine, alles Herrliche und Schöne von Gott kommt und wirklich ist. Das ist dein wahres Leben. Bei diesen Worten wirst du einwenden: “Warum sind wir dann hier unten eingesperrt in diesen schweren Körper? Warum ist die Welt so tief gefallen, wenn das menschliche Leben vor Äonen so schön war? Wenn sie jemals ein Garten Eden war, was ist dann seither mit dieser Welt geschehen? Was haben wir getan, sie in diesen schrecklichen Zustand zu bringen?" Ja, was habt ihr getan? Was tut ihr jetzt? Das bringt es vielmehr auf den Punkt. Denn würdet ihr in jedem Augenblick im Bewusstsein eures Schöpfers, im Bewusstsein des Sohnes Gottes, des Christus leben, würdet ihr weder leiden noch in Dunkelheit gefangen sein. Die Liebe Gottes und des geistigen Lebens ist schöpferisch, und sie wird Schönheit und Harmonie in deinem Körper, in deinem Leben und in deiner Umgebung erschaffen. Sie wird dir ein geistiges Leben bescheren, das von der trügerischen, selbstsüchtigen Existenz weder angetastet oder verletzt, verdunkelt oder besudelt werden kann.

Du betrachtest das Leben von deiner irdischen Warte aus und siehst vielleicht nichts als Chaos. Du sagst: "Was ist dieses Leben doch für ein Durcheinander! In welch schrecklichem Zustand befindet sich diese Welt!" Und doch wirkt das göttliche Gesetz einzig auf das Gute hin, bringt Schönheit und Harmonie auf der niedrigsten Stufe – der physischen Materie – zum Ausdruck. Auch wenn das materielle Leben chaotisch erscheint, entwickelt es sich doch immer weiter. Wenn du irgendein Werk von Anfang an betrachtest, siehst du, dass es zuerst durch eine chaotische Periode geht. Bei einem Hausbau sieht man zum Beispiel zunächst ein Durcheinander. Wenn ein Maler ein Gemälde beginnt, ist auf seiner Leinwand eine rätselhafte Mischung von Farben und unfertigen Formen. Oder du siehst die überschriebenen Seiten eines Buchmanuskripts und sie kommen dir chaotisch vor. So scheint also im Verlauf der geistigen und materiellen Entwicklung das Chaos vorzuherrschen, und wer es nicht besser weiß wird sagen: „Die Menschen sind so schlecht und es gibt viel Böses in der Welt.“ Wir möchten dir eine Vision zeigen und zwar nicht die des Durcheinanders und des Bösen, sondern von einer unendlichen Kraft, die in vollkommener Ordnung von den Höhen bis zu den Tiefen, vom Himmel bis hinab in die physische Materie und durch die ganze Menschheit hindurch wirkt. Wir möchten dir einen Ablauf zeigen, der in allem Leben Dunkelheit in Licht verwandelt. Licht erschafft Leben, und noch in der niedrigsten Lebensform wirkt das Licht mitten in der Dunkelheit. Das göttliche Gesetz, das Gesetz Gottes wirkt auf das Schlechte oder Böse ein; das Positive wirkt in einem Prozess auf das Negative ein, der allmählich das vollendete gottbewusste Wesen hervorbringt.

"Der vollendete Mensch": diese einfachen Worte drücken die ganze Wahrheit aus. Das Licht kommt vom Himmel und weilt in der Finsternis; es wirkt auf die Finsternis ein, auf das Böse, und erschafft langsam, auf Grund eines fehlerfreien Gesetzes und mit perfekter Präzision die vollkommene Gestalt, die vollkommene Seele, die vollkommene Offenbarung des Sohnes Gottes.

Überall auf der Erde findet man Überreste großer Sonnentempel, und die Wissenschaftler zerbrechen sich die Köpfe darüber, wie die Menschen der Vorzeit gigantische Steine mit einem Gewicht von vielen Tonnen bewegen und aus ihnen Tempel errichten konnten. Die Alten wussten um die Macht von Klang und Rhythmus; sie verstanden diese Kraft und wandten sie an. In einigen Fällen erbauten sie ihre Tempel aus ätherischer Substanz und Licht und im Lauf der Zeit und mit dem Abflauen der geistigen Kräfte des Menschen verfestigten sie sich zu Stein. Wenn du zu gewissen Zeiten nach Stonehenge gehst und deine inneren Augen öffnest, siehst du die großen Engel dort, die Uralten, die Großen von anderen Planeten, deren Macht dort zentriert ist. Siehst du nicht, dass die Schöpfung kein auf die Erde beschränktes Phänomen oder irgendeines Planeten ist. Sie hat kosmische Ausmaße und alle ihre Teile sind eins. Zwischen ihnen besteht ein reger Austausch und beständige Kommunikation. In alten

Zeiten kamen göttliche Wesen auf die Erde, und wenn Gott, der Herr, es einmal für gut hält und die Erdenmenschen dafür bereit sind, werden Wesen aus dem Weltall wieder kommen, die Menschheit wird sie sehen und erkennen, und diese Wesen werden den Erdenmenschen großes Glück bringen.

Ganz sicher kommt die Zeit, da die Wissenschaftler durch ihre Entdeckungen im Reich der Physik mit der Tatsache konfrontiert werden, dass es ein geistiges, wie auch ein materielles Universum gibt. Wenn die Menschheit dann noch entdeckt, wie weise das Studium der geistigen Wissenschaft ist, tritt sie in die wunderbarste, herrlichste Welt ein, denn nun erkennt ein jeder ganz klar die einzig wahre Lebensweise und entwickelt ganz natürlich alle seine inneren göttlichen Eigenschaften.

Du meinst vielleicht, das liegt in weiter Ferne, aber wenn die Menschheit die gegenwärtige Prüfung besteht – und wir denken sie wird – schreitet sie auf dem Weg der geistigen Entfaltung voran: in all den Disziplinen der Wissenschaft, der Philosophie, der Erziehung, des Okkultismus, der Kunst, der Musik, der Heilkunst und so weiter, und der Einfluss der Großen an der Spitze all dieser Disziplinen wird mit ganzer Kraft auf die Menschheit gerichtet.

Das Leben beginnt aus dem Zentrum heraus, aus dem geistig-seelischen und strahlt in immer größere Kreise oder Lebenszyklen hinaus. Dabei wird das Leben immer vollkommener.

Erleuchtung

In Harmonie mit dem Geist

Der Strahl des Lichtes und der Schönheit an den dunklen Stellen des Lebens ist der sicherste, geeignetste und beste Weg um den menschlichen Verstand in Harmonie mit dem göttlichen Geist zu bringen. Was für einen Nutzen bringt es, in einem dunklen Raum zu stehen und über die Dunkelheit nachzudenken? Auf diese Weise wird kein Fortschritt erzielt; aber wenn eine angezündete Kerze oder Lampe in diesen Raum gebracht wird, erleuchtet und enthüllt sie alles. So halten wir an diesem Standpunkt fest und konzentrieren uns auf Vollkommenheit in einer Welt, die vielen so voller Dunkelheit und Leid zu sein scheint. Aber die Menschheit muss ihre Augen öffnen für die herrliche Vision, ehe sie einen Schritt voran gehen kann auf dem Weg, der sie schließlich zu dieser Vollkommenheit führt.

Das Leben geht weiter und weiter, sich immer weiter entfaltend, sich immer weiter entwickelnd. Denkt niemals, dass das Leben ein Ende findet. Der Verfall, den ihr besonders im Herbst seht, ehe die Winterruhe einsetzt, ist wirklich wunderschön. Verfallende Dinge sind in Wirklichkeit schön, denn der Verfall schafft Platz für etwas Neues und noch Schöneres. Denkt daran, die Blätter fallen ab, weil das neue Leben sie abstößt. Der Verfall der Natur ist die Wiedergeburt der Natur, und mit dem Verfall aller physischen Dinge schafft Gott neues Leben. Um neue Dinge haben zu können, müsst ihr die alten beiseite räumen; das Alte muss sich zurückziehen oder allmählich in das Neue aufgenommen werden. Das gilt für die Menschen ebenso wie für die Natur. Wir hoffen, dass ihr euch immer bemüht, in dieser Richtung zu denken. Sogar wenn ihr geliebte Menschen verliert, denkt daran, dass sich ihre physische Form in etwas Neues aufgelöst hat, das kein unglücklicher Zustand, sondern ein neuer und herrlicher ist.

Im Anfang war das Wort; und das Wort war bei Gott. Ehe die Welt entstand erschuf der *Gedanke* Gottes das, was erschaffen wurde. Der Gedanke des Friedens und guten Willens, den die Engel und Lehrer beständig zu der Erdebene hin senden, kommt so nachdrücklich, weil die Lehrer, die planetarischen Herren, bestrebt sind, das schöpferische „Wort“ des Friedens und der Einheit erklingen zu lassen. Wir selbst sehen die Erde nur im Zustand des Friedens. Die Menschen leben gleichsam in einem dunklen Haus, völlig verdunkelt, und können nicht das Nächstliegende sehen – und schon gar nicht das in der Zukunft kommende. Schiebt die Verdunkelungen eurer Seele beiseite – das heißt, stimmt euch so in eurem täglichen Denken und Bestreben ein – dass die Fenster eurer Seele, die sieben Zentren eurer Seele, belebt werden mögen: so dass die Seele mit klarer, ungehinderter Vision vorwärts blicken kann und um sich herum den Prozess der Geburt, des Aufbaus, des Wachstums sieht.

Lauschen

GEISTIGE JAHRESZEITEN

WENN ihr euch nur Zeit nehmen wolltet, um euch von den äußeren oder materiellen Ebenen des Lebens zurückzuziehen und zu *lauschen!* Wenn du friedlich in deinem Garten sitzt, durch die Anlagen deiner Stadt schlenderst oder draußen ruhige Feldwege entlang wanderst, nimm dir Zeit, um der Stimme der Liebe zu lauschen, die sich dann sicherlich in der Stille deiner Seele vernehmen lässt.

Das, liebe Brüder, ist das große Geheimnis des Lebens auf der Erde. Wer nur auf der materiellen Ebene dahinlebt, ist am Verdorren und Verhungern. Was auch immer sie tun und unternehmen, wenn sie nicht in der Stille ihres Herzens den Kontakt mit dem Geist oder der Stimme Gottes herstellen, werden sie nicht der Fülle teilhaftig, die ihnen von unserem Vater-Mutter-Gott zugedacht war. Gott hat Seinen/Ihren Kindern das Geschenk der Liebe, das Geschenk der Weisheit ins Herz gelegt. Ein anderer Name für dieses Geschenk ist der Geist des Christus.

Prüfe unsere Worte selbst nach. Beobachte die Menschen, die entsprechend ihrem Verständnis versuchen, ihre künstlerische, musikalische und literarische Begabung auszudrücken oder auch die Gabe des Heilens und beobachte, wieviele von ihnen in Verbindung mit diesem geheimnisvollen geistigen Leben stehen.

Wer über diese Verbindung verfügt, bringt das Leben des Geistes in seinem Werk zum Ausdruck. Andere, die rein auf der verstandesmäßigen Ebene wirken, mögen der Welt einen brillanten Dienst erweisen oder brillante Arbeiten abliefern, aber dennoch fehlt etwas, wenn der Geist nicht hindurchscheint.

Ein Musikstück kann noch so perfekt – technisch perfekt – gespielt werden, aber seinen Zweck verfehlen, wenn es geist- oder seelenlos dargeboten wird. Pflege also in ruhigen Augenblicken die Kunst, in dich hineinzulauschen; der Geist spricht immer in der gleichen Sprache – in der Sprache der Liebe. Liebe vermittelt deinem Herzen Frieden, Freundlichkeit, Toleranz und den Wunsch, selbstsüchtige Ziele zu vergessen und die Sehnsucht, der übrigen Menschheit das zu geben, was dir dein Geist offenbart hat.

Dienen

DIE STILLE DES HERZENS

DU fragst: „White Eagle, was kann ich tun, um der Menschheit zu helfen." Und wir antworten: „Bemühe dich täglich, stündlich, in jedem Augenblick deines Lebens, dein wahres Selbst zu erkennen, das tief verborgen in deinem innersten Wesen liegt. Wie ein Lichtstrahl wird es in dir emporsteigen, auf dem du fähig sein wirst dich auf eine höhere Bewusstseinsebene zu erheben, wo du dich in die Macht und Liebe Gottes eingebettet findest.

Übe dich jeden Tag darin, dir des Großen Weißen Lichtes in deinem Wesen bewusst zu werden und es in die äußere Welt hinauszusenden. Dann, mein Freund, lösen sich die Nebel rund um die Erde auf. Erwarte nicht von anderen, damit *sie* die Arbeit für dich tun. Jeder ist sein eigener Erlöser und jeder ist der Erlöser der ganzen Menschheit.

Lege in jede deiner Handlungen das geistige Licht, die Wahrheit und die Liebe. Bete und bitte, dass der Wille Gottes durch dich und in deinem Leben zum Ausdruck komme. Lasse deine Bruderschaft nicht bloß ein Lippenbekenntnis, sondern eine bis ins kleinste Detail tatkräftige und herzliche Bruderschaft sein. Dann brauchst du dir über zukünftige Ereignisse keine Sorgen mehr zu machen. Du kannst ihnen vertrauensvoll und voller Hoffnung entgegensehen. Du kannst sicher sein, dass du, ein einzelner Mensch, der ganzen Menschheit hilfst, denn als Teil des Ganzen kannst du alle Menschen erheben, damit sie göttlichen Beistand empfangen.

Die Liebe der Bruderschaft ist immer mit dir. Schau auf zum Licht des Sterns, es wird dich nie im Stich lassen."

Der Suchende von heute befasst sich nicht mit dem klösterlichen oder asketischen Leben von früher. Er oder sie ist aufgerufen, sich unter die Menschen zu mischen und den Seelen, denen er begegnet, das Licht der Zeitalter zu vermitteln.

WORTE DES INNEREN MEISTERS

2. Der Gedanke

Halte deine Gedanken immer auf das gute, schöne und wahre göttliche Leben ausgerichtet.

ALLES wird gut und recht werden, wenn du deinen Blick, deine Vision, fest auf Gott ausrichtest, denn Gott entwickelt und erschafft immerzu Gutes aus dem Übel, Ordnung aus dem Chaos und Licht aus der Finsternis.

LICHTWEGE

DER einzige Weg für dich besteht im Vertrauen auf Gott und Seine vollkommene Weisheit. Wenn du voll Vertrauen auf Gott bist, bist du bereit, das Leben so anzunehmen wie es ist, weil du weißt, dass es nicht anders als gut sein kann. Es wird dir in Liebe gegeben und alle Umstände deines Lebens müssen sich verbinden, um zu Gutem, zu Wachstum, Licht und Fortschritt zu führen. Auf Gott zu vertrauen bedeutet, dass du vollkommen im Frieden bist. Du siehst das Leben als einen Wachstumsprozess, und das scheinbar Hässliche und Qualvolle betrachtest du als Umstand, der letztlich zu Schönheit und Vollkommenheit in das Leben von allen bringen wird. Wenn du auf Gott vertraust wirst du unberührt bleiben von allem, was in dieser Welt geschehen kann. Sobald du das Vertrauen auf Gott gefunden hast, bist du nicht mehr verwirrt und beunruhigt.

UNSER GEISTIGER BRUDER SPRICHT

Das richtige Tempo

AUF der langwierigen Entwicklungsreise ist viel Geduld und Ausdauer erforderlich. Du kannst nicht einfach die Hindernisse überspringen – wie es viele Menschen versuchen. Die uralte Geheimlehre besagt, dass kein Kandidat für eine Einweihung versuchen soll, vorwärts zu stürmen. Das niedere Selbst ist es, das vorwärts eilen und rasch ans Ziel kommen möchte. Sobald die Menschen erwachen und sich bewusst auf den geistigen Weg machen, möchten sie immer mehr wissen. Der Verstand giert nach Wissen – das muss gezügelt werden. Selbstdisziplin und Gelassenheit sind hier nötig. Ruhige Gelassenheit ist von höchster Wichtigkeit, weil die Seele nur in ihren ruhigen Momenten für den Dienst der Engel aufnahmefähig ist. Der Schutzengel kommt unzählige Male zu der ihm anvertrauten Seele, aber wenn diese Seele ganz mit der Welt und sich selbst beschäftigt ist, kann sie seine Führung nicht empfangen.

Wenn du also geistige Wahrheit und göttliches Gesetz begreifen willst, musst du deinem inneren Licht folgen. Du sollst dann nicht nur der inneren göttlichen Stimme gehorchen, sondern ihr auch vertrauen. Selbst, wenn dich manchmal die Erfahrungen, die auf dich zukommen beunruhigen, musst du vertrauensvoll bleiben. Du musst an die innere göttliche Stimme glauben und ihr gehorchen; du musst dem göttlichen, dich leitenden Licht, das durch dich wirkt, ganz vertrauen. Wenn du diese Tugenden erworben hast, stellst du die Weisheit der göttlichen Gesetze nicht mehr mit deinem irdischen Verstand in Frage. Du gibst dich der Liebe Gottes hin und erkennst an, akzeptierst und nimmst an.

Dagegen wird sich der irdische Verstand wehren und dagegen halten: „Ich muss doch bestimmt nichts akzeptieren, was der Vernunft widerspricht, die mir Gott gegeben hat – sofern es denn überhaupt einen Gott gibt.“ Wie wahr! Aber die wahre

Urteilskraft oder Denkfähigkeit in dir kann immer durch das geistige Licht zufrieden gestellt werden. Wenn das Licht in deinem Herzen aufleuchtet und wenn du durch deine eigenen Erfahrungen eng ans Herz Gottes oder des Meisters gezogen wurdest, siehst und erkennst du. Du brauchst dann keine Bücher mehr, die dir etwas vermitteln, noch jemanden, der zu dir spricht, so wie wir zu dir sprechen. Die Erfahrung in der Meditation, in einem kontemplativen Zustand oder im Gebet vermittelt dir etwas, das gar nicht beschrieben werden kann. Du aber erkennst in dieser Erfahrung, die ja eine Verbindung mit deinem Schöpfer, mit Gott ist, die Wahrheit.

Wenn du dich auf eine Reise in ein fernes Land begibst, bemühst du dich normalerweise so viel wie möglich darüber in Erfahrung zu bringen. Du besorgst dir vermutlich Landkarten und Reiseführer, die dir vermitteln, wie du dorthin gelangst und die das Land beschreiben, in das du reisen möchtest. Mehr können sie nicht leisten. Sie können dir weder das entsprechende Transportmittel zur Verfügung stellen, noch können sie für dich reisen. Du musst schon selbst reisen und deine Erfahrungen machen; dadurch erfährst du viel mehr als du jemals aus Landkarten und Reiseführern lernen könntest. Wir möchten damit folgendes klar machen: wenn du geistig lebendig geworden bist und weißt, dass du von weit her kommst und dich auf eine lange Reise begeben hast, bist du bereit, die ganze Schönheit zu erleben, die vor dir und um dich herum ausgebreitet ist. Dann kannst du die Freude deines physischen Daseins genießen und die göttlichen Lebenskräfte viel bewusster einatmen. Du musst jede Einzelheit des Lebens mit allen deinen physischen, mentalen und geistigen Sinnen in dich aufnehmen.

Sich Unwissenheit entgegenstellen

WERDEN die Menschen jemals begreifen, dass Gott will, dass sie glücklich sind? Dass nicht Gott sie bestraft, sondern sie sich ihre Bestrafung selbst auferlegen? Du bringst Argumente in Hülle und Fülle vor, um diese schlichte ewige Wahrheit zu widerlegen; du erträgst es nicht, wenn man dir sagt, du bist selbst dein schlimmster Feind und bringst dich selbst in Schwierigkeiten. Wenn du aber durch ständiges Aussenden von Licht und Liebe gelernt hast ins Herz Gottes, ins Herz des Christus zu gelangen, dann haben Schwierigkeiten oder Probleme keine Macht mehr über dich. Nur wenn du dem Irdischen verhaftet bist, versinkst du in Problemen.

Wir raten dir von dem Versuch ab, dich ins Reich der Glorie zu erheben und so deine Pflichten auf der Erde zu vernachlässigen. Hast du jedoch einmal eine gewisse geistige Aufnahmebereitschaft erlangt, siehst du alles in der richtigen Perspektive und begreifst, was echte Werte sind. Dir wird klar, dass alles, was dich beunruhigt, dir Schwierigkeiten und Probleme bereitet, eigentlich nicht sehr wichtig ist. Du musst lediglich Tag für Tag die kleinen Schwierigkeiten so wie sie sich gerade ergeben in dem Wissen behandeln, dass immer eine Weisheit über dich wacht, die Harmonie bringt und für dich alles Krumme gerade biegt.

Viele Menschen erkennen die Realität einer göttlichen Intelligenz nicht an. Sie glauben, die Menschheit muss für sich selbst kämpfen. Natürlich musst du *deinen* Teil dazu beitragen, deine Arbeit machen und aufwärts streben, aber gleichzeitig musst du dir in aller Demut bewusst werden, dass dich unterhalb die ewigen Arme tragend umfangen und dein Schöpfer barmherzig und voller Liebe ist. Wer zu dieser Erkenntnis gelangt, findet trotz aller Schwierigkeiten zu Glück und Frieden. Sein Glaube trägt ihn vorwärts.

Das führt uns zu der Frage: „ Wie können wir der Menschheit

am besten helfen, ihre Angst vor Krieg und Zerstörung zu überwinden?“ Ungeheure Angst scheint sich aufzutürmen, weshalb sich die Menschen immer schrecklichere Waffen ausdenken, um sich zu schützen. Diese Gedanken der Angst erzeugen einen unsichtbaren Feind, der schrecklicher ist als der, den man sieht.

Dennoch gibt es für den menschlichen Geist wirklich nichts zu fürchten. Wenn sich der Mensch nur auf die äußerlichen oder materiellen Dinge und die daraus resultierenden Leiden und Schmerzen konzentriert, ist das für ihn qualvoll, weil er nichts dagegen tun kann. Das Herz wird ihm schwer, es tut ihm in der Seele weh und er verliert sein inneres Gleichgewicht und sein Vertrauen. Wenn du jedoch ehrlich nach Gott strebst und mit Liebe im Herzen lebst, kann dich nichts berühren.

Du musst erkennen, dass die Vorstellungskraft eine sehr wichtige Rolle im Leben spielt. Sie ist eine Gabe, nach der zu Streben ist, die gefördert und gepflegt werden muss. Gleichzeitig kann aber Phantasie negativer Art unnötiges Leid zufügen. Eine konstruktive, positive Vorstellungskraft kann Freund und Helfer sein, eine negative hingegen ein Feind. Wir möchten dich nicht geringschätzig gegenüber Leiden machen, aber wir wollen sagen, dass der menschliche Körper so wunderbar konstruiert und die Macht der Liebe so groß ist, dass selbst das schlimmste Leid durch Gnade gemildert wird und die Liebe Wunder wirkt. Gott ist gnädig und gerecht, und wenn du über die Bedeutung von Leid intensiver nachdenkst, erkennst du eine gnädige, liebevolle, helfende und rettende Macht.

Wenn sich der Geist über den Körper erhebt, leidet die Seele nicht mehr. Das soll dich allerdings nicht dem Leid gegenüber gleichgültig machen, denn jeder, der leidet, braucht deine ganze Liebe und Fürsorge. Wir betonen jedoch, dass sich der menschliche Geist über das Leid erheben kann, wie es Jesus gezeigt hat.

Zurückkommend auf die Angst der Menschheit vor der Vernichtung, sei es durch einen Atomkrieg oder Umweltkatastrophen, möchten wir euch erneut inständig bitten daran zu denken, dass es eine liebevolle, beschützende Kraft und Macht gibt. Es gibt einen Plan für die Menschheit, von dem sie nicht abschweifen kann. Das Kind Gottes muss lernen, auf dieser Kraft und Macht zu vertrauen. Gott die Mutter kennt Ihr Kind und kann ein Gegenmittel gegen Leid und Schmerz verabreichen, so wie eine menschliche Mutter ein Mittel gegen die Schmerzen ihres Kindes hat und seine stolpernden Schritte mit Weisheit leitet.

In den Anfängen des Lebens wurden die Seelen von den Engelsboten und vom inneren Licht angeleitet, das weibliche/mütterliche Element zu verehren. Die Große Mutter wurde angebetet. Aber die Zeiten haben sich geändert und die Verehrung der Mutter geriet in Vergessenheit.

Jetzt ändern sich die Zeiten wieder, und in der nahen Zukunft wird die Menschheit immer mehr dazu kommen, den Mutteraspekt der Gottheit, die Göttliche Mutter, zu erkennen und zu verehren und sich der Natur Ihres Segens und Ihres Einflusses bewusst zu werden. Immer mehr Frauen werden Führungsrollen in der Welt übernehmen und der Welt dienen, wodurch das tatsächliche Gleichgewicht des Lebens wieder hergestellt wird. Diese vollkommene Partnerschaft, diese wirkliche Bruder-/Schwesternschaft des Geistes wird kommen; beginnen muss sie jedoch beim Einzelnen. Wenn der einzelne Mensch sein geistiges Bewusstsein ausweitet, wird auch die ganze Gemeinschaft in Harmonie kommen.

Mit dem Kommen der geistigen Erleuchtung muss eine starke Abwehr gegen Bedrohung und Angriffe einhergehen – nicht gegen einen greifbaren Feind, sondern gegen die Gefahr der Unwissenheit, denn die Unwissenheit gebiert Angst. Frei von Angst wirst du, wenn du dich ganz auf das Licht der großen Sonne, den Geist des Christus konzentrierst, auf den Sohn von Vater-Mutter-Gott. Wenn die Menschen lernen, wie sie ihr Bewusstsein diesem geistigen Licht und Leben öffnen können, fällt alle Furcht von ihnen ab; ihre gegenseitige Liebe wächst und sie haben immer mehr Vertrauen zueinander.

Edle Wahrheiten

REINKARNATION

JETZT haben wir drei Dinge vor Augen. Das erste ist das rechte Denken, das zweite das rechte Handeln und das dritte die rechte Lebensweise. Die letzten beiden beruhen auf der Grundlage des ersten Punktes, dem rechten Denken. Die Macht der Gedanken und das Ausmaß der Auswirkung der rechten Gedanken ist jenseits menschlichen Verstehens. Natürlich basiert rechtes Denken immer auf Gott; es handelt sich um Gott-Gedanken, um gutes Denken. Ihr kennt den Spruch, dass Gedanken Dinge sind. Was du heute denkst, wirst du morgen sein. So erschaffst oder erneuerst du täglich deinen Körper, dein Leben und deine Seele und baust deine geistigen Errungenschaften durch rechtes Denken auf. Viele Leute werden davon nichts halten und keinerlei Anstrengungen unternehmen, ihre Gedanken zu zügeln, weil das Selbstdisziplin erfordert. Bei diesen Worten wirst du – und vor allem der niedere Verstand - von vielen Fragen bestürmt werden, die die Wahrheit unserer Aussage in Zweifel ziehen wollen. Aber bedenke, wie wichtig es ist, beständig weiter zu machen. Wer sein Ziel vor Augen hat und darauf hinarbeitet, erlangt sowohl Vollkommenheit, als auch Glückseligkeit.

Während gutes Denken unser Ideal ist, kann es doch nur gemäß deinem Entwicklungsstand und nach den Gesetzen realisiert werden, die dein Leben beherrschen. Wir müssen die kosmischen Gesetze der Reinkarnation und des Karmas (oder von Ursache und Wirkung) anerkennen und uns ihnen demütig beugen.

Dem Durchschnittsmenschen fällt es nicht leicht, eine tiefe und fundamentale Wahrheit anzuerkennen, vor allem wenn er innerhalb der Begrenzungen des irdischen Verstandes funktioniert. Man muss tiefer schürfen als es der Alltagsverstand vermag, um die Gerechtigkeit, wie auch die Liebe zu erahnen, die im Gesetz der Reinkarnation zum Ausdruck kommt. Durch die Reinkarnation hast du die Gelegenheit, das Gesetz von Ursache und Wirkung zu erfüllen, auch wenn du nicht zwangsläufig wieder auf die Erde kommen musst. Wir wollen damit sagen, dass du dein Karma nicht unbedingt in deinem nächsten Leben oder in vielen kommenden Leben abarbeitest. Mag sein, dass du dein gestriges Karma heute abarbeitest. Du hast vielleicht den Samen für deinen gegenwärtigen schlechten Gesundheitszustand oder deine Freudlosigkeit und für die im gegenwärtigen Leben aufgewühlten und widerspenstigen Gefühle, vor etlichen Jahren ausgesät. Jetzt erntest du, was du früher gesät hast. Du darfst nicht Gott die Schuld dafür zuschieben. Du musst in dich gehen; erforsche dich demütig und ehrlich und gib die Fehler zu, die du erkennst. Wenn du deine eigenen Schwächen nicht erkennst, dann bete, dass sie dir bald gezeigt werden.

Wir sagen nichts mit Härte. Wir kommen zurück, um dir zu helfen, nicht um ein Urteil über dich abzugeben oder jemanden zu verdammen. Wir kommen mit Liebe, um dir die durch Erfahrung erworbene Weisheit anzubieten.

Jetzt zum ersten Gebot: *Du sollst Gott, den Herrn, lieben mit deinem ganzem Herzen, mit deiner ganzen Seele und deinem ganzen Gemüt.* Du sollst das Gute lieben, in deiner Liebe zu Gott konsequent sein. Das bringt uns wieder zu unserem ersten Punkt zurück, dem Gott-Gedanken. Dein Leben sollte im Gott-Gedanken geführt werden; mit Gedanken an das Gute, nach dem Guten Ausschau haltend, an das Gute glaubend, auf das Gute vertrauend, und vom Leben im allgemeinen und von deinem Nächsten Gutes denkend. Du musst im Leben immer die bessere, die gute Seite sehen, nie die negative. Du wirst dich wundern, was daraus resultiert. Wenn du ein kleines Wehwehchen oder ein wenig Schmerzen hast, dann setze einen vollkommenen Gedanken, einen Gott-Gedanken an ihre Stelle, anstatt sie zu pflegen und zu nähren. Wir wissen, dass dies ein Evangelium der Vollendung ist, aber wir wissen auch, dass du weiterhin in Durcheinander und Verwirrung bleibst, solange du das nicht in die tägliche Praxis umsetzt.

Wir geben dir Leitsätze. Der erste lautet: Denke immer positiv und gut, unterlasse das Böse und meide alles Negative. Trachte einzig nach Gott und nach dem Guten in euren Gedanken.

Jetzt zum nächsten Punkt: Setze das rechte Denken an die erste Stelle. Halte deine Gedanken im Zaum, damit sie nur das denken, was du denken willst und lasst sie nicht ausschweifen und sich austoben. Beherrsche deine Gedanken, trainiere sie, lenke die Gedanken mit der Kraft des Geistes, mit der Heiligkeit, die tief in deiner Seele ist. Wenn die Gedanken beherrscht und direkt auf Gott gerichtet werden, muss sich daraus ein ganz natürliches Verlangen nach richtigem Handeln ergeben. Wenn die Gedanken stimmen, muss auch die Tat stimmen. Richtiges Handeln ist göttliche Handlung, ist göttliches Werk.

Eine Atemübung

GOLDENE ERNTE DER LIEBE

ATME den heiligen Atem, den vollkommenen Atem des Lebens ein. Atme den Segen der Liebe aus. Praktiziere diesen Rhythmus der heiligen Atmung, bei der du das Leben des Schöpfers einatmest. Lass dein ganzes Wesen davon durchströmen; dein gesamtes Leben wird dadurch harmonisiert, berichtigt, gereinigt und veredelt. Dein himmlischer Vater-Mutter-Gott kennt deine Gedanken und deine Gebete, deine Stärke und deine Schwäche, und hat nur einen einzigen Gedanken für dich: dass du Seine/Ihre Liebe für dich erkennen mögest. Gott möchte nicht, dass du leidest oder unglücklich bist; vielmehr möchte er, dass du im Frieden bist, weil du deinen Schöpfer und seine Macht kennst.

Stelle dir Gott nicht als eine universale Kraft und Macht ohne Intelligenz oder Liebe oder Persönlichkeit vor. Gott nimmt immer noch Gestalt an und mischt sich unter euch und ihr müsst überall in eurem Leben Ausschau halten nach eurem Gestalt gewordenen Schöpfer. *Suchet und ihr werdet finden.* Gott kommt vor allem in Gestalt der Erleuchteten, der älteren Brüder und in der Gestalt des Goldenen (des Christus) zu euch. Gott hat dich nach Seinem/Ihrem Bild erschaffen und mit grenzenlosen Möglichkeiten ausgestattet. *Seid vollkommen wie euer Vater im Himmel vollkommen ist.* Sage dir jeden Morgen: "Ich bin vollkommen, denn mein Vater-Mutter hat mich als vollkommen erschaffen. Ich bin göttliche Liebe. Ich bin göttlicher Friede." Lass abends beim Schlafengehen deine letzten Gedanken die von Lobpreis und Dankbarkeit gegenüber Gott sein. Stelle dir vor, du überquerst den Fluss in die Welt des Lichtes. Lass es zu vom göttlichen Willen in dir im Wachen und im Schlafen geleitet zu werden. Sieh dich nicht auf der Erde um nach Zwist und nach Leuten, die dich verletzen und die gemein und unfreundlich sind. Blicke über sie hinweg. Halte deine Gedanken immer fest auf das gute, wahre und schöne Gottes-Leben gerichtet. Atme den Odem Gottes ein. Atme den Segen der Liebe und der Heilung auf die Erde aus. Du, das Kind Gottes, bist heil und ganz, du bist heilig. So wie du aufrichtig und ernsthaft denkst, so wirst du auch.

Eine Vision

HEILUNG FÜR DIE WELT

ES ist egal, was auf den äußeren Ebenen geschieht. Halte deinen Blick auf das Licht Gottes gerichtet, denn durch dieses Licht Gottes in dir, vermagst du vorwärts zu schauen und das herrliche, hinter den Bergen aufsteigende Licht zu erahnen.

Wenn du das gesehen hast, bringt dich nichts mehr davon ab, auf dem Weg vorwärts zu drängen, der zu diesem Sonnenlicht führt. Mit jeder Faser deines Seins wirst du dich danach sehnen, der ewigen Sonne entgegenzuwachsen und ihre Wärme, ihren Trost und ihre Herrlichkeit zu spüren. Du willst nichts anderes mehr als darin eingehüllt zu werden, so dass du als Teil des einen ewigen Lebens das gesamte Leben in deinem Herzen halten kannst. Dann wird die Flamme im Herzen langsam und unmerklich immer heller und kraftvoller. Langsam und unmerklich dämmert dir ein Gewahrwerden und ein Bewusstsein der höheren Welten auf, in denen du lebst. Langsam und unmerklich beginnst du, das Einssein mit Gott zu spüren sowie die reinste Glückseligkeit und die höchste Freude, die von keiner Krankheit mehr berührt wird und die der Tod nicht zerstört, sondern sich nur noch steigert. Ein ständig zunehmendes Bewusstsein über den Geist stellt sich ein, das dich durch die Pforten dieser Welt in die nächste begleitet und weiter durch die nächsten bis zu himmlischer Wonne. Dein Schutzengel, der Engel des Karmas hilft dir, dem Pfad des Dienens und der Entsagung, des Opfers und der Liebe zu folgen. Der Friede des Himmels segnet und erfüllt dich und stellt in dir wieder Harmonie und Gemütsruhe her. Du sollst immer als Kapitän das Schiff befehligen. Wirf die Angst über Bord – es gibt nichts zu fürchten, wenn du Gott liebst.

Folge dem Stern, wohin er dich auch führt. Erhebe dich über die Verstrickungen des niederen Verstandes und der materiellen Welt. Konzentriere dein Herz unerschütterlich und positiv auf den leuchtenden Stern über dir. Blicke geradewegs in ihn hinein… Fühle dich in ihn hineingezogen. Ruhe im Bewusstsein dieses strahlenden Sterns.

Sternenlicht

Die Macht der Gedanken ist die schöpferische Kraft und Macht in allem Leben. Der Verstand muss zur Ruhe gebracht werden und der Geist muss bewusst werden.

DAS Boot deiner Seele schlingert in einem heftigen Sturm. Wenn die Seele richtig ruft, hört sie der Meister. In dir erhebt sich die göttliche Kraft und Macht, die dich still und ruhig werden lässt. Sei im Frieden. Dein Meister übernimmt die Kontrolle über dein Boot – deine Seele – und du wirst ruhig und gelassen.

WORTE DES INNEREN MEISTERS

DU kannst im täglichen Leben augenblicklich und unter allen Umständen durch die Anstrengung des göttlichen Willens in dir, Gemütsruhe erlangen. Wie auch immer die Umstände sind – du kannst den Sturm beruhigen und Ruhe kehrt in dich ein… Sei ruhig, heiter und gelassen. Ein Meister ist niemals beunruhigt.

IN DER STILLE LIEGT DIE KRAFT

Ständige Verbindung mit dem Geist

DU wirst nirgends etwas Schöneres finden als in deinem eigenen inneren Tempel. Erstarke in dieser einfachen Wahrheit. Das innerste Geheimnis des Lebens lautet, an dem Ort der Stille zu verweilen – in der Ruhe und Stille des Geistes. Trenne dich niemals von dieser Kraft und Macht – lass sie eine lebendige Macht in dir sein. Denke daran, es ist möglich, dich selbst auf den belebten Straßen einer Großstadt in dein Innerstes zurückzuziehen. Du brauchst keinen stillen Ort aufzusuchen, obwohl es schon besser ist, die Welt auszuschließen, wenn du mit dem Unendlichen in Verbindung treten willst. Es ist für den Körper möglich, seinen Pflichten auf der äußeren Ebene fast automatisch nachzukommen, während innerlich gebetet wird. Es ist weise, in jedem Augenblick und an jedem Ort so zu leben, dass du beten und dein Herz der großen Stille, dem Unendlichen, der Ewigkeit öffnen und um Hilfe bitten kannst. Bitte darum, dass das Prinzip der Liebe im Umgang mit deinen Mitmenschen durch dich zum Ausdruck kommt. Wir betonen die Notwendigkeit deiner Treue gegenüber der inneren Stimme des Geistes, deines höchsten Selbst. Wären die Menschen dem Licht und der Liebe im Herzen wahrhaftig treu, könnte jeder als Einzelner, aber noch besser in einer Gemeinschaft, die gesamte Menschheit heilen und läutern.

HEILUNG FÜR DIE WELT

Von ganzem Herzen

WENN du bewusst mit der wahren Quelle deines Seins, der wahren Quelle des Lebens in Verbindung treten kannst, strömt dir Kraft zu und durchstrahlt dich.

Harmonie kehrt in dein Leben ein. Das verhilft dir zu einer neuen Sichtweise und was dich früher aufgebracht und verletzt

DIE STILLE DES HERZENS

hat, beeinträchtigt den Frieden deines Herzens nicht mehr. Für gewöhnlich sind die Menschen voller Konflikte aber wenn es ihnen gelingt, sich aus all diesen schwierigen Umständen zurückzuziehen, die sie gefangen halten und statt dessen nach der Quelle der Harmonie in sich selbst zu suchen, werden sie vom göttlichen Lebensstrom durchpulst und ihre materiellen Bedingungen harmonisieren sich langsam aber sicher. Alles Unrecht wird in Ordnung gebracht wenn das göttliche Bewusstsein im Herzen lebendig ist.

Durch Meditation und stille Kontemplation werden die äußeren Schichten des Verstandes und der Emotionen allmählich beiseite gelegt und der Geist ruht im innersten Ort der Stille, wo das Juwel der Wahrheit liegt - das Juwel in der Lotosblüte des Herzens. Das ist *das Licht, das jedem Menschen leuchtet*, Christus, der Sohn Gottes im Inneren. Sucht danach, meine Brüder, aber ohne viel Lärm und Gerede, sondern sucht einfach unermüdlich weiter in der Stille eures innersten Wesens.

Der Verstand muss zur Ruhe kommen und der Geist muss sich seines wahren Wesens bewusst werden. Dann wird die menschliche Seele mit göttlichem Geist erleuchtet und das Bewusstsein dehnt sich aus in Welten voller Schönheit und Wahrheit, die der menschlichen Seele Frieden und Freude bescheren.

Sicherheit

WUNDER DES LICHTS

DIE Menschen meinen manchmal, alles Gute in dieser Welt entsteht von selbst und sie realisieren nicht, dass die Menschen insgesamt und als Einzelne nur Instrumente für geistige, nicht sichtbare Kräfte sind, die ihr irdisches Leben durchdringen. Der Mensch hat jedoch eine Eigenschaft, die ihn hervorhebt: Er hat den freien Willen und das Recht, ihn auszuüben. Der Mensch hat die Macht zu wählen. Er kann auf alles eingehen, was gut und schön ist oder aber diesen Dingen den Rücken kehren und nichts als Enttäuschung und Durcheinander ernten, wenn er dem Weg des (niederen) Selbst folgt.

Vielleicht bezweifelst du dies. Vielleicht bist du gerade heute besonders besorgt, gramerfüllt, unruhig und ängstlich? Wenn dem so ist, dann halte inne und denke nach. Versuche, auf die vergangenen Jahre zurückzublicken. Lass die Sorgen und Mühen Revue passieren, durch die du heil hindurch gekommen bist und denke auch an deine glücklichen Zeiten. Dann vergegenwärtige dir, wie du wohlbehalten durch deine Mühen und Schwierigkeiten geführt worden bist. Mache dir klar, dass dich Gott nie ohne Hilfe gelassen oder verlassen hat. Immer kam irgendetwas hinzu, das zur Verbesserung deiner Lage beitrug. Selbst wenn du nicht zugeben kannst, dass sich deine materielle Lage gebessert hat, hast du nicht doch Lektionen gelernt, die dir zu Seelenfrieden und einer gewissen Meisterung deiner selbst verholfen haben? Bist du nicht weiser geworden? Und solltest du gar einen Verlust erlitten haben, hat sich nicht deine geistige Natur entwickelt und entfaltet? Durch deine Schwierigkeiten, Prüfungen und Sorgen ist Licht in dich eingekehrt und dein Bewusstsein für die göttliche Liebe und eine führende Hand ist als Folge der Ereignisse gewachsen.

Es ist deshalb ein Fehler, jemals Angst vor der Zukunft zu haben, wenn sie doch ein immer größeres Gottesbewusstsein bringen kann, ein ständig anwachsendes Verstehen von Gott und dem göttlichen Leben und Licht. Genauso falsch ist es, den Tod zu fürchten. Es gibt keinen Tod! Das sagen wir immer wieder. Einige und vielleicht die meisten von euch meinen, daran zu glauben. Ihr sagt: "Ja, ja, wir wissen, dass es keinen Tod gibt." Aber ihr seid euch dessen nicht sicher genug. Die innere Gewissheit geht euch noch ab und die spontane Reaktion, die ihr gegenüber dem ewigen Leben haben solltet.

Dienen

Auf der Suche nach Gelassenheit

WIE du denkst, so wirst du, und auf diese Weise erschaffst du die Bedingungen, von denen du dann umgeben bist. Du musst lernen, gute Gedanken zu nutzen. In euch allen herrscht das göttliche Schöpferprinzip, das in den Atomen der Materie selbst Schwingungen erzeugen und diese lenken kann. Wir sagen dir das als Hilfe, denn in allen herrscht der göttliche Drang, ein Leben kennen zu lernen, das frei, heilig, glücklich, gesund und voller Freude ist – ein Leben, in dem du der Welt dienen und ganz deutlich das Land des Lichtes erblicken kannst. Wenn ihr eine bessere Welt haben wollt, dann erschafft sie genau jetzt in eurer Vorstellung und lasst diese Vorstellung nie mehr los. Lass nicht zu, dass sie von irgendeinem anderen Gedanken aus deinem Bewusstsein verdrängt wird, und erhebe dann all deine Schwingungen und deine Sehnsüchte. Es ist nicht gut, in der Finsternis zu verweilen. So viele unserer Freunde unter euch machen den Fehler, sich geistig auf die Ebene der Konflikte hinab zu begeben. Sie stellen sich das Schlimmste vor, sie sehen das Schlimmste; sie lassen sich in Gespräche über das Schlimmste, das eintreten könnte hineinziehen. Bedenke, dass jeder negative Gedanke ins Universum hinausgeht und die Gesamtheit der negativen Gedanken in allem Leben vermehrt. Aber denke umgekehrt auch daran, dass gleiches für die guten Gedanken gilt. Ein Bruder, eine Schwester des Lichtes verweilt im Geist, sieht Gutes und weiß, dass alles zusammenwirkt zum Guten. Wenn du es dir zur Gewohnheit machst, immer an das Gute zu denken, das Gute zu sehen und an das Gute zu glauben, leistest du der gesamten Schöpfung einen guten Dienst. Du hebst das Lebensbewusstsein der ganzen Schöpfung an. Dein kleiner Beitrag zum Ganzen ist von enormer Bedeutung.

Gestatte es dir niemals, in Dunkelheit, in Angst oder in Disharmonie zu verweilen. Wenn du deine Gedanken von den irdischen Angelegenheiten auf das geistige Leben überträgst, löst du deine Probleme. Das ist eine Wahrheit, auch wenn du sie jetzt noch nicht recht schätzen kannst. Praktiziere trotzdem, was wir sagen. Grüble nicht über die irdischen Umstände und Probleme der Erde nach. Denke an Gott, und du wirst bei Gott sein, du wirst in Gottes Reich sein. Lass nicht zu, dass dein Leben oder die beständig in dir fließende Lebenskraft von deinen Gedanken eingeschränkt werde. Du schwächst diese Kraft durch negative Gedanken, während sich der Kraftfluss in dir und in deinem Leben steigert, wenn du deine Gedanken auf den Stern ausrichtest. Das Denken ist etwas Lebendiges, und seine Wirkung kann durch die Kraft des Gebetes, durch den Glauben und durch intensive Arbeit gesteigert werden. Du setzt dich nicht einfach hin und sagst: „Lieber Gott, sorge für mich." Du sagst vielmehr: „Ich habe zwei Hände, hier bin ich. Führe mich zu meiner Arbeit, wo immer sie auf mich wartet." Du bringst einen Gedanken in Gang, und wenn es ein guter Gedanke ist, dann zieht er die geistigen Atome an. Er wirkt weiter, nicht nur körperlich, sondern bis ins Herz und die Seele der Menschen. *Nichts im Leben ist so wichtig wie deine Gott-Gedanken.* Das Beste, was du für dein eigenes Glück und Wohlergehen und für deinen Dienst an der Menschheit tun kannst, besteht darin, alle Türen zu deiner „Lodge" zu schließen; damit meinen wir den heiligen Raum, den du in dir und um dich herum erschaffst. Lasse keine negativen Gedanken und zerstörerischen Schwingungen der äußeren Welt dort eindringen. Du magst das für selbstsüchtig und egoistisch halten, aber dem ist nicht so. Ganz im Gegenteil: Es bedeutet nämlich, dass du innerlich stark wirst, dass du lernst, um ein Meister zu werden – ein Meister deines eigenen Körpers, ein Meister deiner eigenen Lodge. Es bedeutet auch, dass du den Leidenden in der Welt weit mehr Heilung, Licht und Stärke zukommen lassen und ihnen helfen kannst, ihre Schwierigkeiten zu überwinden. Anstatt selbst im Chaos und in der Dunkelheit zu versinken, wirst du stark, um zu helfen. Dein irdischer Verstand wird viele Argumente gegen unsere Worte ins Feld führen, das wissen wir – oh ja, wir verstehen es, aber wir möchten dich daran erinnern, dass du neben deinem irdischen Verstand auch noch einen göttlichen Geist besitzt! Aktiviere diesen Geist. Erkenne das vollkommene Leben, wie *wir* es in der geistigen Welt kennen: ein Leben, in dem alle gelernt haben, zum Wohle des Ganzen zusammenzuarbeiten. Das ist die schöpferische Güte, die du in die Welt senden kannst. Blicke hinauf zum Licht und werde ein großer Kanal für das Licht und höre einfach nicht auf den Verstand, wenn er dir einflüstert, dich der Verzagtheit hinzugeben. Lass das Licht beständig in deinem Herzen leuchten.

Du kannst den Sturm besänftigen, du kannst gelassen und still werden. Du kannst das höhere Leben in deinem eigenen Wesen hervorbringen. In deinem täglichen Leben kannst du augenblicklich ruhig und ausgeglichen werden. Wir wissen, dass das nicht einfach ist; daher musst du dafür unaufhörlich üben. Mache es dir zur Gewohnheit, dich jeden Tag, ehe du mit deiner täglichen Arbeit beginnst, zu zentrieren und sei es nur fünf Minuten lang. Unterlasse jegliche äußere Betätigung. Richte deine Gedanken auf jene Wesen im Geist, die sich um dich kümmern und dir helfen. Erfülle diese geistige Ebene mit Leben, damit du immer von ihr umgeben bist.

Mache es dir zur Gewohnheit, dir Gott zu vergegenwärtigen, auch wenn es morgens nur fünf Minuten und vor dem Einschlafen ein paar Minuten sind. Entspanne Geist und Körper und atme ruhig und langsam tief ein und aus. Versuche dir beim Einatmen vorzustellen, dass du Licht und Leben einatmest – dass du nicht nur Luft einziehst, sondern jede Zelle deines Körpers mit Licht füllst. Dabei wirst du deinen Körper vergessen und frei werden von irdischen Problemen. Du wirst von der Knechtschaft der Sorgen und der Beschränkungen befreit – und sei es nur für einen flüchtigen Augenblick. Während diese Liebe dein Herz und deinen Geist erfüllt, wird jedes Atom und jede Zelle deines Körpers mit dem vollkommenen Leben erfüllt.

Gefühlsbeherrschung

Die Meister als Boten des Lichtes

LASST uns nun die innere Welt betrachten, von der wir sprechen. Euch erscheint sie als Mentalwelt, denn wenn ihr euch vom äußeren, irdischen Leben zurückzieht, scheint ihr nach innen zu gehen und in eurer Gedankenwelt zu leben. Diese innere Welt ist jedoch nicht nur eine Welt der Gedanken, sondern auch eine Welt der Gefühle. Ihr gelangt unter die Ebene des Denkens und kommt so in eine Welt der feineren Gefühle oder in eine Emotionalwelt. Auch wenn es die Menschen nicht bemerken, befinden sie sich doch alle in so einer Gefühlswelt, die jedoch von der umliegenden Mentalwelt oder den Gedanken anderer beeinflusst wird. Aus diesem Grund gehört es zur Entwicklung geistiger Erkenntnis, Hellsichtigkeit und Erleuchtung zu lernen, deinen zarten Emotionalkörper vor den groben Gedanken der äußeren Welt zu schützen. Unbewusst wirst du nämlich von den Gedanken der anderen beeinflusst. Du spürst die Auswirkung in deinem Solarplexus, ohne zu wissen, was da vor sich geht. Vielleicht führst du es auf irgendeine physische Ursache zurück. Wir wollen damit natürlich nicht sagen, dass jede Störung dieser Art auf so einen emotionale Beeinflussung zurückzuführen ist, aber manchmal geschieht es. Dann musst du dich vor Gedanken schützen, die in deine Aura eindringen und diese empfindsame Stelle – das Zentrum im Solarplexus – beeinträchtigen können.

Die Art und Weise, dich vor solchen Gedankenpfeilen zu schützen, besteht darin, deine Gefühle zu beruhigen, deinen Emotionalkörper zu beherrschen. Das ist nicht einfach, aber äußerst wichtig, wenn du allmählich die höheren Ebenen erreichen und näher zu den höheren Brüdern herankommen willst, die darauf warten, dir beizustehen. Du musst dich darauf vorbereiten, in ihre Aura zu gelangen. Um dies zu erreichen musst du deinen eigenen Emotionalkörper beherrschen und gerade hier scheitern viele Aspiranten. Sie bemühen sich sehr, aber ihre Emotionen sind zu ungezügelt, zu widerspenstig, so dass sie sich selbst von diesem ruhigen, wunderschönen Ort fernhalten, an dem die überragenden Geister, die Meisterseelen wohnen. Wir möchten, dass ihr gut darüber nachdenkt, denn eine der allerersten Lektionen, die gelernt werden müssen, besteht darin, die Wirklichkeit dieser Emotionalebene, deines eigenen Emotional- oder Gefühlskörpers anzuerkennen.

Um dich also vor den Gedanken der Menschen zu schützen, die deinen Emotionalkörper stören, musst du nach der Liebe Gottes, der Liebe des Christus streben. Du musst um diese gütige Liebe beten und danach trachten, zu dieser sanften Liebe zu werden. In dem Maße wie du diese milde, friedvolle, stille Liebe in deinem Herzen gegenüber dem Leben hervorrufen kannst – nicht nur für die Menschen, sondern für das Leben selbst, so dass du Liebe ausstrahlst – in dem Maß umgibst du deine Aura mit einem für die Welt undurchdringlichen weißen Schild. Unerwünschte Gedanken können nicht in deine Aura eindringen, wenn du Liebe aus dem Tempel, dem Zentrum in deinem Herzen ausgesandt hast. Wenn deine Emotionen beherrscht, ruhig und freundlich sind, kannst du von keinem Gedanken der Welt beeinflusst, noch kann dein Geist gestört werden. Ein Meister hat die vollkommene Kontrolle über alle Lebensumstände, weil er die Meisterschaft über sich selbst erlangt hat.

Diejenigen, die den sechsten Sinn der wahren Intuition entwickeln möchten, um für den Meister zu arbeiten, müssen ihre Gefühle unter Kontrolle haben. Manchmal braucht die Seele Leid und Schmerz, um die tieferen Emotionen zu entwickeln und zu erlernen, sie zu beherrschen. Der mittlere Weg ist jedoch der Weg des Jüngers – ein Mitempfinden für das Leid anderer, eine Sensibilität für die geistigen Einflüsse, die der Seele helfen wollen. Ungezügelte oder widerspenstige Emotionen sind ein Hindernis für jemanden, der danach trachtet, die Intuition zu entwickeln.

Die Gefühle werden immer durch das Wasser symbolisiert. Wenn das Wasser aufgewühlt ist, verzerrt sich die Spiegelung. Ist das Wasser ruhig, klar und rein, hast du eine perfekte Spiegelung von oben. Wenn die Seele also geübt ist, still und friedlich zu sein, ist sie empfänglich für die wahren Eindrücke und Gefühle aus den geistigen Welten. Ein Mangel an mentaler, geistiger Beherrschung ist das größte Hindernis für den Dienst beim Meister. Friede ist das Ergebnis von beherrschten und weise gesteuerten Gefühlen. Des Messers Schneide, auf der sich der Schüler bewegt, bedeutet, die Gefühle zu entwickeln, sie aber gleichzeitig zu beherrschen.

Die vollkommene Blume

Stell dir eine liebliche, zarte Rose mitten auf dem zentralen Altar eines Tempels vor, die ihre Blütenblätter zur Sonne hin öffnet. Die Rose ist das Symbol für das menschliche Herz, das den Duft der Liebe ausströmt. Du magst solche Herzen nicht oft sehen, aber wir sehen sie. Wir sehen viele Menschenherzen, die für uns offen sind und wir können den lieblichen Duft menschlicher Liebe einatmen. Ströme auch du diesen Duft aus. Enthalte dich jeglichen Urteils, jeglicher Kritik. Denke an die Prüfungen und Probleme im Leben eines anderen Menschen, durch die ihn vielleicht reizbar, abweisend und hart machen. Ersetze Wut durch Freundlichkeit, Sanftmut und Liebe und bedenke, dass deine Mitmenschen Verletzungen oder Verärgerung ebenso empfinden wie du. Ehe du nicht Mitgefühl mit den Empfindungen deiner Mitmenschen entwickeln kannst, kannst du keine Meisterseele werden. Es ist menschlich, voreilig die Handlungen anderer zu beurteilen und zu verurteilen, aber es ist göttlich, ruhig und liebevoll zu bleiben. Werdet also mit diesem Symbol der Rose in eurer Mitte ganz still, seid ganz im Frieden... Auf dieser himmlischen Bewusstseinsebene solltest du die Kraft entfalten, die Wahrheit zu empfangen, ebenso die Kraft und Macht des Gefühls und des Vorstellungsvermögens. Wenn du die Schönheit der himmlischen Welten fühlst, empfängst du durch deine Intuition göttliche Wahrheit. Auf diese Weise kannst du zwischen dem göttlichen Willen und dem Eigenwillen unterscheiden. Der Jünger lässt alles Irdische – den Verstand, den Körper, Besitztümer und Wünsche - hinter sich, um Gott zu folgen. Wenn du das verstehst, kannst du dich auf deine Intuition sicher verlassen. Alles läuft auf die wenigen und einfachen Worte hinaus: "*Werde still* (in Liebe) *und wisse, ich bin Gott.*"

Du verbringst dein ganzes Leben innerhalb einer Verdichtung oder einem Wirkungsfeld kosmischer Kräfte und wie ein Magnet ziehst du Umstände und Kräfte an, die denen entsprechen, die du in dir zum Leben erweckt hast. Jede Substanz einer jeglichen Ebene des Lebens kann vom Menschen geformt werden. Durch deine Gedanken und deinen Willen kannst du diese Substanz in eine Form bringen. Wenn du wirklich Meisterschaft über den physischen Körper, das Nervensystem und das Denken erlangt hast, so dass du in jedem Fall die Umstände erschaffen kannst, die der göttliche Wille in dir erzeugen will, dann bist du in der Lage, in deiner Meditation den aus geistiger oder himmlischer Substanz aufs feinste geformten "Tempel der Goldenen Blume" um dich erstehen zu lassen. In der Meditation bist du ganz geöffnet wie eine wunderschöne Blume oder wie der tausendblättrige Lotos des Scheitel- oder Kronen-Chakras oder der vielblättrige Lotos des Herz-Chakras. Du bist als geistiges Wesen wirklich in dieser Blume und diese Blume wird zu einem überaus schönen Tempel, einem geistigen Tempel der dich umgibt. Dann bist du im Tempel deiner eigenen Seele und in der geistigen Welt.

Durch die Verschmelzung von Intellekt und Emotionen wird der Geist berührt, die Intuition erreicht. Gefühle und Gedankenkraft entfalten gemeinsam die Intelligenz des Individuums die sich vom bloßen Intellekt unterscheidet, der allein die geistige Nahrung nicht verdauen oder verarbeiten kann. Beherrscht und weise genutzt, werden die Emotionen den Verstand in einer Weise durchdringen, dass die Intuition und die göttlichen Intelligenz gemeinsam wirken können.

Der Herzensverstand

DIE STILLE DES HERZENS

IN der geistigen Welt gibt es einen wunderschönen Garten, in dem alles, was dort gedeiht, ein Ausdruck des göttlichen Geistes ist: die Blumen und Bäume, ihre Farbe und ihr Duft, der Gesang der Vögel und das Plätschern der Brunnen, ja, die ganze Anlage des Gartens – alles ist eine Offenbarung der höchsten und reinsten göttlichen Gedanken. Engel tragen zur Erschaffung dieses Gartens bei. Mitten in diesem Garten befindet sich ein See mit kristallklarem Wasser, in dem sich der Himmel, die Blumen und die Bäume spiegeln, und diese Spiegelung macht den Garten noch reizvoller. So wie der Garten im stillen Wasser des Sees reflektiert wird, so spiegelt sich die Wahrheit in jedem menschlichen Herzen. Um aber die Wahrheit widerspiegeln zu können, muss das Herz ruhig, gelassen, heiter und still sein.

Der Verstand kann aus sich selbst heraus die Wahrheit nicht verstehen oder erkennen, weil er sehr oft einem sturmgepeitschten Meer gleicht, das den Emotionen, den Vorlieben und Abneigungen und den Leidenschaften des Lebens ausgeliefert ist. Der Verstand kann gleich einem arroganten Diktator keinerlei Fehl bei sich entdecken. Die Wahrheit kann sich in so einem Verstand nur in Bruchstücken spiegeln, weshalb es den Menschen nicht gelingt, den göttlichen Plan für die Welt zu erfassen.

Der Herzensverstand jedoch – wie der stille Teich in der Mitte des Gartens – spiegelt die reine vom Geist Gottes stammende Wahrheit wider. Du kannst in den Teich hineinschauen und das Gesetz von Ursache und Wirkung am Werk sehen, den Grund für alles Geschehen erkennen und die Vollkommenheit des göttlichen Plans erahnen, der letztlich das Gute und den Fortschritt der Menschheit beabsichtigt.

Wenn du an diesem See stehst und die Spiegelung der Güte und Schönheit betrachtest, siehst du auch dein eigenes Spiegelbild; du siehst dich, wie du bist im Vergleich zur Schönheit und Herrlichkeit Gottes und der Manifestation der göttlichen Wahrheit. Dann gelangst du in den Besitz des Juwels der Wahrheit…

Wenn du gelassen bist, wenn du lernst die heftigen Gefühle der Furcht, des Ärgers und des Hasses zu beherrschen, strahlt das Licht deiner Flamme heller. Du musst lernen, fortwährend diese Sphäre der heiteren Gelassenheit zu erreichen, denn in ihr liegt die Macht des Guten. Es sind die Kinder der Erde, durch die Gott Wunder wirkt.

TROST UND HEILUNG

4. Verwandtschaft

Wir bemühen uns, in
einem jeden von euch
ein Bewusstsein für
die unermesslich große
Bruderschaft des Lebens
zu erwecken.

LASST uns im Geiste Gott in Stille unter dem himmlischen Sternenzelt anbeten; lasst uns mit den Geistern der Luft, des Feuers, des Wassers und der schönen Erde kommunizieren. Der Frieden der ewigen Liebe und Harmonie erfüllt unser Sein. Mögen wir fühlen, wie die Luft der höheren Sphären um uns weht, und mögen unsere Augen für die Gesellschaft des Unsichtbaren und die Anwesenheit des Vollkommenen geöffnet werden.

PRAYER MINDFULNESS AND INNER CHANGE

DU möchtest gerne der geistigen Welt lauschen, den Worten der Liebe, die von deinen Geliebten im Jenseits, von deinem Führer, deinem Lehrer und später von deinem Meister gesprochen werden? So lerne zuerst, den Menschen auf der Erde zuzuhören und deine gesamte Aufmerksamkeit demjenigen zu widmen, der mit dir spricht. Lausche auch dem Gesang der Vögel und den Lauten der anderen Tiere, dem Säuseln des Windes in den Bäumen, den fallenden Regentropfen und dem dahinbrausenden Fluss. So wurden die amerikanischen Ureinwohner, die Indianer, von Kindheit an geschult, und da sie so geschult wurden, waren sie fähig, nicht nur physische Geräusche, sondern Geräusche außerhalb denen der Erde zu hören – die Geräusche der unsichtbaren Welt. Sie konnten die Stimmen ihrer geistigen Führer und Lehrer unterscheiden; sie konnten auch die Stimmen der Naturgeister hören. Es ist schwer für euch, in den lärmenden Städten etwas davon zu hören, dennoch müsst ihr euch schulen, zuzuhören.

UNSER GEISTIGER BRUDER SPRICHT

Die uralte Weisheit

DER GROSSE GEIST

DURCH alle Religionen aller Zeiten hindurch gibt es nur eine Wahrheit; dies ist die Uralte Weisheit, die dem Menschen zu Beginn von Gottwesen, Boten der Großen Weißen Bruderschaft, gebracht wurde. Wenn du diese Uralte Weisheit studierst, wirst du erkennen, wie ihr Einfluss alle Religionen durchdringt. Immer und immer wieder tritt sie in vielerlei Erscheinungsformen ans Licht. Welche Formen und Symbole auch immer benutzt werden, um Wahrheit bekannt zu machen: Wenn du zum Ursprung zurückgehst, wirst du dort die Samenkörner uralten Glaubens finden, der Uralten Weisheit. So war es im Anfang, so ist es und so wird es immer sein. Die Uralte Weisheit zeigt einen Plan des Lebens auf, der Himmel und Erde umfasst; wie im Himmel oben, so manifestiert sie sich unten auf der Erde. Es ist dies die Weisheit des Herzens; sie bewahrt das Wissen um das göttliche Feuer und die Schöpferkräfte, mit denen alle ausgestattet sind, und um die göttlichen Gesetze, die alles Leben regieren.

Grundlegend für die Alte Weisheit ist der Glaube an ein höchstes Wesen, an Gott, der unter vielen verschiedenen Namen in verschiedenen Religionen und bei den amerikanischen Indianern als der Große Geist bekannt ist. Der Indianer, der den Großen Geist anbetete, betete die ganze Schöpfung als allmächtiges Wesen an. Der edle Indianer blickte mit Dankbarkeit zum Himmel auf und erkannte dort eine Macht. Der Indianer erkannte sie in den Sternen und Planeten, in der Sonne und dem Mond, denn er wusste, dass die Planeten und Sterne einen großen Einfluss auf die Erde und das eigene Leben hatten. Der Indianer studierte die Natur, studierte die Winde und Regenwolken und die vier Jahreszeiten. Indianer erkannten, dass hinter all diesen Naturkräften eine lenkende Macht war, mit der sie in Harmonie wirken und Frieden und Glück in ihr eigenes Leben bringen konnten, indem sie dem Großen Gesetz gehorchten, wie es ihre Vorfahren sie gelehrt hatten.

Die uralte Weisheit lehrt, dass hinter der sichtbaren Sonne die geistige Sonne oder das weiße Licht ist, und man lehrte die

Alten, dieses weiße Licht anzuwenden und zum Segen ihres Lebens auf der Erde einzusetzen. Ihnen wurde vermittelt, wie sie mit den Engeln zusammenwirken können, um die Elemente zu beherrschen. Sie lernten, mental und geistig mit den Naturkräften Verbindung aufzunehmen und in Eintracht mit ihnen zu leben und zu wirken.

Sie wurden beispielsweise gelehrt, wie sie durch das Atmen in frischer Luft auch eine Verbindung zu den Engeln des Lichtes herstellen konnten. Ein Engel ist ein Bote Gottes und daher waren diese Engel oder Naturkräfte in der Lage, die Strahlen des Lichtes – der Macht, Weisheit und Liebe – zu den Wissenden zu lenken, und durch bestimmte Praktiken (vorzugsweise durch Meditation und durch ihre Lebensweise) vermochten diese Indianer, ganz reale und wunderbare Verbindungen zu jenen Naturkräften und sogar zu den großen Devas zu knüpfen.

Wenn du dich geistig entfaltest, wirst du in der Lage sein, so wie die Alten die Geister der Luft zu sehen: die Sylphen und winzigen Elfen. Du siehst dann die Engel des Elements Wasser und die niedrigeren Geister, die unter ihrem Kommando am Werk sind – die Wassergeister, die Undinen. Du siehst die zum Element Erde gehörigen Geister – die Feen und Gnome. Diese Kraft der Engel half den Menschen alter Zeiten, zusammen mit den Naturwesen die Erde durch geistige Kräfte anzureichern. Sie wussten um das Geheimnis, im Rahmen des Naturgesetzes darauf hinzuwirken die Fruchtbarkeit der Erde zu erhalten, und mit bestimmten Zeremonien, Prozessionen und Anrufungen zogen sie die unsichtbaren Kräfte zum Segen ihres Lebens herab. Sie wussten, dass zu diesen unsichtbaren Kräften unendliche Armeen von Naturgeistern gehörten, deren Mithilfe sie erbaten.

Meine Brüder, wenn wir zurückschauen auf unseren eigenen Lebensweg, taucht eine Erinnerung auf: das Bild eines weit zurückliegenden Lebens in Amerika und einer Zeit, da die Brüder alle in Liebe vereint waren und den Großen Geist verstanden und verehrten. Da sie an den Mittelpunkt des Lebens gerührt hatten, begriffen sie die Kraft in diesem Leben und im Licht und sie wussten, dass sich Mutter Erde ohne Zufuhr himmlischer Nahrung erschöpfen würde. Daher versammelten sich diese alten indianischen Brüder häufig in der Prairie, um den Segen des Allmächtigen anzurufen.

Dieses selbe weiße Licht kann immer noch herabgerufen und auf die Erde gelenkt werden, damit sie Nahrung spendet, und es soll nicht nur das Samenkorn aufspringen und sprießen, sondern zur Vollendung heranwachsen lassen. Wer von euch einen Garten hat und die Natur liebt, wird sich an unsere Worte erinnern: Der beste Dünger, den man der Saat geben kann, ist das weiße Licht, die Liebe Gottes.

Das innere Leben der Natur

NATURGEISTER UND ENGEL

LIEBT eure Blumen, meine Brüder. sprecht mit ihnen und redet mit eurem Bruder Baum. Unsere indianischen Brüder und Schwestern sprachen immer mit den Geistern der Bäume, der Blumen und der fließenden Gewässer. Sie sprachen mit dem Großen Geist in den Bergen – alles Lebende war für sie der Ausdruck des Großen Geistes. Begegnet euren kleinen Gänseblümchen und den Blüten der Heckenpflanzen und selbst jedem Grashalm voller Zuneigung. Versuche, deine Verwandtschaft mit jedem lebenden Wesen zu spüren. Selbst Mineralien sind lebendig durch das Licht Gottes. In jedem Stein am Weg pulsiert ein Licht und er hat Teil am Leben wie alle grünenden Pflanzen. Wenn ihr hellsichtig wäret, könntet ihr sehen, dass in allen Blumen und Bäumen eures Gartens Farbe und Leben pulsiert.

Die Erde ist getränkt mit dem göttlichen Feuer des Lebens. Dieses göttliche Feuer – auch Liebe genannt – stellt das Leben in allem dar. Könntest du klar sehen, würdest du das göttlich

Feuer selbst in unbeseelten Dingen erkennen: im Metall, in den Steinen, im Holz. In allem pulsieren winzige Licht- und Feuerfünkchen. Göttliches Leben pulsiert in der gesamten Natur.

Die Farben in den Blumen werden ihnen von Elfen gegeben, von den Naturgeistern, die durch die Haupttriebe der Pflanzen wirken und ihre eigene Essenz je nach den Bedürfnissen der Pflanzen dazugeben. Anders ausgedrückt, die Blume nimmt die Farbe der an ihr tätigen Elfe an; die Essenz, die Bewusstseinsqualität dieser Elfe drückt sich in der jeweiligen Blüte aus.

Könntest du mit deinen „geöffneten" geistigen Augen einen Baum betrachten, würdest du mehr als seinen Stamm, die Äste und das Blattwerk sehen. Du würdest das Feuer in der Erde und in den Wurzeln dieses Baums bemerken und sehen, wie es durch den Baumstamm aufsteigt, um durch alle seine Zweige und Blätter das Licht ausstrahlen zu lassen, vor allem im Frühling. Das göttliche Feuer strahlt nicht nur am Himmel als die Strahlen der Sonne, sondern auch in der Erde selbst und in der ganzen Natur.

Nicht nur vibrieren Farbe, Klang und Duft in dieser inneren oder ätherischen Welt, sondern sie wird wie alles andere auch von den Strahlen der Planeten durchdrungen. Bestimmte Teile deines Körpers schwingen im Einklang mit bestimmten Planeten, denn jeder Planet hat seine Entsprechung in dir. Versuche, diese Schwingungen zu verstehen und sie ganz in dein Wesen aufzunehmen. Hast du einmal gelernt in harmonischer Übereinstimmung mit allem Leben zu schwingen, dann bist du zum Meister geworden.

Erholung

WENN du nachts zum Himmel aufschaust und die zahllosen Sterne erblickst, meinst du, in ein weites Universum zu schauen – aber du weißt nichts von dem unsichtbaren

Leben in diesem Universum. Weder das physische Auge noch der irdische Verstand kann die Unermesslichkeit dieses nicht sichtbaren Universums erfassen. Wenn du allerdings lernst, in die Stille in deinem demütigen Herzen zu gehen, beginnst du zu begreifen und dir dieses weiten unsichtbaren Universums bewusst zu werden.

Wenn du in diesem Zustand innerer Stille hinaus gehst in den Garten, wirst du dir auch noch anderer Geschöpfe als der menschlichen, tierischen und pflanzlichen bewusst. Sei still; zieh dich in deinen Tempel der Stille zurück. Du könntest dann – und sei es nur für einen Augenblick – zahllose kleine Naturgeister erblicken: Blumenelfen und Gnome. Sogar die Steine sind von ätherischen Wesen bevölkert. Doch für gewöhnlich siehst du lediglich die äußere Form hübscher Blumen. Wenn du einmal innehältst und darüber nachdenkst, wirst du dich fragen, wie die Blumen zum Blühen gebracht werden, was ihren Duft hervorbringt, woran es liegt, dass eine Blume gelb, eine andere rosa und die Blätter grün sind. Welche Macht steckt da dahinter?

Hinter aller Natur walten große und kleine Wesen unter der Anleitung und Kontrolle eines Engels von einem der sieben Strahlen. Diese Wesen arbeiten automatisch unter ihrem Gruppenengel, auch wenn sie eine gewisse Entscheidungs- und Handlungsfreiheit haben, und sie bringen unablässig Lebenskraft herbei, um die Form und die Farbe deiner Blumen zu verschönern.

Genau derselbe Prozess findet in jedem Bereich des Lebens statt. Dein irdischer Körper ist in der Obhut des instinktiven Verstandes bzw. des vegetativen Nervensystems – wie es eure Psychologen nennen – oder des automatischen Verstandes, wie wir dazu sagen. Schlafen und Wachen, die Körperfunktionen laufen weiter und werden vom vegetativen Nervensystem gesteuert, das wiederum von einem großen Engelswesen gelenkt wird. Vom Augenblick der Empfängnis bis zu dem Zeitpunkt, da das silberne Band (Silberschnur) durchtrennt wird, du die irdische Spirale für eine Weile verlässt, um zur Erholung in die himmlische Welt zu gehen, wirst du von Engeln behütet.

Wenn du dich erholt hast und die Zeit gekommen ist in den Weinberg zurückzukehren, inkarnierst du dich erneut, um eine neue Aufgabe zu übernehmen und um auf dem geistigen Weg weiter zu kommen. Wie du dich voran arbeitest liegt bei dir, aber du musst immer mit dem Gedanken leben: "Ich bin auf die Erde gekommen, um dem Leben und dem großartigen Plan zur Entwicklung der Menschheit zu dienen." Du lebst, bewegst dich und hast dein Sein in einem geistigen Universum und du hast deine Rolle darin zu spielen.

Standpunkt

UNSER GEISTIGER BRUDER SPRICHT

DU fragst dich, warum wir die Schönheit des Lebens so betonen und offenbar das Unharmonische und wenig Schöne übersehen. Von deinem irdischen Blickpunkt aus magst du vielleicht dagegen ein bisschen aufbegehren und dich fragen: „Warum das so wenig Schöne betonen und das überwältigende Leid, die Unwissenheit und Finsternis übersehen?"

Das kommt daher, dass wir viel mehr von der transzendenten Schönheit des geistigen Lebens, aber auch des sterblichen Lebens sehen als du. Sogar jetzt, da wir mit dir sprechen, vernehmen wir das Gezwitscher der Vögel in den Bäumen draußen als Musik für unsere Seelen. Wir spüren die Gemeinschaft mit diesen Blumen auf dem Altar und wir sehen die Gestalten der Naturgeister, die sich um sie kümmern und die für ihre Schönheit und ihren Duft verantwortlich sind. Diese winzigen Naturgeister sind unsere Gefährten und unsere Brüder.

Was für eine glorreiche Welt! Wenn wir aus der Stadt hinaus fahren, können wir in Wiesen mit wilden Blumen gehen, sehen das junge Korn sprießen und die Bäume fruchtbeladen. Wir sehen am Himmel Myriaden von Naturgeistern, die alle zum Wohl des Lebens zusammenwirken und um den Menschen die Gaben der Nahrung und des Lebensunterhalts zu bringen. Rundum sehen wir in dieser Kapelle die Gestalten strahlender Lehrer und Engelwesen, die darauf warten, euch zu dienen und eure Seele mit Liebe und Frieden zu erfüllen. Wir sehen, dass durch die vorhin vernommene Musik die Engel der Musik angezogen wurden, um euch zu dienen und eure Seelen so zu berühren, wie die Hände auf einer Harfe spielen, so dass auch ihr die Harmonie der Musik der Sphären in euch aufnehmen könnt.

Wunderst du dich jetzt noch, dass wir immerzu die göttlichen Gaben hervorheben, die so großzügig über euch, den Kindern Gottes, ausgegossen werden? Siehst du denn nicht, dass du die Schönheit auf der Erde in dem Maß vermehrst, wie du auf Liebe und Schönheit reagierst und damit gleichzeitig das verringerst, was auf der anderen Waagschale liegt: Finsternis und Unwissenheit, Bitterkeit und die Selbstsucht der Menschen?

Wir wissen um die Niedertracht und das Hässliche im menschlichen Leben, aber es ist unsere Aufgabe und die eure, Niedertracht und Abscheulichkeit zu vertreiben. Wir bewegen uns auf einem Weg, der uns ständig aufwärts und weiter zum Himmelreich führt, und mit jedem Gedanken und jeder Handlung in unserem täglichen Leben können wir Freude, Glück und Liebe schaffen und auf diese Weise dazu beitragen, den großen göttlichen Plan der Evolution zu fördern.

Harmonie

Heilung für die Erde

WIR haben noch eine weitere wichtige Botschaft für euch: Wir bitten euch um Konzentration auf das Schöne und sagen das aus gutem Grund. Die Erde ist grau und zeitweise liegt sie in einem dichten Nebel. Wir wollen nicht mehr sagen, einfach nur: sie' liegt in einem dichten Nebel und es gib sehr viel Hässliches auf ihr. Es gibt Hässliches in der Sprache, bei Geräuschen und bei Bauten - Abscheulichkeiten in sehr vielen Lebensbereichen. Wir alle müssen Schönes erschaffen.

Schönheit ist geistige Nahrung: Schönheit in der Form, Schönheit in der Natur, in Mutter Erde, Schönheit der Farben, der Bewegung, der Musik, des Denkens, des Ausdrucks. Alle diese Aspekte der Schönheit sind von großer Bedeutung. Wenn ihr euch auf Schönheit konzentriert - in eurer Umgebung, in euch selbst in eurem Denken - dann versucht auch, Schönheit in das Leben der Menschen in eurer Umgebung zu bringen. Seht die Vollkommenheit und ignoriert das Geschwätz.

Wenn du aus dem Geist heraus handelst, erschaffst du Schönheit und hilfst der Menschheit, Schönheit in all ihren Ausprägungen aufzunehmen und auszudrücken. Du bist geübt in Meditation und erblickst daher Schönheit, weil du aus deinem Innersten heraus wirkst. Stelle dir die Welt des Geistes vor, denke an die Schönheit der Farben, der Formen und der Klänge, denke an die Musik, an die Harmonie der Sphären. Wenn du dich auf das höhere Leben, auf die jenseitige Welt einstellst, solltest du immer Schönheit vor Augen haben.

Die idealsten Meditationsobjekte findet man in der Natur. Du könntest dir die Berge, den stillen See oder Teich in den Tempelgärten der geistigen Welt oder einen wunderschönen Blumengarten vorstellen. Alle diese Naturbilder haben eine Wirkung auf deine Seele. Sie bringen dich in Einklang mit dem Großen Geist. Im unendlichen, ewigen Garten siehst du Engelsmächte, Gestalten mit menschlichem Antlitz und in Farben, die auf der Erde unbekannt sind. Still und in tiefem Frieden geben sie unablässig Hilfe indem sie fortwährend Liebe und Weisheit über der Schöpfung ausgießen. Wir schlagen vor, dich bei deiner Meditation nach Möglichkeit immer auf den Großen Geist zu konzentrieren und dann auf die Schönheit der Natur.

Diese Art der Meditation ist ganz einfach, aber je öfter du sie wiederholst, desto mehr wird sie dir bei deiner Arbeit helfen. Wenn du dich zu Beginn auf Schönheit in allen ihren Ausprägungen zu konzentrierst, versichern wir dir, dass du das Leid oder die Ungerechtigkeiten des Lebens nicht vernachlässigst.. Gib aus deinem Herzen die vollkommene Liebe und sieh deine schöne Welt von aller Verschmutzung gereinigt. Sieh die schöne Erde, wie sie von der Menschheit gemäß dem Gesetz Gottes verwaltet wird und die Menschen dem Land das zurückgeben, was sie von ihm bekommen haben.

Fühlst du bei unseren Worten nicht die Harmonie in dieses Lebenskreislaufes? Niemand kann sich auch nur annähernd die Großartigkeit und der Schönheit des unendlichen Planes vorstellen. In der gesamten Schöpfung gibt es kein Beispiel für diese „großartige Isolierung“ (spendid isolation) keine Trennung zwischen den Formen des Lebens; vielmehr geht alles ineinander über zu einem harmonischen Ganzen. Hinter allem, was nach Irrtum, nach Bösem, nach Zerstörung aussieht, steht die große Macht, Weisheit und Liebe, die sich durch den gesamten Plan hindurchzieht und aus scheinbar Bösem Gutes hervorbringt und jede Form des Lebens lenkt und verknüpft.

Ein großartiger Gedanke: Alles wirkt zusammen auf das Gute hin und nichts kann demjenigen etwas anhaben, der Güte und Wahrheit liebt. Du vermehrst das Licht über diesem ganzen Planeten. Sei immer bereit vorwärts zu gehen mit der Kraft des Geistes, der deine Seele durchdringt; geh vorwärts im Vertrauen darauf, zu ewigem Frieden, zu Freude und Glückseligkeit zu gelangen. Wenn dieser Planet ein Planet des Lichts wird –was auf jeden Fall geschehen wird – dann wird er zu einem strahlenden Stern Himmel.

Du bist auf dem Weg zum ewigen Fortschritt. Du wirst in die goldene Welt Gottes eingehen.

Im Kreis rund ums Feuer

Geistige Jahreszeiten

WIR möchten euch auf eine kleine Reise mitnehmen... Schließt eure Augen, verschließt eure Sinne vor der äußeren Welt und stellt euch vor, wir sitzen alle rund um ein Lagerfeuer unter dem sternklaren Himmel, in völligem Einklang mit der Natur. Die geschilderte Szenerie ist ja vielen von euch sehr vertraut und es fällt euch nicht schwer, in Gedanken zurückzugehen zu der Zeit, da wir uns alle in einem großen Kreis versammelten, auf Mutter Erde saßen, ins Feuer in unserer Mitte blickten, den Geruch der Erde, der Kiefern, der Blumen und des Waldes genossen, hinauf schauten zum Himmelszelt und die blinkenden Sterne betrachteten. Für die indianischen Brüder waren sie mehr als nur kleine Lichtpunkte am Himmel, denn sie stellten die Macht Gottes dar, die zerstören und erschaffen kann. Wir lernten, alles als gut anzunehmen, was Gott uns sandte, denn wir verstanden, dass der Große Weiße Geist voller Liebe und Weisheit über alles herrscht, und wir wussten, dass die großen planetarischen Wesen und Engel bis hinab zu unseren Naturgeistern alle dem Befehl des Großen Weißen Geistes gehorchen.

Stelle dir also alle Brüder in der Abendkühle versammelt vor, wie sie dem Orchester der Natur lauschen: dem Wind in den Kiefern, dem Brummen der Insekten, dem melodischen Gezwitscher der Vögel und den Geräuschen der Pelztiere, der Biber und Ratten und all der winzigen Geschöpfe des Wassers und der Wälder. Alle bilden sie eine große, glückliche Bruderschaft, die unter dem Schutz und durch die Liebe der unsichtbaren Macht, des Großen Weißen Geistes lebt. Selbst wenn wir hinauf blickten zum Firmament, zu den Sternen, sprachen sie zu unserem innersten Herzen von Liebe, Bruderschaft und Frieden...

Im gegenwärtigen Zyklus und in eurer Generation seid ihr so sehr von Zivilisation umgeben, dass diese Verbindung mit dem Großen Weißen Geist durch die Natur, abgekapselt ist. Und weil ihr von der direkten Verbindung mit der Natur abgeschnitten seid, leidet ihr an Stress, was sich manchmal zur Krankheit auswächst… Immer noch sehnt sich die Seele nach diesem unbekannten Trost und nach der Kraft aus der Quelle des Lebens. Du bemühst dich, mit diesem herrlichen Geist über deinen Verstand in Verbindung zu treten, aber in früheren Zeiten gelang uns dies direkt durch unsere Sinne. Die Menschheit muss wieder lernen, ihre fünf Sinne zu gebrauchen, denn durch diese fünf Sinne (die Kraftzentren im Ätherleib entsprechen) können wunderbare Geistes- und Lebenskräfte verfügbar gemacht werden.

Wir wollen also durch unsere Vorstellungsgabe – durch unseren Geschmacks-, Tast-, Hör- und Geruchssinn und durch unser Augenlicht auf der ätherischen Ebene hier an unserem Feuer Verbindung mit der Natur aufnehmen.

Wir möchten gerne in einem jeden von euch ein Bewusstsein für die riesige Bruderschaft des Lebens erwecken. Wenn wir im Kreis um unser Feuer sitzen, spüren wir im Innersten einen lebendigen Frieden, echte Bruderschaft und Gemeinsamkeit. Strahlen wir diesen Frieden, diese schöpferische Kraft hinaus in den Äther, auf dass er sich tief im Unbewussten der Menschen verankere.

Kannst du es sehen?! Siehst du sie, die kleinen Pelztiere, die Biber, die Ratten mit ihren hellen Äuglein, die Haselmäuse, die Frösche und anderen kleinen Geschöpfe der Erde? Schau, sie sind alle um uns herum und gesellen sich zu unserer Bruderschaft. Selbst Eulen und Nachttiere kommen - alle sind eins. Das Knistern des Feuers lockt sogar die Salamander heraus und am Fluss in der Nähe hören wir das Plantschen der Wassergeister. Wir hören den Wind in den Bäumen und die Geister der Luft kommen herbeigeflogen, um sich unserer Bruderschaft anzuschließen. Friede auf Erden… Wohlwollen gegenüber allem Leben.

Gebet

LIEBE Brüder, wir spüren das Leben des Großen Geistes nicht durch unseren Verstand, sondern über unsere körperlichen und ätherischen Sinne.
Rund um uns stehen die Kiefern als Symbole für Frieden, Hoffnung und Stärke… und die Musik des Windes haucht ihre Botschaft ins Herz und in die Seele:
Der Große Weiße Geist wacht über alle Geschöpfe … alles ist gut.

GEBETE IM NEUEN ZEITALTER

5. Karma

*Der Weise gibt alles
ab im vollkommenen
Vertrauen und Glauben
an die präzise Wirkung
des göttlichen Gesetzes,
der Liebe.*

WIR versichern dir mit aller Liebe, die wir im Herzen für dich hegen, dass es nur einen einzigen Weg gibt: den Weg der Liebe. Lass die kleinen Dinge los, verweise sie an den ihnen angemessenen Platz. Kleine Dinge können sich zu Gebirgen auftürmen, aber du kannst sie ganz leicht unschädlich machen, wenn du sie nicht beachtest und es dir zur Gewohnheit machst, nur den großen, wichtigen Dinge Wert beizumessen. Gib in kleinen Dingen nach, denn sie spielen keine Rolle, aber bleibe bei grundlegenden Angelegenheiten fest wie ein Fels.

UNSER GEISTIGER BRUDER SPRICHT

Vergebung

WIR alle sind Menschen und wir alle versagen manchmal und bedürfen der Vergebung. In der geistigen Welt müssen alle sehr viel verzeihen. Willst du daher nicht auch versuchen denen zu vergeben, die sich irren und Fehler vor allem deshalb begehen, weil sie es nicht besser wissen? Vergib ihnen selbst dann, wenn sie es nach deinem Verständnis sehr wohl verstehen. Von Herzen kommende Vergebung bringt Sonnenschein, Frieden der Seele und Ruhe in dein Leben. Vergib daher nicht nur die großen Fehler, sondern auch kleine menschliche Fehltritte und Schwächen. Wenn dich plötzlich aufsteigende Gefühle zu übermannen drohen, so vergib einfach. Dir wird dann auch alles vergeben und Gott segnet dich.

Die zweite Eigenschaft ist die Dankbarkeit. Höre nie auf, Gott dankbar zu sein. Das ist das Geheimnis eines vollkommenen Lebens, denn durch die Dankbarkeit kommst du in Einklang mit Gott. Danke Gott für alle Segnungen in deinem Leben und für jede dir gebotene Gelegenheit in dieser Inkarnation, die es dir ermöglicht, dem Christus-Sein näher zu kommen (anders ausgedrückt, den Christus in dir zu entfalten). Lass deine Tage nicht ziellos vorübergehen, sondern suche immer nach der Bedeutung hinter jedem Ereignis, das dir begegnet. Das Leben ist nicht etwas, durch das man sich einfach durchwurschtelt; es wurde dir gegeben, dass du jede Erfahrung willkommen heißt und dich darüber freust. Diese Erfahrungen sind nicht als harte Kasteiungen oder Bestrafungen gedacht, sondern als Gelegenheiten für dich, allmählich die Weisheit der göttlichen Gesetze und die Kraft des geistigen Lichtes zu erkennen, das von Gott ausgeht. Nimm das, was die Welt bitter nennen würde, mit beiden Händen an, denn in diesem Bitteren findest du den Nektar, die Süße. Es kommt auf die Art und Weise an, wie du deine Erfahrungen annimmst und wie du ihnen erlaubst die Christusliebe in deinem Herzen zu erwecken.

Lektionen

Der Weg zum höheren Selbst

KARMA, meine Kinder, ist in Wirklichkeit nicht gelernte Lektion. Diesen Lektionen muss man mit ruhigem Gemüt begegnen. Freue dich über dein Karma. Danke Gott für die dargebotenen Gelegenheiten, Lektionen zu lernen und dein Karma abzuarbeiten, denn das sind Schritte, die dich in die Große Weiße Loge oben aufsteigen lassen. Jedes abgearbeitete Stück Karma steht für eine gelernte Lektion, doch das Wichtigste worauf du zu achten hast ist: Versuche nicht, deinem Karma einfach auszuweichen. Versichere dich, dass du die Lektion gelernt hast, die dich die jeweilige Begebenheit lehren wollte. Wenn du die Lektion nicht gelernt und dein Karma lediglich umgangen hast, wurde es lediglich vorübergehend beiseite gelegt und es wird immer wieder zurückkehren, bis die Lektion gelernt ist.

Ist das hart? Es ist aber wahr und wir versuchen, es dir zu zeigen und dir zu helfen, weil wir dich lieben. Wir sind deine Gefährten. Wir sind auch deinen Weg gegangen. Wir haben Wege und Möglichkeiten außerhalb und jenseits der Erde und darüber hinaus zu reisen, aber wenn wir auf das Karma schauen und auf die vor uns liegenden Hindernisse, nehmen wir sie dankbar an. Daher sagen wir immer wieder: "Nimm deine Lebensumstände an, nimm sie unbedingt an und sei dankbar dafür, denn sie bilden Stufen, die zur Erleuchtung und zum vollkommenen Glück führen."

Das Geheimnis göttlicher Magie wird dir zuteil, wenn du das niedere Selbst überwunden und bemeistert hast und gelernt hast göttliche Liebe, Güte und Freundlichkeit zu erweisen – wenn du also gelernt hast nicht mehr zurückzuschlagen und nichts mehr nachzutragen. Der Eingeweihte überlässt jegliches Unrecht, jede Ungerechtigkeit ob groß oder klein, dem göttlichen Gesetz. Er weiß, dass die Ölpresse des Gesetzes die Oliven auspresst und das Öl der Weisheit übrig bleibt. Die Mühen, die Ungereimtheiten, die Schwierigkeiten und das Unrecht im Leben werden alle in Gottes Mühlen gemahlen und das reine Öl der Weisheit, der reine Wein des Lebens bleiben übrig.

Die Gesetze des Lebens

GEISTIGE JAHRESZEITEN

WIR möchten dich daran erinnern, dass das Leben des Menschen vom geistigen Gesetz regiert wird, vom Gesetz von Ursache und Wirkung und auch vom Gesetz der Gelegenheiten (neue Möglichkeit). Im Osten nennt man ersteres 'Karma' und letzteres 'Dharma'[1]. Ihr versteht nicht ganz, was diese zwei Gesetze im täglichen Leben bedeuten. Dir wurde das Geschenk des freien Willens gegeben und manch einer meint, er sei sein eigener Herr, weil er ja seinen freien Willen hat, also tun und lassen kann, was er will. Das stimmt. Dennoch – die Seele muss sich darauf einstellen, sich den Folgen ihrer Taten zu stellen. Das bedeutet also, wenn sie den Weg der Selbstsucht und Lieblosigkeit gewählt hat, muss sie auch die Konsequenzen dieses Begehrens auf sich nehmen.

Das Gesetz von Ursache und Wirkung geht Hand in Hand mit dem Gesetz der Gelegenheiten. Jedes Mal, wenn von einem Einzelnen oder im nationalen oder internationalen Bereich eine Ursache gleich einem Samenkorn gesät wurde, folgt zwangsläufig eine Wirkung, die entweder positiv oder negativ sein kann. Auf jeden Fall liefert sie aber eine neue Chance, denn das Karmagesetz setzt das Gesetz des Dharma oder der Gelegenheit in Gang. Denke in Freude und in Leid daran, dass dir das Wirken deines Karmas eine Gelegenheit verschafft an Weisheit zu wachsen und so auf dem Weg voranzuschreiten… Der Lebenszyklus dreht sich spiralförmig nach oben. Trotz dunkler Stellen, die ihr

1 „Dharma" wird oft als „Lehre" übersetzt. White Eagle weitet es zu „Gelegenheit" aus im Sinne „des erleuchteten Fortschreitens auf dem Pfad".

das Böse nennt, macht die Menschheit Fortschritte. Ein himmlisches Licht dringt in das Gemüt der Menschen und ihre Herzen öffnen sich eins nach dem anderen und neigen sich der Liebe, dem Wohlwollen und der Rechtschaffenheit zu.

Wir in der geistigen Welt können die Erde aus einem Blickwinkel betrachten, der euch unzugänglich ist. Wir sehen in die Herzen der Menschen, und was wir sehen ist schön. Wir sehen Güte, wir sehen eine Zunahme des Christuslichtes. Wir sehen auch das, was nach Liebe ruft und genau hier könnt ihr helfen. Denkt daran, der göttliche Geist hat euch mit den Vorzügen Christi, des Sohnes Gottes, ausgestattet. Du hast die Macht in dir, deinen eigenen Himmel und deine eigene Hölle und den Himmel oder die Hölle für deinen Bruder, deine Schwester auf der Erde zu erschaffen.

Und so sagen wir... schau auf zum Geist! Lass dich in allen deinen Unternehmungen vom Geist leiten. Bleib deinem innersten Licht treu, dann wirst du dir den Himmel erschaffen und vollkommene Glückseligkeit auf Erden erfahren. Verwirf unsere Worte nicht mit der Ausrede, es nütze nichts, wenn lediglich ein Mensch eine solche Anstrengung unternimmt. Soll das goldene Zeitalter auf der Erde anbrechen, muss jeder einzelne seinem inneren Licht des Christusgeistes treu bleiben. Setzt das in eurem Leben um und ihr werdet erstaunt sein über die Ergebnisse.

Der positive Blick nach vorne

Schau in deinem Leben immer nach vorne und erwarte das Gute. Wenn du Gutes, Segnungen und Glück erwartest, ziehst du das automatisch an und erzeugst es durch deine Vorstellung. Das Vorstellungsvermögen ist ein Teil der in die menschliche Seele gelegten seelisch-geistigen Kräfte. Wir raten dir daher aus der geistigen Welt, deine himmlische Vorstellungskraft einzusetzen. Stelle dir vor, du bist völlig gesund, stell dir vor, du bist wirklich in Harmonie. Wenn deine Umstände unharmonisch sind, so sieh, wie sie sich beruhigen und bessern. Eine disziplinierte Vorstellung ist der Schlüssel zum Erschaffen.

Dir ist vielleicht nicht bewusst, dass du bei jedem negativen Gedanken eigentlich negative Umstände für dich selbst erzeugst. Um etwas Positives, Gutes zu erschaffen, musst du immer positiv denken. Wenn du dir das zur Gewohnheit machst, vertreibst du die Nebel um dich herum, die Nebel in deiner Seele und die Nebel in deinem Gemüt und Verstand. Das Licht des Christus in dir, das sich durch dein positives Denken ausdrückt, kann wie eine Sonne strahlen und die Nebel auflösen.

Wir können dir gar nicht genug ans Herz legen, immer im Sinne von Fortschritt, Glück und Erfolg zu denken, denn dann wirst du gesund und glücklich. Das ist unsere spezielle Botschaft für dich zum Beginn eines neuen Jahres. Wenn du dir nämlich deine Umstände auf kreative Weise vorstellst, setzt du eine Maschinerie in Gang, die genau das Bild hervorbringen wird, das du vor Augen hast. Wenn du Licht denkst, wenn du gut denkst, wirst du mit Gott zu einem Schöpfer einer schönen Welt und einer wunderbaren Menschheit.

Einweihung

In Harmonie mit dem Geist

DIE Seele erhält ständig Gelegenheit, göttliche Erleuchtung zu erlangen. Während jeder ihrer Inkarnationen werden der Seele Lektionen präsentiert – nennt sie Prüfungen, wenn ihr wollt – die alle eigentlich Möglichkeiten für Fortschritt und Initiation sind. Prüfungen kommen fast in jedem Einzelaspekt des Lebens zu euch. Durch sie könnt ihr die Reaktionen eurer Gefühle auf menschliche Ereignisse beurteilen, die Reaktionen eures Verstandes auf das Leben im Allgemeinen und die Reaktion eures Herzens hinsichtlich der Liebe, die ihr gegenüber anderen Wesen fühlt. Schließlich werdet ihr durch diese Prüfungen erkennen, wie ihr die göttlichen Attribute durch eure physische Natur zur Wirkung bringt und ebenso eure Fähigkeit,, euer Leben zu lenken und zu bestimmen, indem ihr auf die größte Liebe, Kraft, Weisheit und Intelligenz des Höchsten, eures Schöpfers, zurückgreift.

Euer Leben ist erfüllt von Möglichkeiten, an Weisheit, Liebe und göttlicher Kraft zu wachsen. Geliebte, legt eure Hand in die Hand Gottes ... und Er/Sie wird euch Schritt für Schritt führen. Macht euch die Mühe, auf Gottes Weg zu wandeln und ihr werdet eure Prüfungen und Einweihungen (ein Wort, das Bewusstseinserweiterung bedeutet) bestehen, solange, bis ihr wie einer der vierundzwanzig Ältesten um den Thron werdet. Dann werdet ihr wie niemals zuvor die Bedeutung des Wortes „Demut" erkennen. Sobald ihr die Demut kennt, werdet ihr eure Lichtkrone ablegen – das bedeutet, dass ihr erkennt, dass ihr nichts seid, denn ihr bewegt euch in Gott und habt all dort euer Sein. Allein in Gottes Leben könnt ihr leben und höchstes Glück jenseits allen menschlichen Verständnisses erfahren.

Das ist die Antwort für die vielen, die über die Widersprüche des Lebens so sehr beunruhigt sind. Sie fragen: „Warum? Warum? Warum? Was habe ich getan, dass dieses Unheil über mich kam?". Alles, was wir antworten können, ist, dass ihr entweder irgendeine Gelegenheit zu dienen oder Liebesdienste gegenüber euren irdischen Gefährten unterlassen oder unnötigerweise vernachlässigt habt. Deshalb kam das Leiden. Ihr werdet weiterhin fragen: „Was ist das Gute an all dem?" und vielleicht beteuern, dass das Leiden sein Ziel verfehlt, da ihr euch nicht erinnern könnt, was vor so langer Zeit geschah. Worauf wir antworten, auch wenn euer physisches Gehirn sich nicht erinnern kann, so weiß doch euer tieferes Bewusstsein, dass es die Erfahrung verdient hat.

Seid daher dankbar und akzeptiert alle Gelegenheiten, die als so genanntes Karma verkleidet zu euch kommen. Nehmen wir an, ein Mensch geht durch eine besonders dunkle Phase von Kummer oder Krankheit oder erleidet einen großen Verlust, macht irgendeine Form von Einschränkung oder Not durch oder begegnet Missverständnis oder Ungerechtigkeit. All diese Erfahrungen, wenn sie in der richtigen Perspektive gesehen werden – in dem Verständnis, dass sie Lektionen sind, durch welche der Meister versucht, euch zum Sehen und besseren Verständnis des Lebens zu bringen – werden als Prüfungen erkannt werden. Darüber hinaus werdet ihr hinterher immer feststellen, dass ein Wandel stattgefunden hat, wie unbedeutend auch immer eine Prüfung erscheinen mag. „Ich werde nie wieder der- oder dieselbe sein", sagt ihr. Das ist wahr, niemals mehr der- oder dieselbe, aber immer besser, so wollen wir hoffen; denn das Ergebnis ist – in geringem Ausmaß – eine Erweiterung des Bewusstseins oder des Verständnisses der menschlichen Natur und der menschlichen Erfahrung.

Lass die unnützen Sorgen los

MEINE Kinder, werft die Angst über Bord. Es gibt nichts zu fürchten. Angst ist eine Schwäche, ein Spalt in eurer Rüstung aus Licht, denn wenn ihr Angst habt, macht ihr den Weg für die Feinde, die Widersacher Gottes, frei. Du schwächst dich selbst, wenn du Ängsten um dich selbst oder um andere nachgibst. Hab keine Angst; vertraue voll auf Gott, er ist Vater und Mutter zugleich.

DIE STILLE DES HERZENS

Euer Problem auf der Erde besteht darin, dass ihr wollt, dass alles schnell geht und alles sofort geschieht. Aber geistige Kräfte wirken langsam. Wenn du ein Samenkorn oder eine Blumenzwiebel in die Erde legst, kannst du ihr Wachstum nicht beschleunigen. Es braucht seine Zeit damit sie wachsen können und schließlich zum Erblühen kommen. Genauso wirkt die geistige Kraft.

Wenn du ruhig und geduldig lebst, immer in dem Bewusstsein, dass du von der Liebe Gottes getragen wirst, wirst du bemerken, dass dein ganzes Leben der Himmel auf Erden ist. Alles, was sich in dein Leben hineingeschlichen und es scheinbar belastet hat löst sich allmählich. Das kann aber nicht geschehen, wenn du Ärger, Angst und Chaos im Herzen nährst. Lass diese unnützen Sorgen und Ängste los. Alles wirkt zusammen zum Guten für den, der Gott liebt. Dein Vater, deine Mutter im Himmel weiß, was du brauchst. Warum also sich ängstigen oder sorgen? Suche die innere Ruhe, die Stille und Gelassenheit des reinen Geistes. Darin soll deine Stärke liegen.

IHR habt alle das eine oder andere Problem und viele von euch haben Angst vor der Zukunft. Überquere niemals die Brücke, bevor du dort bist. Falls und wenn du hinkommst, wirst du mit großer Kraft und Liebe hinübergetragen werden.

IN DER STILLE LIEGT DIE KRAFT II

6. Lehrer und Schüler

Dein Leben ist
voller Gelegenheiten und
Chancen um Weisheit,
Liebe und göttliche
Kraft zu entwickeln.

DU wirst von uns immer wieder hören: Schreite unermüdlich voran, mache unermüdlich weiter. So viele können das aber nicht. Sie legen sich am Wegesrand nieder und schlafen ein. Sie werden mutlos. Sie kehren um. Hält die Seele jedoch durch und macht unermüdlich weiter, erreicht sie das Ziel geistiger Befreiung.

WORTE DES INNEREN MEISTERS

Die Lebensreise

DER Lebensweg, auf den du deinen Fuß gesetzt hast, ist steil und führt hoch hinauf, aber er ist zu bewältigen. Schon viele sind diesen Weg vor dir hinauf gestiegen, einige sind auf halbem Weg und manche sind schon ganz oben. Diejenigen, die ganz oben sind, denken aber durchaus an dich und deine Anstrengungen. Sie kommen unbemerkt und lautlos um dir Kraft und Licht zu bringen und um dich mit ihrer Liebe zu umhüllen.

Jede inkarnierte Seele hat die Aufgabe zu lernen, wie sie die Liebe und Schönheit Gottes zum Ausdruck bringen kann. Die geistigen Gefährten, die du in früheren Leben gekannt hast sind bei dir, um dir zu helfen. Sie leiten dich und helfen dir, deine Lektionen zu lernen; sie sind bei dir, wenn du voller Kummer und Sorgen bist und nicht mehr weiter weißt, um dir Kraft zu geben und dir voller Freude zu helfen, glücklich zu werden.

Ihr neigt sehr dazu, der Schwachheit und den falschen Ansichten des niederen Verstandes und der materiellen Welt nachzugeben. Antwortest du aber, anstatt dich von diesen Versuchungen des niederen Selbst überwältigen zu lassen, auf das Licht des höheren Selbst oder auf die Stimme deines geistigen Führers, der dein ganzes Sein mit Liebe und Demut erfüllt, so gewinnst du dadurch jedes mal an Stärke. Dann machst du einen Schritt nach vorne und aufwärts deinem Ziel entgegen.

Aber die Reise erscheint dir oft lang, du verlierst den Mut und meinst, du wirst den goldenen Himmel nie erreichen. Ja, wir wissen und wir kennen das, aber wir kommen, um dich aufzumuntern, denn die Freude muss deine Begleiterin sein auf diesem Weg, der dich zum Herzen Gottes führt. Wir verstehen die Schwäche des Fleisches, wir verstehen die seelische Müdigkeit, aber wir wissen auch, dass sich mit Sicherheit eine stützende, erfrischende Gnade einstellt, die den müden Wanderer auf seiner Reise aufrechterhält.

Wir bringen dir nicht nur eine Botschaft der Freude und der Hoffnung, sondern auch die Versicherung, dass Gottes Liebe allmächtig, allwissend, und allgegenwärtig ist. Es liegt an dir, sie als einen willkommenen, geschätzten Gast in deinem Herzen zu empfangen.

Das Nähren der Flamme

DER WEG ZUM HÖHEREN SELBST

IM Verlaufe der Evolution hat sich die gesamte Menschheit lange Zeit während ihrer Reise nach oben auf sich selbst konzentriert – was auch notwendig war. Jeder musste erst einmal sich seiner selbst bewusst werden, aber diese Selbst-Bewusstheit weicht zur gegebenen Zeit dem Bewusstsein für das Göttliche im Inneren. Das Gottesbewusstsein hat drei Hauptausdrucksformen: Macht, Weisheit und Liebe.

Heutzutage sehnen sich viele danach, einen Weg des Dienens zu finden, damit sie Leiden lindern und den Nachkommenden zu Harmonie und Glück verhelfen können. Zunächst ist so ein Weg nicht leicht zu finden, und hat man ihn einmal gefunden, ist es schwierig, ihn mit Ausdauer zu gehen. Es gibt so vieles, was den Kandidaten verwirrt und wenn er oder sie ihn endlich gefunden hat, gibt es vieles, was ihn/sie vom Weg abbringen will. Du fragst: „Wie kann man diesen Weg finden?“ Als erstes musst du in die innerste Kammer deines Herzens gehen und um Weisheit bitten. Wenn sich das Licht dann schnell einstellt, so kommt es nicht von einer mentalen Stimulation, sondern es ist aus dem Herzen geboren.

In den Mysterienschulen der Vergangenheit wurde der Schüler von seinem oder ihrem Lehrer an das Tor des Tempels der Weisheit geführt. Der Jünger klopfte an das Tor (entsinnst du dich der Worte des geliebten Meisters: *„Suchet, und ihr werdet finden, , klopfet an und es wird euch aufgetan?“*) und bat um Einlass in den Tempel, wo er oder sie zunächst sehr gründlich und streng geprüft wurde, bevor er/sie weiter fortschreiten konnte. Heute klopfst du ebenfalls an das Tor – nicht physisch sondern in deinem Geist. Irgendetwas regt sich in deinem Herzen. Du sehnst dich nach Weisheit, nach Einsicht, kurz, du sehnst dich danach zu dienen und willst erfahren, auf welche Weise du dienen kannst. Der Meister hört deinen Ruf und du wirst als Schüler angenommen – und dann kommen die Prüfungen. Fast täglich wirst du mit den Prüfungen konfrontiert, die dein höheres Selbst ausgesucht hat, die das äußere (niedere) Selbst aber aus Unwissenheit ärgerlich zurückweist.

Dein wahres Ich, die Seele, die sich regt, erwacht und sucht, hat darum gebeten, dass du geprüft wirst und dir alle möglichen Schwierigkeiten in den Weg gelegt werden. Denke also bei den auftretenden Herausforderungen immer daran, dass dein höheres Bewusstsein um Licht gebeten hat und sich nach der Einweihung sehnt. Das erste Erwachen kommt, wenn der Seele klar wird, dass sie die Wahl hat zwischen gut und böse. Wenn die Seele das nächste Mal an das Tor des Tempels klopft, ruft sie nach Licht. Sie ruft nach Licht, damit sie den vor ihr liegenden Weg erkennen kann. Sie kommt in völliger Dunkelheit, gebunden an die materielle, irdische Welt und ruft nach Licht. Der Jünger tritt also ein und erhält nach bestimmten Prüfungen das, wonach sich seine Seele sehnt: Das Licht wird in seinem Inneren entfacht, so dass er eine Ahnung bekommt von seinem Platz im großen Plan. Gleichzeitig wird der Seele gestattet, einen flüchtigen Eindruck vom Licht zu bekommen, zu dem sie geht. Obwohl das innere Licht zuerst ganz schwach ist, sendet es doch einen Strahl aus und andere Weggefährten, die den Schüler auf dem Weg treffen und die ebenfalls durch diese Prüfungen gegangen sind, erkennen das Licht dieser Seele, so wie er oder sie das ihre sieht. Wenn die älteren Brüder auf die Erde wie in eine finstere Nacht hinabblicken, sehen sie diese kleinen Lichter, die wie Sterne blinken.

Das sind die Seelen, in denen das Licht entzündet worden ist – und ohne Zweifel zählst du zu ihnen. Unmittelbar nachdem die Seele ihre Suche aufgenommen, ihre Prüfungen bestanden hat und den kleinen Lichtschimmer vorzeigen kann, kommt der Lehrer. Das Licht ist für die Meister, für die Lehrer und für jene Engelwesen, die über das Schicksal der Menschheit wachen, ein Signal. Sie kennen die Bedürfnisse der Kinder Gottes und kommen, um dem Geist im Inneren eines jeden Gotteskindes zu helfen stärker und heller zu werden und das ganze Wesen der Vollendung näher zu bringen.

Geliebte Kinder, manchmal leuchtet das kleine Licht sehr hell und manchmal flackert es, dass es aussieht, als würde es völlig verlöschen, aber das ist nie der Fall. Manchmal wird es hin- und hergeworfen und das Herz des Bruders oder der Schwester wird schwach, aber da wir darüber wachen, fachen wir die Flamme wieder an und versuchen, dem Pilger auf seinem Weg neue Kraft und frischen Mut zu vermitteln. Denkt daran, obwohl wir aus dem geistigen Reich sprechen, gingen auch wir denselben Weg und sind ebenso wie ihr über die rauhen Steine gewandert. Der Weg ist für die eine Seele nicht leichter als für die andere. Alle müssen auf der gleichen Straße gehen, den Weg des täglichen Opfers, müssen ihr Selbst immerzu ein wenig zur Seite schieben und täglich den Anfechtungen durch das niedere Selbst widerstehen. Glaube nur nicht, deine Aufgabe sei schwerer als die der Seelen, die vor dir gegangen sind, denn alle haben genau denselben Pfad bewältigt.

Klaren Blickes

BETRACHTE jegliches Problem, mit dem du gerade konfrontiert wirst, im Licht des Christus und lasse dich nicht durch Angst oder Missverstehen blockieren oder blenden. Schau dem Meister, dem sanften, weisen älteren Bruder ins Gesicht und bemühe dich täglich, in Gedanken, in Gemeinschaft mit ihm zu leben. Du wirst dann bemerken, dass sich die Verhältnisse für dich klären und sich der vor dir liegende Pfad ebnet. Bemühe dich über dem Materiellen dieser Welt zu leben.

GEISTIGE JAHRES-ZEITEN

Es gibt zwei Schichten des Lebens: die irdische Ebene, in der Dunkelheit und Verwirrung herrschen und oben das Land des Lichtes, in dem du verweilen kannst, wenn du dem Irrtum und der Dunkelheit der materiellen Lebensebene den Rücken kehrst und Herz und Verstand auf das Land des Lichts konzentrierst. Es erweist sich für dich nicht als undurchführbar, so zu leben, ganz im Gegenteil, es macht dich leistungsfähiger, es erhellt alle deine Sinne und vermittelt dir Klarheit im Denken. Lass deinen Kopf in der Sonne und deine Füße auf der lieben Mutter Erde. Schreite auf dem grünen Teppich der Erde dahin – er ist ganz weich und elastisch; das tut dir gut, das ist wie dein Zuhause.

Möge sich dein Leben so gestalten! Das kann es durchaus. Das hängt nicht von äußeren Umständen, von Armut oder Reichtum, Freundschaft oder Kameradschaft ab. Das hängt ganz allein von dir und deiner Beziehung mit ... *dem Licht Gottes* ab. Du wirst alles haben, wenn du *wirklich* eins bist mit der Liebe, die der Christus ist. *Wenn ich erhöht bin von dieser Erde will ich alle Menschen zu mir erheben.* Erhebe den Christus in dir, dann werden alle, mit denen du verbunden bist, mit dir emporgehoben werden.

Vision des Sterns

JEDER von euch hat seine eigenen Befürchtungen und das, was ihr auf der Erde Unannehmlichkeiten nennt. Es gibt niemanden auf der Erde, der völlig frei von Sorgen oder Problemen ist. In den Augen anderer mag ein Problem klein erscheinen, dir aber kommt es groß vor. Betrachte jetzt einmal die Frage

DER PFAD INS LICHT

der Angst und der Einsamkeit und die Probleme, die sich in deinem täglichen Leben manchmal sehr intensiv auswirken. Wir möchten dir zu verstehen geben, dass wir von der Bruderschaft des Großen Weißen Lichtes, die wir in der Welt des Geistes und der himmlischen Welt wohnen, deine speziellen Schwierigkeiten kennen. Wir lieben dich und möchten dir helfen. Viele von euch waren in früheren Leben unsere Gefährten und wir spüren die Verwandtschaft zwischen uns und euch. Ihr denkt nur an eure gegenwärtige Inkarnation und viele von euch meinen, ihr lebt siebzig oder achtzig Jahre und damit ist dann das Ende erreicht. Oh nein, weit gefehlt! Ihr seid nicht am Ende sondern ihr habt gerade erst angefangen! Das Leben währt nicht nur achtzig Jahre, sondern ewig, und es entfaltet sich immerzu.

Ein weiser, liebender Vater-Mutter-Gott hat auf wunderbare Weise für dich und für jeden Menschen Vorsorge getroffen. Sie besteht darin, dass es in deinem Leben Abschnitte gibt, in denen du deine mühevolle Arbeit auf der Erde verlässt und dich vom körperlichen in einen himmlischen Zustand begibst; dort, in dieser Welt der Schönheit und der Harmonie erholst du dich und kommst wieder zu Kräften. Ihr auf der Erde könnt euch die Schönheit nicht vorstellen, die euch in dem Reich erwartet, das eure orthodoxen Freunde Himmel nennen. Ihr wisst alle, wie man sich nach einem schönen Urlaub fühlt: Energiegeladen und voller Kraft kehrt man an seinen Arbeitsplatz zurück und ist bereit, seine sehr interessante Arbeit wieder aufzunehmen. Das ist der Punkt: deine *interessante* Arbeit.

Einige unter euch finden ihre Arbeit alles andere als interessant, sondern vielmehr ermüdend und langweilig, jedoch liegt es einzig und allein an dir, dein Lebenswerk interessant zu gestalten und es wird interessant, wenn du nach dem Segen in allem suchst. Was auch immer deine selbstgewählte oder von Gott gegebene Aufgabe ist, wir sagen: Nimm alles dankbar an. Gib dein Bestes und Gott wird das Übrige tun. Es liegt an dir, das Beste aus den Umständen zu machen, in denen du dich auch immer befinden mögest. Mach das Beste aus dem Leben, sei dankbar für das Leben selbst und halte deinen Blick auf das Ziel gerichtet, nämlich das umfassende Gute.

Nun kommt jeder von euch das eine oder andere Mal im Leben an einen Punkt, an dem ihr euch einer schweren Prüfung gegenüber seht und Angst habt. Die Angst ist der größte Feind der Menschheit. Du hast Angst vor deiner Prüfung, du fürchtest dich vielleicht vor einer Operation oder vor einer großen Veränderung in deinem Leben; du fürchtest dich vor einer Veränderung deiner Umstände, weil du weißt, dass du dich auf unbekanntes Terrain begibst. Die meisten Menschen haben Angst vor dem Tod, weil sie die Bedeutung des Todes nicht kennen. Wir in der geistigen Welt sind sehr oft durch den Tod gegangen, ebenso wie ihr, aber eure Erinnerung ist blockiert, weil ihr im Tal weilt. Hättet ihr euch auf die Höhen begeben, wäre der Blick klarer und ihr würdest wissen, dass es keinen Tod gibt, lediglich eine Veränderung der Umstände, nur einen anderen Leben- oder Seinszustand. Vom Tod gibt es nichts zu fürchten, denn du stirbst nicht.

Wenn du auf dein Leben zurückblickst, erkennst du, dass das, wovor du am meisten Angst hattest, nie eingetreten ist. Du sahst dich einer Prüfung gegenüber, der du nicht ausweichen konntest, aber wenn es dazu kam, erlebtest du eine höchst himmlische Macht, die dich unversehrt durch das befürchtete Ereignis führte.

Denkt bitte darüber nach, denn das wird euch helfen, ganz bewusst eine Verbindung zum Großen Geist, zu dieser alles umfassenden Liebe aufzubauen, die euch lehrt, dass alles gut ist für denjenigen, der Gott liebt. Ein Kind muss seinen Eltern vertrauen und die Eltern müssen sich dieses Vertrauens würdig erweisen. Mit jeder Erfahrung lernt der Mensch mehr, Vertrauen zu den göttlichen Eltern zu haben, weil es sich immer wieder erweist, dass Gott allwissend ist, dass Gott die Liebe *ist* und dass alles, was uns im Leben begegnet, auf Grund des göttlichen Gesetzes – das

Liebe ist – geschieht. Wenn du das Gesetz der Liebe brichst, bist du unglücklich, verzweifelt und ängstlich. Du kämpfst, um aus diesem Dilemma herauszukommen und erkennst nicht, dass es das Gesetz der Liebe gibt, in dem sich alle Probleme auflösen, wenn man ihm gehorcht und es auf das tägliche Leben anwendet. Es gibt keine Probleme, nur Gott; er ist immer da. Die meisten Menschen haben Angst vor Veränderungen und fragen sich in so einem Fall, wie es weitergehen wird. Stattdessen könnten sie sich sagen: "Gott ist klug und weise, ich lege meine Hand in die Hand Gottes, weil ich weiß, dass jede Veränderung nur zu meinem Besten geschieht." Wenn das alle Leute verinnerlicht haben, spiegelt die Welt das Himmelreich wieder …

Denke immer daran, das göttliche Gesetz auf deine Probleme anzuwenden. Wenn du das tust, kannst du nie fehlgehen.

Und so sagen wir Alt und Jung: „Macht unermüdlich weiter, aufrecht und erhobenen Hauptes." Dein Ziel sei die Welt des Lichtes, in der dir ein herzliches Willkommen in einem wunderbaren Heim geboten wird, wo du eine Weile ausruhen und dich erholen kannst, ehe du wieder ausziehst, um zu dienen, zu lieben und geliebt zu werden.

„UND wie", fragst du, "soll man den geistigen Weg gehen?" Unsere Antwort: „Sag wenig, liebe viel, gib alles, richte niemanden, strebe nach allem, was rein und gut ist - und gehe unermüdlich vorwärts."

IN DER STILLE LIEGT DIE KRAFT

7. Heilung

Du bist Licht und
musst in die Finsternis
hinausstrahlen.

ERHEBE dich über das Geplapper auf dem Marktplatz und ziehe dich an die stillen Orte des Geistes zurück. Dort vernimmst du die Stimmen der strahlenden Wesen und erlebst ihre Begleitung. Wenn dir das gelingt, wirst du zu einem Kanal für die Heilung der Menschen an Leib und Seele.

GOLDENE ERNTE DER LIEBE

SEI versichert, dass du ein Werkzeug Gottes bist, wenn du recht, kreativ und positiv denkst, denn du setzt das Gesetz der göttlichen Liebe in Gang und die Ergebnisse werden ausschließlich gut sein. Auf diese Weise geschieht wahre Heilung.

HEILUNG FÜR DIE WELT

Die Engel der Heilung

AUF der Erde weiß man zur Zeit sehr wenig über die Engel der Heilung, aber im Verlauf dieses Zeitalters werden viel mehr Menschen nicht nur ihre Gegenwart spüren, sondern sie auch sehen. Je nachdem, was benötigt wird und je nach der entstandenen Schwingung kommen zu einer Heilbehandlung die Engel der verschiedenen Farben, gekleidet in das Licht der Sonne. Du weißt, dass das Sonnenlicht alle Farben des Spektrums enthält. Stelle dir nun die Engel der Heilung in diesen herrlichen Farben vor. Da gibt es nichts Dunkles oder Hässliches. Sie sind ganz Licht und Reinheit. Diese Engelwesen kommen sehr nahe zum Heiler, der die Substanz zur Verfügung stellt, die sie brauchen, um den Kontakt mit den Heilungssuchenden aufbauen zu können. Diese heilenden Strahlen können nicht nur zur Heilung des physischen Körpers einer Person eingesetzt werden, sondern auch zur Heilung der Seele und der dunklen materiellen Verhältnisse, die die Menschheit belasten.

Die Strahlung der reinen weißen Magie floss ununterbrochen aus dem Herzen Jesu. Noch immer kann ein jeder diese Strahlung aus dem Herzen des Christus im eigenen Herzen empfangen, und wenn dieses Herz rein und freudvoll bleibt, kann es seinerseits Licht und Heilung in die ganze Welt aussenden.

Geistiges Heilen ist in seiner spontanen Selbstlosigkeit ein großes Werk. Der Heiler denkt nicht daran, sich selbst zu erhöhen. Täte er dies – er könnte nicht heilen. Er oder sie denkt einzig und allein daran anderen etwas Gutes zu tun, Schmerz und Leiden zu lindern und die bedrückenden Gegebenheiten des Lebens in einen Zustand zu verwandeln, der mehr dem Himmel gleicht.

Wenn du dich also nach geistiger Entwicklung und der Entfaltung deiner geistigen Vision und Wahrnehmung sehnst, so stelle dich in den Dienst des Heilens. Der Christus sagte durch Jesus von Nazareth: Weide meine Lämmer. Labe die kranken Seelen deiner Mitmenschen durch geistiges Dienen, geistiges Heilen. Auf diese Weise dienst du nicht nur gegenwärtig auf selbstlose Weise, sondern du hilfst auch künftigen Generationen. Du hilfst Gott, bessere Lebensbedingungen für alle Menschen auf der Erde zu schaffen.

Meine Kinder, folgt dem Pfad des Dienens, der wahren Güte und der spontanen Lebensfreude und werdet zur rechten Zeit wie euer geliebter Meister Jesus, der Christus, vollkommene Söhne und Töchter des lebendigen Gottes.

Intuition

DIE MEISTER ALS BOTEN DES LICHTES

DAS große weiße Licht des Christus heilt alle körperlichen und seelischen Krankheiten. Es heilt den physischen Körper und löst alle Schatten auf. Es wirkt als Erbauer und Gestalter, und du bist von den unsichtbaren Heerscharen zum aktiven Dienst mit dem Licht gerufen.

„Wie" – hören wir die unausgesprochene Frage: „wie kann ich dienen, was soll ich tun?" Du musst dich bemühen, die unsichtbaren Kräfte wahrzunehmen, die auf das irdische Leben einwirken. Du musst deinen physischen und deine höheren Körper schulen, um den Lichtstrom bewusst wahrzunehmen, der durch die geistigen Zentren (Chakras) in dein Sein Eingang findet. Du musst lernen, den kreisenden Lichtstrom zu erkennen, der Leib und Seele belebt, ja sie verklären kann, und der von dir – gelenkt von deinem höchsten Selbst – ausstrahlt, um auf der ganzen Welt diejenigen zu heilen, die krank sind an Leib und Seele. Die Schwingungen und die Kraft der Engel und der großen geistigen Wesen wirken durch menschliche Kanäle, um den Himmel ins menschliche Bewusstsein einzubauen. Die Ausbildung gemäß der uralten Weisheit in den Tempeln früherer Zeiten diente dazu, das Bewusstsein für das Land des Lichtes und das Licht in der Seele, sowie für die Wirkung der Farben, der Düfte und des Klanges auf Seele, Geist und Körper zu wecken.

Die Zeit ist jetzt für euch gekommen, euren sechsten Sinn zu entwickeln, den wir Intuition nennen. Die Menschheit hat sich seit langem auf die Stimulierung und die Entwicklung des Intellekts konzentriert. Der sechste Sinn oder Strahl des Lichts ist dazu bestimmt, euch die Geheimnisse der Natur, der Schöpfung, und den Sinn und Zweck des höheren Lebens zu offenbaren. Wir selbst wirken vor allem auf diesem Strahl der Intuition, auf dem Strahl der Liebe und Weisheit. Wenn wir also mit dir und der Gemeinschaft der geistigen Brüder im innersten Heiligtum zusammenkommen, begegnen wir uns in Liebe und haben Verlangen nach einer der kostbarsten Gaben im Leben – nach Weisheit durch Liebe.

Die Entfaltung der übersinnlichen oder geistigen Zentren kann durch die Liebe im Herzen beschleunigt werden, aber es genügt nicht, Liebe ohne Wissen zu entfalten. Wenn du einfach Liebe aussendest, kannst du in einen selbstzufriedenen, träumerischen Zustand geraten, wenn aber die höheren Zentren geöffnet sind, kannst du wissend handeln. Wissen sollte mit Liebe gepaart sein – Liebe mit Weisheit; es ist wichtig, den Weisheitsaspekt zu entwickeln. Wir wissen, dass alle Dinge mit Liebe getan werden können. Erwirbst du aber kein Wissen, kann man die Liebe mit einer Blüte vergleichen, die sich nicht geöffnet hat. Strebe nach Wissen, strebe nach völligem Bewusstsein und das Verstehen von dem, was du auf den höheren Ebenen tust.

In der Meditation wirst du belehrt, wie du die höheren Chakras zum Leben erwecken, das heißt, dein Bewusstsein für die reine, die geistige Ebene des Lebens öffnen kannst. Das ist der richtige Weg, die inneren Fähigkeiten zu entfalten. Der sechste Sinn, die Intuition, wirkt aus dem Herzzentrum heraus. In der Meditation, in der wahren Betrachtung der Gottheit und all dessen, was heilig ist, öffnest du dieses Zentrum. Der sichere und richtige Weg zur geistigen Entfaltung besteht darin, aus dem liebenden Herzen heraus zu wirken. Das Seelenbewusstsein liegt im Gehirn und der göttliche Geist wohnt unserer Meinung nach im Herzen. Du öffnest auch das Kehlzentrum für reines Sprechen und für das Wissen, das aus der fünften Sphäre, der Sphäre von Merkur, kommt. Mit der Entwicklung des Kehlzentrums stellt sich die Inspiration für das Sprechen ein.

Der Eine, der das Licht ist, der innere Christus, wohnt im Herzzentrum. Das physische Organ – das Herz – hat eine heilige Verknüpfung zum geistigen Zentrum im Ätherkörper, das über dem Herzen liegt. Wenn der Tod eintritt, wird der göttliche Funke, das Samenatom des Geistes aus dem Herzen abgezogen. Hat man das verstanden, kann man ohne weiteres akzeptieren, dass das Leben des Geistes über das Herzzentrum läuft. Man nennt das Liebe. Dein Herz ist also das Zentrum der Intuition.

Wenn wir zu euch sprechen, werdet ihr einer großen Wahrheit inne, nämlich wie wichtig es ist, eine Verbindung zu den ewigen Lebenswahrheiten herzustellen und zwar nicht nur verstandesmäßig, sondern auch geistig; diese Verbindung wird durch den Herzensverstand hergestellt. Viele Schulen meinen, die intellektuelle Herangehensweise sei ihr Weg. Das ist so, weil der Intellekt das Bedürfnis hat zu wachsen und sich auszudehnen. Aber es gibt inkarnierte Menschen, die den intellektuellen Weg nicht gehen müssen, um zu den ewigen Wahrheiten zu gelangen oder sie in sich aufzunehmen. Für viele ist der Weg über das Herz einfacher und leichter und wir wirken natürlich über den Strahl der Liebe und Weisheit. Auf diese Weise möchten wir nicht nur mit Worten, sondern in seiner Essenz das herrliche Licht des Geistes enthüllen.

Es gibt zahlreiche Wege, die inneren Geheimnisse zu erfahren, nicht nur durch das geschriebene oder gesprochene Wort. Wenn sich die Seele auf die höheren Ebenen der Liebe und Weisheit einstimmen kann, nimmt das der Herzensverstand auf. Obwohl der äußere Verstand die auf diese Weise aufgenommene Wahrheit nicht immer sofort zu deuten weiß, wird ihm dies zu einem späteren Zeitpunkt gelingen und mit der Zeit erkennt er große Wahrheiten, denn das Herz registriert stets richtig. Das, was das Herz aufnimmt, ist Wahrheit. Im gegenwärtigen Zeitalter entwickelt sich dieser Sinn der Intuition und durch die Intuition werden die bisher unlösbaren oder unerklärlichen Wahrheiten geklärt – Wahrheiten, die für den Materialisten unerklärbar sind, wie groß sein Intellekt auch sein mag. Der Verstand des Herzens erkennt und versteht diese großen Geheimnisse.

Ein Beispiel dafür ist die Erinnerung an frühere Inkarnationen, die dann abgerufen werden kann, wenn sich die Seele bemüht, das höhere Bewusstsein außerhalb der Beschränkungen des physischen Gehirns zu erlangen. Bei vielen Menschen ist es einfach ein verschwommenes Gefühl. Oder es kann sein, dass die Seele sich an bestimmte Neigungen und Eigenschaften erinnert, die sie aus der Vergangenheit mitgebracht hat – eine Vorliebe für Stickerei aus China, für griechischen oder spanischen Tanz, ägyptische Kunst. Irgendein kleiner Charakterzug mag eine Verbindung mit irgendeiner vergangenen Zivilisation verraten. Diese Erinnerungen kommen nicht über den irdischen sondern vielmehr durch den geistigen Verstand, der im Herzen begründet ist. Nur durch den Verstand im Herzen wird der Kontakt mit der Ewigkeit hergestellt. Das ist eine andere Bezeichnung für Intuition.

Die Intuition muss also entwickelt werden. Fehler spielen keine Rolle. Im Vergleich zu den größeren, weiseren Wesenheiten machen wir alle Fehler. Natürlich ist es richtig, sich zu bemühen, die Intuition zu entwickeln, aber achte darauf, dass die innere Stimme aus dem Herzen der Weisheit kommt und nicht vom Selbst, das irgendetwas wünscht, also aus dem Selbst des Begehrens oder Wunschselbst. Die Intuition kommt blitzartig, sie ist ein inneres Wissen. Es kommt dann darauf an, den Mut zu haben, danach zu handeln und auf alles vorbereitet zu sein, was auch immer daraus erwächst. Die Intuition kann in der Meditation entfaltet werden, durch ruhige Kontemplation im Sanktuarium des Herzens, nicht aber durch die Verstandestätigkeit.

Eine höhere Ebene des Seins

Das höhere Selbst besteht aus sehr feinem Äther und aus pulsierendem Licht, das im Laufe deiner Entwicklung durch die Chakras im ätherischen Körper, die "Fenster deiner Seele" auszustrahlen beginnt.

Wenn dieses göttliche Feuer voll wirksam wird und alle Chakras aktiv sind, wie es von Gott geplant war, dann befindet sich der gesamte Körper in einem erhabenen Zustand. Wir wollen damit sagen, dass dann der ganze Körper, auch wenn er immer noch physischer Natur ist, auf einer viel höheren Bewusstseinsebene als jetzt funktioniert. Derzeit ist er womöglich in einem recht dunklen Zustand, aber wenn das göttliche Feuer entzündet und aktiv ist, werden die Schwingungen des Körpers beschleunigt, er wird licht und schön. Er nähert sich dem Zustand der göttlichen Wesen, der Sonnenwesen, die zum Beginn der Schöpfung auf dieser Erde wandelten.

Du bist hier, um dich der irdische Materie zu bedienen, nicht aber, um dich von ihr beherrschen zu lassen. Du bist hier, du bist Licht und du musst es hinaus in die Finsternis leuchten lassen. Du musst dein irdisches Leben nutzen und es erhöhen, um die schweren Atome des physischen Körpers umzuwandeln.

In dir liegt die Kraft, die Atome deines Körpers zu verändern, denn die physischen Atome sind die geistigen Atome. Diese winzigen Lichtfunken sind die Kraft hinter jeglicher sichtbaren Form. Diese Atome können sich auf den Befehl Gottes hin verändern. Das ganze Leben steht unter der Führung und der Herrschaft des Großen Weißen Lichtes.

Heilen heißt, die ewige Sonne, das Licht, im Körper aufzunehmen. Wenn du dieses Licht anrufen kannst, so atme es ein.

Wenn du bewusst in diesem Licht leben kannst, beherrscht es tatsächlich die Zellen des physischen Körpers. Der Körper ist sehr schwer und das irdische Leben ist so stark, aber vergiss nicht die Macht Gottes, welche die lebendigen Zellen deines Körpers erneuert.

Wenn wir bci anderer Gelegenheit sagten, ein neuer Planet werde aus dem Herzen der Sonne oder des Sohnes geboren, so meinten wir damit, dass aus jedem Leben eine neue Welt entstehen wird. Das liegt gegenwärtig vielleicht noch jenseits eures Fassungsvermögens, aber denkt daran, ihr alle seid Söhne und Töchter Gottes und ihr werdet Götter werden, aus denen eine neue Welt geboren wird.

Im Laufe ihres geistigen Wachstums werden die Menschen ihre Furcht vor dem Tod verlieren. Sie werden den Tod nicht einmal mehr kennen, denn sie werden zum Leben im Geistigen erweckt. Der Tod mit all seinen krankhaften und düsteren Begleiterscheinungen wird der Vergangenheit angehören. Wenn die Menschen ihre Zeit des Dienens beendet haben, ziehen sie sich aus dem physischen Körper an einen Erholungsort im Himmel zurück, wobei sie sich nach wie vor des Lebens in seiner ganzen Fülle auf der Erde und in der geistigen Sphäre voll bewusst sind. Der Tod wird durch das geistige Leben überwunden. Der Tod wird von der Unsterblichkeit besiegt werden, denn wenn die Menschen gelernt haben, im wahren Geist zu leben und jeder im anderen denselben Geist erkennt wie in sich selbst, wissen sie, dass es keine Trennung durch den Tod gibt.

Liebe

REINKARNATION

EIN auf Gott eingestimmter geistiger Heiler ist in der Lage, dem Patienten die Stimulierung des Liebesstrahles oder die Kraft der Liebe zu vermitteln. Heilung geschieht wirklich durch

Liebe. Wenn wir Liebe sagen, meinen wir die dynamische Liebe – den Willen des Vaters, der durch den Sohn, durch den Heiler ausgedrückt wird. Der Vater, der in mir wohnt, tut die Werke.

Früher wandte sich der Heiler an das Unbewusste oder die Seele des Patienten; er rief sie an und sprach mit ihr. Genau das macht psychologisches Heilen heutzutage. Aber genauso, wie du mit dem Unbewussten sprechen kannst, kannst du auch mit dem Christus im Inneren sprechen, um den Patienten von den Toten zu erwecken und zu erheben. Aber das kann natürlich nur von jemandem praktiziert werden, der oder die eine gewisse Stufe auf dem Weg erreicht hat und dafür qualifiziert ist. Du kannst dir den Körper aus unzähligen Atomen oder Zellen zusammengesetzt vorstellen, und in jeder Zelle ist ein göttlicher Funke, an den man sich wenden kann, damit der Körper vervollkommnet wird.

Wahre Liebe ist der Schlüssel dazu, das Geheimnis. Alle Weisen und alle Heiligen wissen das. Du siehst zu allen Zeiten, dass der Schlüssel im Herzen liegt. Der Schlüssel ist einfache Liebe, wahre Liebe, aber keine Gefühlsduselei! Das ist keine Liebe; Liebe ist der Wille des Vaters – der Mutter. Liebe bedeutet, den Willen von Vater/Mutter zu tun, die dich gesandt haben – das ist der Schlüssel.

Über dem Nebel

WEISHEIT VON WHITE EAGLE

KANNST du ‘Liebe’ definieren? Wenn wir an Liebe denken, fühlen wir sogleich ein Ausströmen, ein Geben für dich und für alles Leben. Lieben heißt geben. Wenn du liebst, scheinst du aus dir herauszugehen, herauszuströmen, um zu helfen und zu dienen. Aber so wie du nicht ausatmen kannst ohne einzuatmen, kannst du nicht Liebe geben ohne auch etwas zu empfangen. Liebe ist ein Aus- und Einatmen. Sie ist ein Licht, das tief im Inneren brennt, eine Wärme, eine Gewissheit, ein inneres Wissen.

Immer wenn du ohne Liebe handelst, sprichst oder denkst, bist du unglücklich, weil du außerhalb der Harmonie stehst. Der irdische Verstand gibt das gewöhnlich nicht zu. Er geht zum Äußersten um sich zu rechtfertigen, aber dein inneres Ich weiß, dass du aus der Harmonie gefallen bist, wenn du kein Gefühl der Liebe empfindest. Liebe ist Gott und Gott wird im Herzen gefunden. Wenn keine Liebe da ist, tappst du umher und begreifst nicht, was Gott bedeutet und Gott bleibt für dich ein Geheimnis.

Die göttliche Essenz – die Liebe – ist Gott, ist der Schöpfer. Gott ist die Liebe und alles Leben und jegliche Form wird durch Liebe erschaffen, ganz gleich, auf welcher Ebene die Liebe sich auswirkt. Wir möchten hier sagen, dass Form nicht nur auf der physischen Ebene, sondern auch auf anderen Lebensebenen erschaffen wird. Ist es möglich auch in der geistigen Welt Form zu erschaffen? Aber sicher. Wird einer Frau die Freude der Mutterschaft in der geistigen Welt vorenthalten? Aber wieso denn? Wie unten, so oben, wie oben, so unten. Wenn sie sich danach sehnt, ihr Baby im Arm zu halten, erwartet sie diese Freude auch im geistigen Leben.

Jeder von euch wird von einer erleuchteten Seele aus der Welt des Lichtes begleitet, von einem Führer, Gefährten oder Lehrer und natürlich von demjenigen, der mit dir seelenverwandt ist, denn da, wo Liebe ist, gibt es keine Trennung. Meine Kinder, wenn also euer geliebter Gefährte im Jenseits weilt, so versucht euch zu vergegenwärtigen, dass man die ätherische Brücke überschreiten kann, denn Engel und deine geliebten Gefährten können zu dir kommen, sobald du dein Bewusstsein zu ihnen erhoben hast.

Versuche diese Wahrheit zu verinnerlichen und begreife, dass du diese Brücke durch Liebe, deinen Glauben an die Liebe Gottes und dein Vertrauen in die Liebe selbst erschaffen kannst. Wenn dich Zweifel überfallen, so denke daran, dass sie nur die Einflüsterungen des niederen Verstandes sind oder der

"Vernunft", wie man das manchmal gerne nennt. Einzig das niedere, materielle Selbst trennt dich von denen, die du liebst und die im Land des Lichtes leben.

Diese Botschaft wendet sich vor allem an diejenigen, die Trost brauchen und die Sicherheit, dass ihr geliebter Gefährte noch bei ihnen ist. Wir sehen hier so manches betrübte Herz, wir sehen Einsamkeit und in einigen Fällen fast Verzweiflung. Wir wollen das Leben im Geistigen nicht vermaterialisieren oder versuchen einen Beweis zu liefern um eure irdischen Sinne zu befriedigen. Wir beten jedoch darum, dass wir euch auf jene Ebene erheben können, auf der ihr des geistigen Lebens gewahr werdet.

Es gibt Menschen, die es für ausgeschlossen halten, dass diejenigen, die im Himmel sind diejenigen die auf der Erde sind erreichen können, und sie meinen, die Hinübergegangenen sind für immer vom irdischen Leben abgetrennt. Das ist aber nur der Fall, wenn du selbst diese Trennung vollziehst. Wenn du dein geistiges Leben entfaltest, erhebst du dich auf ganz natürliche Weise gen Himmel und die Seelen im Himmel kommen dir auf halbem Weg entgegen um dich zu treffen. Es ist der Wille des Schöpfers, dass die Söhne und Töchter Gottes lernen sollen, die sie auf der Erde umgebenden dichten Nebel zu durchdringen; die Nebelschwaden der Selbstsucht und des Materialismus sind es, die die himmlische Welt verdunkeln.

Das niedere Selbst hält dich unten in der physischen Materie gefangen. Aber durch richtiges leben und richtiges denken, durch geistiges Streben, so kannst du zum himmlischen Zustand finden – und sei es über den Weg einer Kreuzigung. Bist du erst einmal dort, findest du die Wahrheit. Du findest zur Wahrheit über die Liebe. Das kann die Liebe zur Natur sein, Liebe für Schönes, Liebe zur Musik, Liebe zu einem anderen Menschen, Liebe zu Gott. Deine Liebe zu Gott wird jedoch dieselbe sein wie die Liebe zu den Menschen, weil du deinen Gott in den Menschen findest und in ihnen liebst.

Vor dem Einschlafen: eine Heilmeditation

SCHLIESSE nun deine Augen, schließe deine Sinne für alles Irdische. Komm im Geiste mit uns und sieh, wir bringen dich in einen Tempel der Heilung. In der Sprache der Erde können wir ihn nicht beschreiben. Wir können dir nur sagen, dass er alle Farben des Spektrums ausstrahlt, sanfte, liebliche Farben. Wir möchten ihn mit einer Perle vergleichen.

Wir sind im Tempel des Perlenstrahls. Seine hohen Säulen erheben sich direkt in den Himmel... Aber es ist nicht so sehr die Vollkommenheit der Architektur, die uns so beeindruckt, sondern die vollkommene Harmonie und Schönheit, die wir fühlen...

Stelle ihn dir vor, diesen vollkommenen Tempel der Heilung und du wirst ihn sehen. Du wirst die Herrlichkeit dieses Lebens hier im Geiste fühlen. Sie ist für dich, Sie ist Teil von dir, mein Kind... Wie kannst du besorgt und beunruhigt sein wegen irdischer Dinge, wenn du es gesehen hast und dieses wahre Leben kennst, in dem alle Dinge zusammenwirken, um das Gute in der Menschheit hervorzurufen?

Bemühe dich, immer und immer wieder in diesem Bewusstsein zu leben. Entziehe dich dem Lärm und Geschwätz der äußeren Welt. Geh in diesen Tempel, knie in einfachem Gebet vor dem Altar und empfange von deinem Herrn und Meister das Sakrament... das Brot und den Wein.

Erhebe dich mit neuer Kraft und gehe vorwärts in Gemeinschaft mit deinen Lieben im Geiste. Selbst wenn deine Arbeit sehr materieller Natur ist, in einer sehr weltlichen Welt, auch dann wird dir geholfen, du wirst geführt. Vergiss niemals, über jeden von euch wird gewacht. Wir kennen deine Seelennot. So öffne dein Herz in kindlichem Vertrauen, und alle krummen Wege werden gerade.

Wir lassen dich zurück mit all unserer Liebe. Sei mutig, habe Vertrauen, zweifle nie an der Liebe und Weisheit deines Schöpfers.

HINTER dir steht eine Kraft, die dein Begreifen übersteigt. Gott wartet nur darauf, dass du ein Mittler, ein Kanal sein willst. Gott wartet nur darauf, dass du dienst in dem Wissen, dass du aus dir selbst heraus nichts bist. Möge sich dieser Kanal weit öffnen und das Licht hindurch strömen! Durch die Lenkung deiner Gedanken kann es hinausfließen, um die Nationen und die ganze Welt zu heilen.

IN DER STILLE LIEGT DIE KRAFT

Sobald du eine Wesensverwandtschaft zum Geist erreicht hast, hast du die gesamte Sphäre der Liebe berührt und wirst in der ganzen Menschheit die gleiche Liebe finden und erkennen.

GEH durch die Welt indem du Liebe bist, mitfühlend nicht nur denen gegenüber, die dir sympathisch sind, sondern gegenüber allen Menschen. Begehe nicht den Fehler, jemanden als deinen Feind zu betrachten. Kein Mann, keine Frau ist dein Feind, alle sind deine Lehrer.

In der Stille liegt die Kraft II

EINE der Lektionen, die alle Seelen lernen müssen, ist die Lektion der Liebe. Persönliche, selbstlose Liebe ist wunderbar; sie macht das Leben reizvoll und bringt großes Glück, besondern wenn diese Liebe weitherzig und umfassend ist. Liebe, genau wie auch Macht, sollte im Gleichgewicht, beständig und in gewissem Sinne unpersönlich sein. Du magst denken, unpersönliche Liebe sei kalt, doch dem ist nicht so. Unpersönliche Liebe ist rein und ohne Verurteilung; sie ist allumfassend, alles einhüllend und zartfühlend. Vor allem aber ist es eine Liebe ohne Schmerz… Lerne also ohne Schmerz zu lieben, dann hast du die wichtigste Lektion gelernt, welche dich die Liebe lehren kann. Ist das schwer? Ja, euch Erdenkindern erscheinen alle diese Dinge schwer, aber die reiche Belohnung, die dem Lernen der Lektion auf der Erde folgt, lohnt die Mühe.

Goldene Ernte der Liebe

Ich bin in Gott und Gott ist in mir

DIE Liebe, das Licht im Herzen ist reiner Geist – der Same oder Funke Gottes – und das menschliche Leben muss vom Geist gelenkt werden. Ihr macht eure Angelegenheiten so kompliziert mit eurem kleinen irdischen Verstand. Dabei ist Güte so einfach. Meine Lieben, lernt, euch vom Geist leiten zu lassen – von der Liebe in euch.

DIE STILLE DES HERZENS

Sei weise und lass dich durch nichts aus der Ruhe bringen. Kümmere dich weder um Lob noch um Tadel und trauere weder um die Lebenden, noch um die Toten. Wisse, dass das göttliche Gesetz gerecht, vollkommen und wahrhaftig ist und dass sich dieses Gesetz in einem jeden menschlichen Leben auswirken muss. So murre also niemals über Dein Schicksal und sei nicht unzufrieden damit. Wenn du dich darin übst, dein Karma anzunehmen, wissend, dass du viel daraus gewinnen kannst, dann wirst du in der Lage sein, ein viel glücklicheres Lebens zu führen.

Das mächtigste Mittel, Hilfe zu erlangen, ist das aufrichtige und demütige Gebet. Bete nur um dieses eine: die Liebe Gottes. Bete um das Zunehmen von göttlichem Licht, nicht nur für dich selbst, sondern auch zum Nutzen und Segen anderer. Bete um das Göttliche, bete um das Gute und lege alles in Gottes Hand.

Einzigartigkeit

WENN man Sentimentalität mit Liebe verwechselt, erschafft man ein Problem, denn Sentimentalität hat ihren Platz, und es ist nicht leicht, sie von Liebe zu trennen. Aber wie es mit allen Tugenden der Fall ist, im Übermaß verliert die Liebe all ihre Kraft. Sie wird zum Hindernis, und es kann geschehen, dass sie den Menschen auf einen falschen Weg lenkt: er bedeckt seine eigenen Schwächen und Fehler mit dem Mantel der Liebe

DIE GÖTTLICHE MUTTER

und für die wirklichen Bedürfnisse seines Bruders oder seiner Schwester wird er blind. Vielleicht ist folgendes eine der wichtigsten Aussagen, die wir zu machen haben: dass unangebrachte Liebe oder Sentimentalität dich für deinen wirklichen Dienst an deinem Bruder, an deiner Schwester, blind machen kann; sie wird bewirken, dass du nicht weise gibst – dass du nicht nur indirekt dir nachgibst, sondern auch den anderen freien Lauf lasst.

Wir wollen das mit dem Beispiel der hingebungsvollen Mutter verdeutlichen, die dem Kind alles gibt, was es fordert. In dem Glauben, dass dies Liebe ist, gibt die Mutter nicht nur das, wessen das Kind bedarf, sondern sie gibt ihm alles, materiell, mental und spirituell, und macht sich dabei blind für das Bedürfnis des Kindes nach Selbstentfaltung. Was ist die Folge? Statt ihrem Kind Gelegenheiten zu geben, zu wachsen und so glücklich zu sein, beraubt die Mutter es jeder Möglichkeit des Selbstausdruckes und der Entwicklung. Die weise Mutter dagegen enthält sich auf jeder Ebene eines zu üppigen Aufwandes.

Bedeutet dies, dass die Mutter kalt und gleichgültig werden sollte? Nein. Es bedeutet, dass die Mutter ihr Kind auf solche Art und Weise liebt, dass sie klar sein Bedürfnis nach Erfahrung sieht, dass es lernen muss, seine eigenen Entscheidungen zu treffen. Die Mutter und der Vater, wenn sie in Verstand und Herz übereinstimmen (und wir hoffen wirklich, dass dies der Fall ist), müssen gemeinsam nicht nur das körperliche, sondern auch das mentale Wachstum ihres Kindes überwachen; sie müssen sorgfältig auf die Spiele achten, die es spielt, auf die Bücher, die das Kind gerne liest; und ganz besonders darauf, was das Kind über seine Umgebung denkt.

Wir beklagen die Tendenz der Schule, dem armen Gehirn solange Realwissen einzutrichtern, bis der Geist vollgestopft und gelähmt ist. Wir möchten das Kind lieber ermutigen, im Geiste zu wachsen, sich wie eine Blume den geistigen Kräften zu öffnen. Nochmals wiederholen wir, das Ziel des Lebens ist Wachstum und im gegenwärtigen Zeitalter ist das Wachstum des Geistes im Kind besonders notwendig. Hier ist nun Unterscheidungsvermögen gefragt. Ein Kind gleicht nicht dem anderen. Der beste und schönste Weg für Eltern, dem „Hereinkommen“ des Selbst in den jungen Körper beizustehen, besteht in dem Streben, sich selbst in Einklang mit dem geistigen Leben zu bringen. In der Tat nimmt das Kind viel von der Aura seiner Eltern auf. Mitgefühl, Unterscheidungsvermögen und Liebe: Die Mutterliebe darf nicht übertrieben werden, sonst entartet sie zu erdrückender Liebe, so dass der schöne Eintritt des Selbst verhindert und den Wünschen des kleinen Körpers aus Fleisch übermäßig nachgegeben wird. Dann gewinnt der Körper die Überhand über den Geist. Denke daran, es ist der Geist, dem du beistehen solltest.

Nun, Liebe ist Weisheit. Wenn so genannte Liebe der Weisheit entbehrt, hört sie auf, Liebe zu sein. Wahre Liebe ist weise und gerecht. Wahre Liebe erstrebt geistiges Wachstum und wahre und weise Liebe weiß, dass Erfahrungen für das Wachstum des Kindes notwendig sind. Die Liebe weiß auch, dass die Seele mit einer bestimmten karmischen Schuld zurückgekehrt ist, die beglichen werden muss. Daher wird die Mutterliebe weder danach streben, deren Auswirkungen zu verhindern, noch das kleine Wesen vor allem Sturm und Regen des Lebens zu schützen. Vielmehr vermittelt sie Mut, eine klare Vorstellung und großmütiges Verhalten, so dass das Kind wie eine standhafte kleine Pflanze allem begegnen kann, unbeeinflusst und unbeschädigt. Sie hilft der kleinen Pflanze, unter allen Wetterbedingungen zu gedeihen, bis sie schließlich die Blüte ihres Geistes dem Sonnenlicht zuwendet, dem Licht des Meisters, dem Herrn Christus, und zu Gott dem Vater und der Mutter.

Wenn wir über die Notwendigkeit von Weisheit sprechen, fragst du dich vielleicht, wo der Dienst, den du meinst geben zu müssen, beginnt, und wo er endet. Manchmal scheinen Menschen so hohe Anforderungen zu stellen. Wir möchten dich daran erinnern, dass du hier bist, um Weisheit zu *lernen*. Dein Herz ist voll, es liebt, aber das alleine reicht noch nicht. Du musst nach Gelassenheit streben, nach innerer Stärke und Weisheit. Es hilft dir vielleicht, wenn wir sagen, dass es manchmal gütiger und liebevoller ist, einem anderen etwas zu versagen.

Es ist für dich viel schwieriger, etwas zu verweigern, als es zu geben, so ist es manchmal deine Aufgabe, zu lernen, etwas zu verweigern. Aber es gibt eine bestimmte Weise des Verweigerns. Der Uneingeweihte wird aus egoistischem und gierigem Wunsch heraus verweigern. Wenn du dich auf dem geistigen Weg entwickelst, wirst du aus einem guten Beweggrund heraus verweigern – nicht, weil du dem anderen deinen Dienst verweigern möchtest, sondern weil du ihm auf die richtige Art und Weise helfen willst. Nicht immer hilfst man einer Seele, indem man ihr zu viel gibt. Im Gegenteil, man kann diese Seele verderben. Du musst dieser Seele ein Lehrer sein, und der Lehrer muss sich manchmal verweigern, um dem Schüler die bestmögliche Hilfe zukommen zu lassen.

Weisheit ist die genaue Ergänzung der Liebe. Weisheit ist Liebe; Liebe ist Weisheit. Wenn man nicht weise ist, besitzt man nicht die vollkommene Liebe. Wenn du versuchst, dir die Gestalt des Christus vorzustellen, des Vollkommenen Sohnes Gottes, und aus diesem Bild die Eigenschaften des Christus in dich aufnimmst, wirst du feststellen, dass dies eine große Hilfe für dich ist. Wenn ein Dienst von dir gefordert wird, halte einfach einen Augenblick inne und sage zu dir selbst: „Was würde der Meister jetzt tun? Ist das wirklich hilfreich?“ Und ist die Antwort, dass es nicht hilfreich ist, dann bitte um die Kraft, nein zu sagen. Es gibt immer zwei Möglichkeiten, Dinge zu tun – auf freundliche oder unfreundliche Art und Weise. Wähle immer die freundliche Art, nein zu sagen. Das ist einfach. Der große Geliebte sagte: *Wer das Reich Gottes nicht empfängt wie ein Kind, der wird nicht hineinkommen* und wir sagen, dass die große Seele die einfache Seele ist. Wir alle haben das bewiesen, nicht wahr? Je größer die Seele, umso einfacher ist sie.

Personenbezogene und göttliche Liebe

DAS Fundament für jedes geistige Wachstum ist die Liebe. Wir alle möchten lieben und geliebt zu werden. Das ist ganz natürlich und macht das Leben freudvoll und angenehm. Viele von uns verstehen jedoch die Liebe nur, wenn sie durch einen Menschen zum Ausdruck kommt, und das ist gut so. Sagte unser großer Meister nicht: *Wie kann er, der seinen Bruder nicht liebt, den er sehen kann, Gott lieben, den er nicht sieht?*

Manchmal ist jedoch das Gefühl, die Empfindung, die wir Liebe nennen, größtenteils auf eine Person gerichtet. Ist das gut? Nur insofern, als diese Person als ein Fenster anerkannt wird, durch das die wahre Liebe scheint.

Um die Wurzel der Liebe zu finden, müssen wir jenseits der Persönlichkeit suchen und sie als eine universale Eigenschaft des Lebens erkennen. Wenn wir an den Ort der wahren Liebe gelangen, erkennen wir, dass es keine Trennung zwischen einzelnen Seelen gibt, denn alle Kinder Gottes werden eins, wenn wir wirklich lieben. Das ist schwer zu verstehen, denn ihr werdet einwenden, im menschlichen Leben müsse die Liebe auf Einzelne konzentriert werden, die tiefste Liebe müsse dem Ehemann, der Ehefrau, den Kindern, den Liebsten und den Allerteuersten vorbehalten sein und dass eure Liebe für sie eine andere Qualität habe als die, die ihr für andere empfindet.

Mit deinen Nächsten und Liebsten fühlst du dich vielleicht eher im Einklang, bei ihnen fühlst du dich mehr zuhause, du fühlst dich wohl, soweit es das übliche Leben und den Alltag betrifft, weil dir deine Nächsten und Liebsten körperlich und seelisch gut tun und eine Trennung einen schmerzlichen Verlust bedeutet. Bist du aber erst einmal über die irdische hinaus zur geistigen Kameradschaft und einer geistigen Seelenverwandtschaft gelangt, berührst du den ganzen Bereich der Liebe und findest und erkennst in der gesamten Menschheit die gleiche

Liebe, die dir von Einzelnen entgegengebracht wird. In jeder einzelnen Seele wohnt das göttliche Leben, das euch allen gemein ist und das euch ermöglicht, das Gefühl der Liebe zu empfinden. Um also den Sinn der Liebe zu erkennen, müssen wir uns alle bemühen, diese göttliche Liebe in allen unseren Mitmenschen zu finden und wir dürfen nicht den Fehler machen, die Liebe auf eine einzige Person zu beschränken. Das erscheint paradox, denn nur durch die Liebe zu einem Einzelnen kommst du in Kontakt mit der göttlichen Liebe – nicht anders. So lange du diese Lektion nicht beherrschst, kannst du nicht wissen, was wahre Liebe ist. Wir sehen das Licht durch die einzelnen Seelen leuchten, aber in Wirklichkeit lieben wir dabei die durch diese Person hindurch scheinende Liebe - nicht das jeweilige Individuum. Kein Lehrer wird jemals Liebe für sich persönlich fordern. Erinnerte nicht Meister Jesus seine Jünger beständig an diese Wahrheit? *Die Worte, die ich zu euch spreche, spreche ich nicht aus mir selbst. Der Vater, der in mir wohnt, er tut die Werke.* Der göttliche Funke in dir enthüllt dir den Christus.

Konzentration

Intuition & Initiation

WENN ihr meditiert oder betet, ist die beste Art und Weise, das Eindringen des alltäglichen Verstandes zu verhindern, den Eindringling mit Verachtung zu behandeln. Ignoriert ihn. Konzentriert mehr Kraft als je zuvor auf den Gott in eurem Inneren; und diese Konzentration wird so fesselnd und so machtvoll sein, dass der kleine äußere Verstand sich zurückziehen wird, unfähig Herr zu werden oder einzudringen in die riesige Batterie des Gebetes zu Gott. Macht euch keine Gedanken darüber, die Missetäter zu vertreiben. Ignoriert sie einfach. Konzentriert euch mit all eurer Kraft und all eurem Sein auf Gott. Eure Konzentration hat Besitz von euch ergriffen und erfüllt euch mit Kraft und

Licht; alles andere fällt von euch ab, und ihr werdet eine lebende Batterie, eine aus göttlichem Licht gespeiste Kraft.

Weist gleichermaßen jeden destruktiven Gedanken, der euch im alltäglichen Leben in den Sinn kommt, sofort zurück. Es kann sein, dass ihr das nicht erkennt, aber diese Anhäufung destruktiven Denkens im Mentalkörper des Menschen schlägt allmählich um in Gedanken, die zerstörerische Waffen erschaffen. Stattdessen könnt ihr euch so leicht dazu erziehen, Formen aus Güte, Schönheit und Harmonie zu denken und zu erschaffen.

Gleiches gilt für euren Umgang mit den Menschen um euch herum. Wenn ihr kleine Schwierigkeiten habt, ist es weit besser, sie zu ignorieren und keine Notiz von ihnen zu nehmen; konzentriert euch auf die Kraft und Stärke des Christus in euch, und diese törichten Schwierigkeiten werden verschwinden. Es wird zu viel Zeit vergeudet mit unnötiger Aufregung und Sorge über Kleinigkeiten in euren zwischenmenschlichen Beziehungen. Konzentriert euch auf Gott, und darauf, wie ihr den Christus in euch zum Ausdruck bringen könnt. Nichts anderes hat Bedeutung. Ihr macht aus einer Mücke einen Elefanten. Erinnert euch: „*Mein ist die Rache, ich will vergelten, spricht der Herr.*" Wenn ihr das Gefühl habt, euch rächen zu müssen, da ihr ein Unrecht erlitten habt, so lasst das sein – ihr könnt das Wirken des göttlichen Gesetzes getrost seinem Urheber überlassen. Der Gerechtigkeit wird vollständig genüge getan werden. So ist das Gesetz.

Konzentriert euch auf Gott; nichts im Leben hat so große Bedeutung wie dies, denn indem ihr euch auf Gott konzentriert und die wahren Fähigkeiten eures höheren Selbst erweckt, tut ihr unendlich viel Gutes. Ihr bietet auf die beste und wahrste Art und Weise alle nur möglichen Anstrengungen im Leben und auf der irdischen Ebene auf. Ihr braucht euch über negative Dinge keine Gedanken zu machen. Sie kommen automatisch wieder in Ordnung, wenn ihr zu dem Zentrum der Wahrheit und zu Gott gelangt... zu Kraft, Liebe und Wissen.

Die menschliche Seele hat die freie Willensentscheidung. Obwohl sie gewisse Erfahrungen akzeptieren muss, welche die Engel des Leidens ihr aufnötigen, kann die Seele auch auf die Engel der Liebe reagieren. So hat die menschliche Seele, während sie Leid und manchmal Schmerz und Erniedrigung erleiden muss, immer in ihrer Nähe einen guten Engel, der flüstert: "Gott ist Liebe. Blicke hinauf, mein Bruder, alles ist gut! Gott hüllt dich in Seine/Ihre Liebe ein." So ist inmitten allen menschlichen Leidens diese kleine Stimme, auf die alle antworten können, wenn sie es wollen, die sagt: „Habe Hoffnung, meine Schwester; Gutes wird aus dieser Erfahrung entstehen". Wendet euren Blick nach oben, liebt Gott, liebt euren Meister und Christus. Das ist die freie Willensentscheidung eines Jeden, das ist die Stimme des Christus in euch, die da spricht. Aber denkt auch daran, dass keine Seele der Erfahrung entgehen kann, welche die Engel der Dunkelheit bringen werden.

Und so möchten wir, dass ihr euch der Worte aus eurer Bibel erinnert: *„Im übrigen, Brüder, auf alles, was wahr ist, was würdig, was gerecht, was rein, was liebenswürdig, was dem guten Rufe dient, was immer es an Tugend und was immer es an Lob gibt, darauf richtet euer Sinnen."* Denkt gute Gedanken. Denkt Gottes-Gedanken. Ihr wisst, euer Schöpfer hat euch ein wunderbares Geschenk gemacht – die Macht des Denkens, und *die Macht, zu wählen, was ihr denkt*. Wenn ihr Gottes-Gedanken denkt, sendet ihr sie nicht nur in die Welt hinaus, sondern ihr öffnet euch dem Einfließen von mehr und mehr Weisheit, himmlischer Weisheit. Ihr hebt die Schwingung der ganzen Menschheit an; und indem ihr das tut, entfaltet ihr eure Sensibilität – eure Kraft klarer Vision und klaren Hörens und eure Kraft, zu heilen.

Harmonisierung von Verstand und Gefühl

Worin besteht also der Schutz eines Menschen gegen die negativen Einflüsse, welche die Erdebene umgeben? Ein reines

Herz, reines liebendes Streben, würden wir sagen. Eure Wünsche gehören dann nicht der niederen Natur an, sondern dem wahren Selbst, dem Christus in euch. Das wahre Selbst sucht zu dienen, und denkt nicht an sich selbst. Es hat in der Tat keine Zeit, an seinen eigenen Fortschritt zu denken, an seine eigenen Einweihungen, an jenen großartigen Augenblick, wenn es endlich die Große Weiße Lodge betreten wird. An all dieses denkt es nicht, sondern daran, wie es am besten dienen und jene lieben kann, die Gott in seinen Wirkungskreis sendet. Dienst aus Liebe, darauf konzentriert sich das wahre Selbst.

Wie notwendig ist es, zwischen einer Liebe zu unterscheiden, die Weisheit ist, und der Gefühlsduselei, welche die Liebe zersetzen kann! Wie notwendig ist es, eine Liebe zu erkennen, die nicht ihren eigenen Vorteil sucht, weit ihr Herz öffnet, nicht hart über diese Konfession oder jene Sekte, diesen oder jenen Sünder denkt, nicht verurteilt, sondern akzeptiert, dass sich der große Plan Gottes auf allen Ebenen entfaltet! Eine solche Liebe akzeptiert, dass sogar im so genannten „Bösen" eine Absicht ist, denn das, was im Herzen der Menschen als „böse" bezeichnet wird, wird vom Allmächtigen ständig benutzt, um durch Erfahrung, durch Leid und durch die Lektion des Kreuzes zu lehren, bis zu dem Augenblick der Morgenröte, da die Menschen die Sonne über dem neuen Zeitalter aufsteigen sehen können.

Wenn ihr voll Freude in Verzückung geratet oder von Schmerzen erschöpft oder emotional überanstrengt seid, dann seid ihr wie ein zerbrechliches Boot, das in einem Sturm hin und her geschleudert wird. Dennoch erwartet im Inneren jeder Einzelne den schlafenden Meister, den jeder Seele innewohnenden Christus. Wenn ihr Ihn schließlich in eurer Not anrufen könnt und ruft: „Meister, hilf mir!", so wendet ihr euch damit nicht an einen Lehrer außerhalb eures Selbst, sondern an den Christus in euch. Ihr ruft: „O Du, der Du Licht und Macht und Liebe bist, komm mir zu Hilfe!" Dann überkommt euch Ruhe. Ihr werdet euch endlich einer euch innewohnenden Kraft gewahr, und ihr werdet ruhig. Vielleicht später, wenn ihr euch in Meditation geschult habt, könnt ihr bei einer solchen Gelegenheit fühlen, dass ihr euch wie auf einem Lichtstrahl erhebt. Ihr habt dann die Kraft auf einer Ebene zu sein, die höher ist, als diese hier, und wenn ihr auf euren emotionalen Aufruhr herab schaut, werdet ihr ihn als das erkennen, was er wirklich ist.

Diese Kontrolle über Emotionen, Ärger und Angst ist eine der ersten Stufen der Einweihung. Sie wird nicht durch Verdrängung oder Unterdrückung erreicht, sondern durch Veredelung dieser Emotionen, die vom Hellsichtigen als Feuerzungen gesehen werden können, die durch die Aura zucken. All diese Dinge können durch den Christus in eurem Inneren überwunden und verwandelt werden und jede Leidenschaft, die geweckt wurde, anstatt zu verletzen und zu zerstören – denn sie *kann* zerstören –, strömt von euch, mit der Kraft zu heilen, zu segnen, die Last der Welt zu erleichtern, und sie offenbart sich inmitten der Dunkelheit als reines weißes Licht.

Ja, es wird gesagt, dass es eines der größten Hindernisse für eine Seele auf dem Weg ist, heftige Emotionen überwinden zu müssen, worunter wir deren Umwandlung verstehen. Lasst es heraus, aber lasst es heraus in Liebe und als eine kühle, friedvolle, harmonische Schwingung.

Der schöne Weg nach Hause

Der Pfad ins Licht

SUCHET und ihr werdet finden. Das sagte der Meister nicht ohne Absicht. Die Seele, die sucht, findet immer. Manchmal findet sich die Antwort sofort. Manchmal vergeht ein ganzes Leben, ehe die Antwort kommt, aber kommen wird sie, denn auf die Suche der Seele gibt es immer eine Antwort.

Wir wissen, es ist nicht einfach für euch, sich freizumachen, wenn ihr gänzlich mit irdischen Belangen beschäftigt seid. Auch wir haben unsere Grenzen, denn auch wir sind, wie ihr, in gewisser Weise gebunden durch die Natur unseres Dienstes und durch unsere Arbeit. Wir wurden einmal gefragt, warum wir in die Schwere des Irdischen zurückkamen, nachdem wir unsere Freiheit erlangt hatten. Wir entgegneten: „Weil wir unsere Gefährten auf der Erde lieben. Wir werden von ihrer Bedürftigkeit angezogen und wissen, wir müssen zurückkommen, um ihnen zu helfen." So leiden wir alle unter einer gewissen Unfreiheit, aber da wir Liebe im Herzen haben, versüßt sie all unsere Arbeit. Das trifft auch für dich zu. Wenn du Liebe in deinem Herzen fühlst, bist du gelassen, im Frieden und lässt alle Auflehnung los.

Wir sagten euch schon oft, dass die Liebe die Grundvoraussetzung bildet. Eure Schriften besagen, dass ihr vielleicht viele Talente besitzt, wenn es euch aber an Liebe mangelt, seid ihr wie „ein blechern klingendes Instrument oder eine klimpernde Zimbel." Die Liebe ist der Schlüssel. Wenn du für alles Leben, die Schönheit der Erde und für die ganze Schöpfung Gottes Liebe empfindest, bist du voller Freude, ja Begeisterung, und die geringste Ursache kann das tiefste Glück auslösen. Noch etwas: Sobald du liebst, sehnst du dich danach zu geben. Es mag ein unbewusstes Verlangen sein, aber immer wenn du liebst, gibst du auch.

Die ganze Welt bedarf der Heilung

HEILUNG FÜR DIE WELT

DIE ganze Welt bedarf der Heilung, und die große Heilkraft für alles ist die Liebe. Mit deiner Liebe für die anderen, für die ganze Menschheit, für das Tierreich, für die Natur und für Gott trägst du zur Erlösung dieses Planeten bei. Je größer deine Liebe, desto größer deine Kraft zu helfen. So viele Organisationen auf der Erde streben danach im Namen des Friedens und des Fortschritts zu helfen und sie alle haben ihren Platz, denn sie wenden sich an die unterschiedliche Mentalität der Menschen. Aber es gibt einen gemeinsamen Nenner: Alle Seelen reagieren auf Liebe. Es ist so einfach – so einfach, dass manch einer die Worte „Liebet einander... Das Himmelreich ist in euch“ schon nicht mehr hören kann. Aber *das ist es*, genau das macht das ganze Leben aus: lieben, Liebe sein, eins mit der Liebe werden, ein Teil der Gesamtheit der Liebe werden. Liebe strahlt Licht aus, sie heilt und sie tröstet. Aber das kommt erst durch beständige Arbeit zustande und dadurch, dass man es lebt. Wenn du Liebe im Herzen hast, tust du Gottes Werk. Du bist Gottes Instrument. Vergiss nie das positive, aufbauende, unerschütterliche Denken an Gott ... Gott in allem, Gott überall – Gott, der die Macht hat, die Menschheit wieder aufzurichten, zu heilen und zu trösten. Wir möchten deinem Herzen die Wahrheit der Macht der Liebe übermitteln, aber du kannst das selbst nachprüfen, wenn du das Gesetz der Liebe in deinem eigenen Leben anwendest.

DIE Liebe überwindet alle Schwierigkeiten, klärt Missverständnisse auf und löst alle Probleme. Wende in deiner inneren Haltung allen menschlichen Problemen gegenüber Liebe an. Lege den logischen Verstand beiseite. Lasse die göttliche Liebe in dir wirken. Gib aus deinem innersten Selbst die Liebe Gottes und du wirst überrascht feststellen, dass sich jedes Problem und jeder Knoten löst.

IN DER STILLE LIEGT DIE KRAFT

9. Gelassenheit

Denke, rede und
handle im Licht.
Greife nach dem Licht
im Bewusstsein dieses
Licht widerspiegeln
zu können.

WENN wir in eure liebevollen Herzen schauen, sehen wir alle kleinen Schwächen weichen. Wir sehen nur die Flamme, das Göttliche Licht im Herzen eurer Seele. Das ist es auch, was die Engel, die himmlischen Wesen, sehen.

TROST UND HEILUNG

BLICKE hinauf zu der sonnenüberfluteten Bergkette, zur goldenen Stadt – du kannst sie auch „das Himmelreich" nennen, wenn du möchtest! Sei dir aber bewusst, dass das Himmelreich eigentlich kein weit entferntes Land ist – das Himmelreich ist in dir. Du kannst es zu einem weit entfernten Land machen oder es kann ganz nahe sein – eine Welt von unendlicher Schönheit in dir selbst. Menschen sind immer versucht und finden es einfacher, hierhin und dorthin zu gehen, an alle möglichen Orte zu rennen, nach Osten, nach Westen, nach Norden, in den Süden, immer auf der Suche nach einem Meister – während der Meister die ganze Zeit im Inneren ist – ganz nahe, näher als der Atem, näher als Hände und Füße. Das ist die einfache Wahrheit.

HEILUNG FÜR DIE WELT

Einfachheit

DIE Menschen machen sich das Leben so kompliziert: Sie bringen eine Lawine von Verwirrung, Schmerz und Leid über sich, sie werden von Wünschen und Begierden des Verstandes und des Körpers getrieben, die sie versklaven. Dennoch ist der Weg zur Freiheit einfach – so einfach, dass ihn die meisten übersehen. Lerne, auf die Stimme des inneren Meisters zu hören. So oft hören die Menschen nicht auf diese stille Stimme ihres Meisters oder können seine Stimme nicht erkennen. Manchmal verwechseln sie allerdings auch die Stimme ihres Meisters mit der Stimme des (niederen) Selbst, das sich auf mannigfache Weise ausdrückt – durch Selbstherrlichkeit, Selbstliebe oder dem Wunsch, vor anderen zu glänzen. All das entstammt dem niederen Selbst. Die Stimme des Meisters im Inneren jedoch gibt diesen Gefühlen nicht nach; sie ist sanft, selbstlos und voller Frieden – im Frieden, weil sie Gott kennt.

DAS WHITE EAGLE JESUS-BUCH

Hingabe

DENKE immer im Sinne des ewigen Lichtes. Wenn die Dinge in deinem Leben nicht einfach sind, so überlass alles in Demut dem Licht. Wenn du dich auf das Licht einstimmst, widerfährt dir in deinem Leben nur Gutes. Dadurch bist du für immer frei von den Begrenzungen der physischen Materie.

GOLDENE ERNTE DER LIEBE

In der Höhe, oben auf den Berggipfeln, herrscht Gelassenheit und Frieden – was die Macht, Weisheit und die Liebe hinter allem menschlichen Leben ist. Genau die gleiche Gelassenheit ruht in deinem Herzen – welche die Macht, die Weisheit und die Liebe deines Lebens ist. Vergiss nicht, dich an dieses innere Licht um Beistand und Führung zu wenden. In diesem inneren Licht kannst du die Brüder treffen, die hinter der Kulisse des materiellen, irdischen Lebens wirken, um an die leidende

Menschheit das Licht des Sterns auszusenden. Sie –die Brüder – zweifeln niemals, sie schauen nie auf die dunkle Seite, denn sie sind Brüder, sie leben im Licht und arbeiten mit dem Licht – sie sind das Licht. Folge ihrem Beispiel und ihrer Lehre. Lasse dich nie dazu hinreißen, an Furcht, Zweifel oder Scheitern zu denken oder gar in Worten zu äußern. Denke, rede und handle im Licht und mit dem Licht im vollen Vertrauen darauf, dass die neue Welt nach dem Plan der Großen Weißen Bruderschaft gebaut wird, so lange wie die Bauarbeiter oder Maurer wahrhaftig sind.

Jede Schwester und jeder Bruder des Sterns weiß, dass alles auf das Gute hin wirkt und dass das Licht überall die Finsternis verzehrt.

Lichterfüllt

LICHT-WEGE

DU bist von Gott gekommen und kehrst zu Gott zurück. Der Geist eines jeden Menschen ist wie „ein kleines Licht“, ein kleiner Lebensfunken der aus der Sonne kam, aber nicht jener Sonne, die du am Himmel siehst, sondern aus der ewigen universalen Sonne, der Sonne hinter der Sonne. Wir alle gleichen winzigen Flammen, die von dieser Sonne ausgeatmet wurden. Während des Evolutionsprozesses wächst dieses „kleine Licht“ und wird schließlich zu einem strahlenden Sonnenstern, zu einem Christus.

Daher wird mit dem Fortschreiten der Seele das Licht auch heller. Aber erst, wenn sie einen sehr langen Weg gegangen ist, beginnt dieses innere Licht sich auszudehnen und hinauszustrahlen über die Person, die dieses Licht beherbergt. Stell dir einen dunklen Raum vor, in dem ein Nachtlicht brennt. So erscheint jemand, in dem das Licht noch nicht hell und kraftvoll brennt. Jene aber, die über die Menschheit wachen, die Stillen Wächter der Menschheit, die Ausschau halten nach Seelen, die für den

Dienst herangezogen werden könnten, sehen sofort, wenn das Licht stark genug ist, andere zu führen, zu leiten und wann dieses Licht eingesetzt, angeregt und zu einem Feuer angefacht werden kann. An seinem das innere Licht wird jeder Mensch von seinem Lehrer und seinem Meister erkannt.

Stell dir jetzt andererseits ein voll erleuchtetes Haus vor, alle Fenster geöffnet, durch die das Licht hinaus über die ruhige Landschaft leuchten kann – oder vielleicht auch über die große Stadt, in der es steht. Vergleiche die beiden Beispiele: zuerst das kleine Zimmer mit dem winzigen Licht, kaum sichtbar und andererseits das Haus, das in Licht und Wärme erstrahlt, ein Leuchtturm der über die ganze Landschaft strahlt oder ein großes Leuchtfeuer über die Stadt ergießt. Das ist der gewaltige Unterschied zwischen einer jungen Seele, deren Licht noch verborgen ist und der älteren Seele, welche die Strahlen geistigen Lichtes in alle Richtungen und überallhin aussendet.

Zu Gott kehren wir zurück…! Gott ist das Licht im Inneren. Wir kehren zu Gott zurück, wir wachsen zum Ebenbild Gottes heran als Söhne und Töchter Gottes, des Lichtes. Jedes „Fenster" in diesem Haus ist eines der heiligen Chakras, die allmählich durch viele kleinere Einweihungen stimuliert und zum Leuchten gebracht werden, um schließlich durch die Haupteinweihungen, durch geistige Erfahrung, geistige Erleuchtung vollkommene Kraft und Macht und vollkommene Ausstrahlung zu erlangen.

Der innere Altar

IHR habt uns sagen hören, der menschliche Körper könne mit einem Tempel verglichen werden. In diesem Tempel ist ein Altar, auf dem eine helle, klare Flamme brennt. Suche in deiner Meditation diesen Altar auf; versuche, ihn dir vorzustellen und neige dein Haupt in Hingabe vor dieser Altarflamme in deinem

Tempel. Du selbst erschaffst diesen leuchtenden Altar und das Licht darauf. Er ist wirklich, weil er von dir erzeugt wird und in dir entsteht. Daher siehst du ihn in Gestalt eines strahlenden Altars aus Licht. Das ist keine Einbildung, sondern etwas, das du durch deine Sehnsucht, dein Streben, deinen Willen, deine Konzentration und deine zielgerichteten Gedanken erschaffst. Die Flamme, die du auf dem Altar erblickst, kann die Form einer Rose annehmen mit einem strahlenden, leuchtenden Juwel aus Licht in ihrer Mitte. Wenn du das in deiner Meditation erschaust, so denke daran, dass du in dein eigenes Herzzentrum blickst. Sie kann auch die Form einer reinweißen Lotosblüte annehmen mit ihren zahlreichen Blütenblättern – wiederum dein sich entfaltendes inneres Selbst. Anstatt geschlossen und glanzlos zu sein, öffnen sich die Chakras gleich Blüten in der Sonne durch deine Meditation, deine Sehnsucht und dein Streben.

Der Tempel

Der Pfad ins Licht

UM die Wahrheit zu finden, musst du sie in deiner Seele erfahren. Du kannst Hunderte Bücher lesen oder die Religionen aller Zeiten studieren und dabei herausfinden, dass sie alle einen gemeinsamen Kern oder Nenner haben: die Liebe – was lediglich ein anderes Wort für Licht oder Erleuchtung der Seele ist. Um diese Erleuchtung der Seele zu erfahren, musst du die geschäftige Unruhe des niederen Verstandes aussperren und demütig und sehr einfach werden. Sollen wir versuchen es noch deutlicher zu erklären? Dann stelle dir vor, du kommst in einen Tempel, um zu Gott zu beten. Nun, Gott ist in dir, aber auch außerhalb von dir. Gott spricht zu dir durch die Natur und deine Mitgeschöpfe, aber auch durch deinen innersten Geist. Durch jede Erfahrung, durch alles, was in deinem Leben geschieht, spricht Gott zu dir. Gott ist dein Lehrer, also stelle dir Gott in deinem Herzen wohnend vor. Gott ist tatsächlich hier in deinem Herzen. Anders ausgedrückt, Gott ist der höhere Aspekt von dir.

Natürlich geht alles Leben von Gott aus; Dunkelheit und Licht sind gleichermaßen gottgemäß. Die gesamte Schöpfung stammt von Gott. Wir möchten, dass du verstehst, dass auch du ein Teil Gottes bist und dass Gott in dir spricht. Wann auch immer du also in einen Tempel zum Beten gehst – sogar in dieses kleine Heiligtum in deiner Vorstellung, kannst du vor dem Altar aus Licht niederknien und in der Stille darauf warten, dass Gott zu dir spricht.

Und wie spricht Gott zu dir? In einem „Gefühl", das über dich kommt, einem Gefühl der Verehrung und Anbetung. Während du vor diesem Altar kniest, verehrst und dankst du Gott… für das Leben, für deine Freunde, für dein Wohlbefinden und Glück, für Sonne und Regen, für die Blumen, die Vögel und alle Tiere und für alle die wunderbaren Erfindungen, die das Leben einfacher und sorgloser machen. Oh, welche Fülle an Geschenken, für die du Gott danken kannst! Nicht zuletzt solltest du für die Kameradschaft deiner Mitgeschöpfe dankbar sein, die als Instrumente Gottes dein Leben segneten. Wenn du einmal zurückdenkst, wirst du viele Menschen entdecken, denen du danken solltest. Wenn du also vor diesem Altar kniest, sendest du Segen aus, denn Dankbarkeit ist Segen. Sich wahrhaftig dankbar zu fühlen bringt strömenden Segen über das Leben – sogar Segen über Gott.

Um sicher zu sein, dass das, was du aus unseren Ansprachen erfährst, auch wahr ist, musst du dich selbst fragen, ob du instinktiv spürst, dass das die Wahrheit ist. Ja, dein Geist spürt das genau, jedoch dein meist mit den Tätigkeiten des physischen Lebens beschäftigter irdischer Verstand stellt deinen Geist in Frage. Alle Weisen können dir sagen, dass der Verstand der Mörder der Wahrheit sein kann. Wenn dieser Verstand anfängt, etwas kritisch zu analysieren, vernichtet er Wahrheiten, die er aus sich heraus nie mehr wiederherstellen kann. Der Verstand zerstört, aber der Geist der Wahrheit im Inneren lügt nie und führt dich nie in die Irre - niemals.

Wann immer du also gerne eine Anleitung hättest, schiebe jeden Gedanken an das Selbst beiseite oder an das, was du zu wollen glaubst. Lass nicht zu, dass deine eigenen Wünsche das reine Licht Gottes behindern, das direkt in dein Herz fließen kann. Was dir dein Herz als wahr anzeigt, ist wirklich wahr. Um zur Wahrheit zu gelangen, musst du ganz demütig, sehr einfach in dir selbst werden. Die großen Menschen sind diejenigen mit einfachem Herzen. Ich komme in Einfachheit und Bescheidenheit, spricht der Herr.

Mein Kind, das Leben wird vom Gesetz bestimmt und alles was du tust, führt zu einem Resultat. Sogar das, was du denkst, sät einen Samen in dir aus, der wächst. Ist es kein guter Gedanke, wird er dich entmutigen und deprimieren. Ist es ein guter, ein hoffnungsvoller Gedanke, ein Gott-Gedanke, wird er wachsen und dir Freude bringen. Die Brüder in der Welt des Geistes sind vollkommen glücklich, weil sie friedvollen Herzens sind, ungestört von dunklen Ereignissen. Du wirst sagen: „Ist es richtig, sich nicht von dunklen Ereignissen stören zu lassen?“ Wir sagen: „Ja, mein Kind, denn wenn du den inneren Frieden bewahrst und das Licht stetig in dir brennen lässt, tust du deinen Mitmenschen und der Welt viel mehr Gutes als wenn du dich aufregst und streitsüchtig mit anderen Menschen über Unannehmlichkeiten diskutierst.“ Zeige Haltung. Bewahre dein inneres Gleichgewicht. Sei beständig und standhaft auf deinem Weg.

Ein stiller See

WUNDER DES LICHTS

WENN du nach einer Antwort auf ein persönliches oder ein die Welt betreffendes Problem suchst, so gewöhne dir an, innerlich ganz ruhig zu werden – so ruhig und still wie ein

See, dessen glatte Oberfläche von keinem Windhauch gekräuselt wird. Dieser See stellt deine Seele dar und wenn er ruhig ist und du den Willen Gottes in dir erschlossen hast, dann erblickst du die unverzerrte Spiegelung der Wahrheit auf dem See, das heißt in deiner Seele oder „Psyche“. „Sei still und wisse, ich bin Gott.“ Wenn eine Seele alleine ist mit Gott, spricht Gott zu ihr, und diese Person sieht dann die Wahrheit in ihrer Psyche gespiegelt. Ignoriert ein Mensch jedoch den göttlichen Willen, bittet nicht darum, dass der Wille Gottes geschehe, ist er eigensinnig und sucht eine Antwort im Sinne seiner eigenen Wünsche, dann wird die Antwort verzerrt, weil solche Menschen keinen Frieden in sich haben und der See ihrer Seele nicht ruhig ist.

Die Seele des Menschen ist ein wunderbares Instrument. Sie ist mit einem Radioempfänger vergleichbar, mit dem man viele Sender einstellen kann, sei es in Sphären der grauen, niederen Astralwelten der Unruhe, der Wünsche und Begierden oder in Sphären, in denen alles Leben ein Ausdruck der Schönheit Gottes ist, bis zu anderen Planeten des Sonnensystems, wenn es gewünscht wird. Dem Menschen sind tatsächlich Flügel verliehen worden, aber er muss noch lernen, sie zu entfalten und sich in die Welten der grenzenlosen Schönheit zu erheben.

In euren Gebeten, in eurem Streben und Meditieren könnt ihr an eine Schwingung der Reinheit herankommen, die ihr im Herzen als einfache Güte empfindet. Ein so reines Gefühl hängt nicht von einem starken, geschulten Verstand ab, sondern von einer reinen, immerwährenden Freude, die aus dem Herzen kommt. Jeder Sohn, jede Tochter des lebendigen Gottes sollte freudvoll leben. Wenn du tiefer über unsere Worte nachdenkst, wirst du merken, dass sie von Grund auf wahr sind. Nimm dein eigenes Leben als Beispiel: Wie anders wären deine Gefühle und deine Anschauungen, wenn du das Geheimnis der Freude berührt und erkannt hättest und in deinem Leben die reine Freude in Gott vertrauensvoll in Ehren gehalten hättest!

Denke an den immensen Segen für die Menschheit, wenn eine Seele in Freude und reiner Güte leben kann, ohne an das Ergebnis für sich selbst zu denken. Das Ideal ist natürlich, das Rechte zu tun, weil du das Rechte liebst und weil die Freude in dir und deine innere Einstellung gar nicht anders können, als sich durch Güte auszudrücken.

Hast du jemals darüber nachgedacht, dass einzig und allein die Güte Einzelner die Zukunft der Menschheit sicherstellt? Gäbe es keine Güte in der Welt, gäbe es auch keine Zukunft für die Menschen. Lebt ein Mann oder eine Frau einzig und allein dafür, Gutes zu tun, gut zu sein und glücklich zu leben, erweist dies selbst noch ungeborenen Generationen einen unschätzbaren Dienst. Wir geben allerdings zu, dass es nicht immer leicht ist, Gutes zu tun oder einfach selbst gut zu sein um des Gutseins Willen. Bitte glaub uns, wir wollen nicht predigen, sondern nur versuchen, ein bestimmtes Thema herauszuarbeiten, das wir derzeit besser verdeutlichen können. Wir können nur immer wieder betonen, dass du der Menschheit einen wirklich unschätzbaren Dienst erweist, wenn du in dir eine Basis aus Freude und heiterer Gelassenheit aufbaust und in allen deinen Handlungen und deinem ganzen Leben Güte zum Ausdruck bringst.

Dies kann durch das Leben Jesu veranschaulicht werden. Wenn ihr nur mehr über dieses Leben erfahren und seine Einfachheit und Bescheidenheit begreifen könntet! Es würde euch klar werden, dass er beständig das magische weiße Licht des Himmels ausgießt, um zu helfen und zu heilen. Ihr würdet verstehen, dass einzig Freude und Güte diese Macht der weißen Magie auslösen können. Jedes ähnlich gelebte Leben gießt allein durch seine Natur unaufhörlich eine göttliche Essenz aus.

Diese Tatsache ist auch von anderen Lehrern demonstriert worden. Auch die Yogis im Osten haben die Quelle aller wahren Glückseligkeit und das Geheimnis eines reicheren Lebens entdeckt. Der beständige Dienst, den sie der Menschheit erweisen, kommt ihnen nicht wie schwere Arbeit vor; vielmehr ist es ein unwillkürliches und stetiges Ausgießen göttlicher Essenz.

Deine Berufung

DENK immer an die ruhige, reine und wahrhaftige Verbindung im Heiligtum deines innersten Wesens. Bleib dir selbst und deinem Innersten treu, denn wenn du dir selbst treu bist, bist du auch Gott und der universalen Bruderschaft treu. LICHT-WEGE

Viele Menschen auf der Erde und zahlreiche Einflüsse aus der ätherischen Ebene wollen dich gerne von diesem stillen Zentrum der Wahrheit entfernen. Lass dich nicht davon abbringen, sondern halte fest an der reinen Vision der Güte, der Wahrheit und der Liebe. Sei wachsam und aufmerksam, lasse dich nicht von falschen Werten betören. Allzu leicht kommt man vom geraden Weg ab.

Wenn du dich aufrichtig und vertrauensvoll für den Dienst am Werk Gottes und der Bruderschaft angeboten hast, so denke daran, dass der Ausgangspunkt für diese Arbeit du selbst bist. Wir können dir lediglich Grundsätze oder Hinweise geben; du musst dann auf der Grundlage dieser übermittelten Richtlinien jedes im Alltag auftauchende Problem selbst auf die einfachste Art lösen. Wir kommen nicht, um dir deine Chancen zu nehmen. Wir kommen, um dir Kraft, Weisheit und Liebe zu bringen. Wir von der Bruderschaft erwarten nicht mehr von dir, als du an der gegenwärtigen Stelle auf deinem Pfad geben kannst, aber jeder kann zur gegebenen Zeit danach trachten, sich auf das Ewige Licht einzustimmen, kann mit Gott kommunizieren und ihn verehren. Das tust du auf die dir angemessenste Art und Weise. Gar viele Strahlen reichen von der Peripherie bis zum Zentrum; doch auf welchem Strahl deine Seele auch immer ist – strebe vorwärts zu Gott, dem Herzen, aus dem das Lebensblut strömt.

Die Brüder im Tempel sitzen Hand in Hand im Kreis und ihre Herzen dehnen sich aus zum Herzen in der Mitte. Das ist die wahrhaftige Tafelrunde der Tempelritter. Ihr alle strebt danach, wahre Ritter zu werden.

Dein Meister lehrt dich auf ganz einfache Weise die Regeln der Bruderschaft und du musst dich bemühen, sie zu verstehen und auf dein Leben anzuwenden.

HALTE deine Füße auf der Erde, aber erhebe dein Antlitz zu den Himmeln, denn das Licht, das von der Höhe in dich strömt, stabilisiert dich und lenkt deine Füße auf den rechten Weg. Hab Vertrauen in das göttliche Licht. Ergib dich ruhigen Gemütes und liebevollen Herzens dieser unendlichen Weisheit.

IN DER STILLE LIEGT DIE KRAFT

Jedes Mal, wenn deine Augen offen sind für die rechte Lebensweise und immer, wenn du fähig bist das geheime innere Leben zu berühren, siehst du das Leben von einer anderen Warte aus.

10. Meisterschaft

DER Meister ist dir näher als dein Atem, näher als Hände und Füße. Das ist die einfache Wahrheit. Du wirst nichts Schöneres entdecken können, als das was du in deinem eigenen inneren Tempel vorfindest. Dort findest du den größten Schatz, das vollkommene Geschenk.

WORTE DES INNEREN MEISTERS

DU bist nie wirklich allein. Der Begleiter deines Geistes, dein Geliebter, ist immer bei dir. Du bist nur einsam, wenn du dich selbst im physischen Leben und in deinem Bewusstsein isolierst. Dein Geist kann sich über diese Begrenzung erheben und dich mit deinen Lieben in der geistigen Welt vereinen. Das erfordert jedoch fortwährendes Bemühen, ein Erwachen des inneren Wissens, das man „Glauben" nennt. Du musst an Gottes Liebe glauben.

GOLDENE ERNTE DER LIEBE

Die allumfassende Liebe

WIR kommen in eure Mitte und bringen eine Liebe, die wir nicht mit Worten ausdrücken können. Wir können nur beten und bitten, dass uns der Große Geist der Liebe als Instrumente benützen möge, um euch eine Vorstellung von der allumfassenden Liebe und dem Schutz Gottes zu vermitteln, den ihr so dringend braucht. Wir sprechen sowohl zu euch allen, wie auch zu jedem Einzelnen von euch, weil wir eure Ängste, Befürchtungen und den Hunger eures Herzens kennen. Wir wollten, wir könnten euch aus dem erdgebundenen Bewusstsein emporheben, das euch so oft gefangen hält.

Denke niemals, dass wir keinen Zugang zu deinen Problemen haben oder nicht die Ermüdung des Körpers und die Angst und Sorge der Seele verstehen können. Denke niemals, dass uns deine psychischen oder materiellen Probleme gleichgültig sind. Jedes Geheimnis deiner Seele ist den Meistern bekannt. Sie sind eines Sinnes bei ihrer Arbeit, sie wirken in vollkommener Übereinstimmung, aber wenn sie sich auf die Ebene der Menschheit begeben, hat jeder seinen bestimmten Arbeitsbereich. Auf der höchsten Ebene jedoch sind alle Meister *eins*. Dies ist so, weil der Geist des Meisters mit dem universalen Geist in dem die Wahrheit wohnt, in völliger Übereinstimmung ist. Von diesem Zentrum gehen Strahlen der Wahrheit hinaus, um das gesamte Universum und jedes einzelne Leben einzuhüllen.

Die Engel und selbst Christus sind nicht so weit weg wie du vielleicht denkst. Du hast die Macht – selbst jetzt in diesem Augenblick! – alles hinter dir zu lassen, ihm zu folgen um mit ihm in seinem hohen Seinszustand verweilen zu können. Versuche, dich immer wieder daran zu erinnern, vor allem, wenn du von materiellen Problemen und Sorgen niedergedrückt wirst, denn dann ruft er und sagt: *„Verlasse alles und folge mir nach… denn ICH BIN der Weg, die Wahrheit und das Leben.*

Die Menschen machen einen großen Fehler, wenn sie sich den Himmel als weit entfernt und völlig unerreichbar vorstellen. Der Himmel ist in einem jeden von euch und du musst lernen, den Himmel zu finden noch während du in einem physischen Körper bist. Dann begibst du dich sicherlich weiter auf eine himmlische Ebene, wenn du beim Tod des Körpers deine leibliche Hülle abstreifst.

Du bist nie allein

WUNDER DES LICHTS

OBWOHL keine Seele alleingelassen wird, muss dennoch jede Seele ganz alleine durch ihre Einweihung gehen. Ebenso muss jede Seele allein von einer Lebensstufe zur nächsten wechseln. Dieses Alleinsein, dieser Nebel, der die Zukunft verhüllt, ist es, was die Seele schließlich zum Fortschreiten drängt.

Zunächst ist die Seele wie ein Kind, das meint, es sei unabhängig und glaubt, alles und jedes selbst bewerkstelligen zu können, das sich für fähig hält, das Rätsel des Lebens alleine zu lösen. Durch die Einsamkeit entdeckt die Seele dann die eigentliche Quelle ihrer Kraft. Tatsächlich muss die Seele von Zeit zu Zeit alleine sein, denn wenn sich die lange blind gewesenen Augen endlich öffnen und eine Bewusstseinserweiterung, eine Belebung der Seele stattfindet, muss das in Einsamkeit geschehen. Vielleicht bist du in einer solchen Situation. Möglicherweise wirst du in dieser Zeit der Verpflichtung und Gebundenheit absichtlich dir selbst überlassen, damit du deine innere Kraft und Stärke und den Glauben an Gott entwickeln kannst.

Was ist Glaube? Glauben ist ein *inneres Wissen*, dass Gott niemals nachlässt in seiner Güte und Liebe. Jede Seele muss diesen Glauben an Gott entwickeln und zwar nicht nur das innere Wissen, dass Gott gut ist, sondern auch den Glauben an den Gott im Inneren ihrer selbst. So wie ihr dem Materialismus verhaftet seid, lasst ihr euch leicht in die Irre führen. Das ist, als wäre euer Bewusstsein für das geistige Leben rund um euch durch einen Vorhang verdunkelt. Daher kommen euch die irdischen Angelegenheiten viel wichtiger vor als die himmlischen. Euer wahres Selbst ist im Laderaum eueres Lebensschiffes festgezurrt, und dieses Schiff ist eure Seele, hin- und hergeworfen auf dem Meer der Emotionen, bis ihr in äußerster Not aufschreit, um den Kapitän des Schiffes – Christus – zu wecken. Augenblicklich erhebt er sich und spricht: „Friede, sei still!" – und die stürmischen Emotionen beruhigen sich und alles ist im Frieden.

Wir sind bei euch

Auf der Suche nach Gelassenheit

WENN du standfest bist auf dem Weg, auf den deine Füße von Brüdern geführt wurden, die ihn vor dir beschritten haben, dann wirst du den Schatz des Lebens finden – einen nicht endenden Strom der Hilfe, der Heilung und des Glücks. Wir, eure Brüder und Führer, sind auf eurem Weg neben euch. Kein einziger von euch steht alleine da. Ihr müsst nur in einfachem Vertrauen bitten, und ihr werdet bekommen; alles was ihr braucht wird euch gegeben. Jeder von euch hat seinen eigenen Führer zur Seite, der euch nie verlässt. Dein Führer weiß um deine innersten Nöte, er wird dich trösten und auf grüne Weiden und an stille Wasser geleiten.

Einige von euch sehen sich scheinbar unüberwindlichen Problemen gegenüber und ihr denkt vielleicht, wir im Geist wissen gar nichts von euren menschlichen Bedürfnissen und Schwierigkeiten. Euch ist nicht klar, wie nahe wir euch sind oder, dass ihr manchmal, wenn ihr im Schlaf aus dem Leib heraustretet, zu uns kommt und uns eure Schwächen, eure Sorgen und eure Nöte anvertraut. Eure Brüder hier herüben verstehen alles und stehen bereit, euch zu helfen. Wisst ihr, dass viele dieser Freunde jetzt bei euch sind und als stille Helfer, als stille Beobachter wirken, die nur darauf warten, euch zu Diensten zu sein und zu helfen, euch anzuleiten und euch zu inspirieren?

Wir, die wir aus der inneren Welt kommen, wissen sehr wohl Bescheid über die praktischen Details des menschlichen Lebens. Ihr meint wohl, dass wir als geistige Wesen ganz weit weg sind von den Aktivitäten, Schmerzen, Befürchtungen und dem Leid unserer Brüder und Schwestern auf Erden, aber da täuscht ihr euch sehr. Die Bruderschaft des Weißen Lichtes kümmert sich intensiv um die Entwicklung, das Glück und das Wohlergehen der gesamten Menschheit. Wir haben zahlreiche Inkarnationen hinter uns und haben die Möglichkeit, falls notwendig, uns diese irdischen Erfahrungen wieder zu vergegenwärtigen. Daher können wir mit euch fühlen; wir können eure Enttäuschungen, eure Einschränkungen, eure Sorgen und Ängste nachvollziehen. Wir können körperlichen Schmerz und geistiges Leiden verstehen. Wir sind ein Teil von euch; wir sind eins mit euch; wir sind mit euch allen.

Wir verstehen deine Schwierigkeiten

Wir, die wir die Knechtschaft des irdischen Körpers hinter uns gelassen haben, verstehen die Schwierigkeiten, denen unsere Brüder und Schwestern im irdischen Leben begegnen. Du kennst den Spruch: „Der Stein, der in den Fuß der Schülers schnitt, verletzte zuvor den Meister“? Er ist genau denselben Weg gegangen, und hat seine Füße genau so verletzt. Wir sind so verbunden mit euch, unsere Brüder, dass wir eure Gefühle in uns aufnehmen.

Über die geistigen Dinge sprechen wir nicht mit lauter Zunge. Es ist besser, nicht von den Gipfeln der Berge zu schreien, und daher machen wir nur still weiter, du mit uns und wir mit dir. Wir sind deinem Kummer, deinen Sorgen, deinen Enttäuschungen gegenüber nicht verschlossen. Wir nehmen an allem Anteil, aber unser Horizont ist weiter als deiner, und wir helfen dir dergestalt, dass wir aus dem geistigen Leben zurückkommen, um dir Hoffnung und Licht zu bringen. Das werden wir immer tun.

Wir wissen, dass jedes Murren und jeder deprimierende, ängstliche Gedanke deinen Geist, der doch ein strahlendes Etwas sein sollte mit Düsternis und Dunkelheit durchziehen kann, Du fragst dich vielleicht, warum es dir zeitweise praktisch unmöglich ist, die Anwesenheit der geistigen Wesen wahrzunehmen, während du dir zu anderer Zeit der Gegenwart deines Führers ganz sicher bist. Wie kommt es, dass du dich an manchen Tagen leer und schwer fühlst? Ein anderes Mal fühlst du dich wie auf einem Berggipfel in reiner, frischer Luft. Du empfängst sehr deutliche Eindrücke aus der geistigen Welt; du bist dir deines Führers ganz sicher und weißt, dass alles gut werden wird. Wenn Dichte und Schwere auftauchen, erfährst du sie, weil du buchstäblich in einem seelischen Nebel steckst – im Vergleich zu dem höheren geistigen Sonnenlicht, das du sonst findest. Halte dich zu solchen Zeiten mit deiner ganzen Kraft an die Gewissheit, dass hinter den Nebeln die Sonne scheint: Deine Helfer sind dir immer noch ganz nah.

Wir kennen die Kümmernisse der menschlichen Existenz, weil wir sie selbst durchlitten haben. Wir kennen den Kummer, die Enttäuschungen des menschlichen Lebens, seine Ängste, Zweifel und Schrecken. Wir wissen auch, dass es hinter allem menschlichen Streben Hoffnung und Licht gibt, genährt durch die beständigen warmherzigen und wohlwollenden Gedanken der Menschheit. Während wir hier bei dir auf der Erde sind, haben wir Anteil an deinem Leben, an deinen Gedanken und deinem Kummer, aber wir nehmen das nicht mit, wenn wir uns ins Reich des Geistes erheben. Stattdessen bringen wir Glück und Liebe zu dir herab. Du bist von dieser hier beschriebenen herrlichen Bruderschaft keineswegs ausgeschlossen oder nur insofern, als du dich selbst davon ausschließt. Du kannst um dich eine Mauer aus Verzweiflung, Finsternis und Angst aufbauen und dich damit von dieser Bruderschaft trennen, denn die Bruderschaft wird niemals deinen Wunsch nach Absonderung missachten. Wenn du aber dein Herz öffnest und sagst „komm", dann kommt sie voller Freude und auf sie wird immer Verlass sein. Wir sehen nicht die äußere Hülle, sondern in ihr den geliebten Geist, unsere wahre Schwester, unseren Bruder. Wir lieben dich, weil wir das erkennen können und nicht die Nebel beachten, die nur irdische Hüllen sind.

Finde Gutes in der Stille

Wir möchten euch diesen Rat geben: Sucht in der Stille, um das schöne Juwel in euren Mitbrüdern zu finden. Liebt einander und entdeckt das Gute in allen Menschen; erblickt ganz tief innen das Juwel im Lotos. Das wird euch helfen, die Verbindung zur Bruderschaft in der Welt des Geistes aufrecht zu erhalten Wir meinen damit nicht nur die erhöhten Wesen, sondern all die gütigen, aufrichtigen, liebevollen Freunde in den geistigen Ebenen des Lebens, die dir von Herzen zugetan sind.

So kommen wir von der Bruderschaft also, um dich in die Welt des Lichts zu erheben und um dir zu helfen, in Gedanken in unserer Welt des Lichts zu weilen. Wir sind jederzeit in der Lage, zu dir zu kommen. Wir wollen, dass du das verinnerlichst, uns rufst und mit uns auf den inneren Ebenen sprichst. Wir werden dir auf jeden Fall immer antworten, aber zuerst musst du mehr Glauben und Vertrauen entwickeln, und dich von den Zweifeln und Ängsten des Erdenlebens lösen. Du *möchtest* glauben, aber du bist nicht immer stark genug. Deshalb bitten wir dich dringend, in deiner Freundschaft und Liebe für diese stillen Helfer aufrichtig zu sein. Wenn das Licht des Sterns aus deinem Herzen strahlt, öffnest du den Weg für die leuchtenden Brüder und Schwestern aus der geistigen Welt, zu dir zu kommen und dich durch das Tor in die Reiche des Lichts und der Wahrheit zu geleiten. Ihr alle gleicht jungen Pflanzen mit Wurzeln in der dunklen Erde, und ihr bemüht euch, grüne Schösslinge aus dem Boden zu treiben und dann einige Blumen und Blüten. Das ist der Sinn des Alltags, aber es bedarf der Anstrengung: der Anstrengung des Geistes in dir.

Wir laden dich ein, so oft du nur kannst in diese Sphäre der Harmonie und der Wahrheit zu kommen, damit du damit erfüllt wirst, so wie sich ein Schwamm mit Wasser voll saugt. Du wirst voll des Lichts und der Harmonie dieser höheren Sphären werden, und dann hat die Finsternis keine Macht mehr über dich.

Die Brüder in der geistigen Welt können und werden dir helfen, jede Schwierigkeit zu meistern; denn wenn du dich und dein Leben der weisen, liebevollen Fürsorge deines Vater-Muttergottes anvertraust, reißt du die vom materiellen Denken errichtete Barriere nieder, und die benötigte Hilfe fließt dir zu. Wirst du also, wenn du verwirrt oder ängstlich bist, an deine Brüder der Loge oben denken, die mittels des goldenen Sterns Ströme goldenen Lichts in die Seele gießen, um den Christus in dir zu erwecken? Gib dich hin,, überlasse dich dem goldenen Licht und lass es durch jede Faser deines Seins strömen. Lass es alle Enttäuschungen und Probleme auflösen. Immer wenn deine Augen offen sind für die rechte Lebensweise, immer wenn du vermagst, das verborgene innere Leben zu berühren, dehnt sich das Licht in deinem Herzen und in deiner Seele aus. Dann bekommt das Leben eine neue Seite. Du erhälts sowohl mit den geistigen, wie auch mit den körperlichen Augen einen schöneren Anblick, eine tiefgründigere Schönheit, dergleichen du noch nie gesehen hast, und dein Herz wird deinem Schöpfer Lob und Dank singen.

Die Gruppe, mit der du Fortschritte machst

Reinkarnation

ALS Studierender unserer Worte bist du Teil einer Gemeinschaft von Brüdern, die alle nach dem Licht des Geistes suchen, und du wirst von jenen erleuchteten Brüdern unterstützt, die zurückkehren, um dir bei deiner Suche behilflich zu sein. Sie sind die verborgenen Gefährten deiner Reise. Sie kennen dich, auch wenn du sie in deinem irdischen Bewusstsein vielleicht nicht kennst. Sie sind die Gefährten, denen du begegnest, wenn du dich in einen meditativen Zustand versenkst, wenn du von der Welt abgeschieden bist oder wenn du im Schlaf deinen physischen Körper verlässt. Später, im Tod, triffst du diese Lieben wieder, denn sie sind deine wahren Gefährten, und das geistige Leben ist dein wirkliches Leben. Du bist aus einem Land des Lichtes in die Dunkelheit hinab gestiegen. Du hast zu diesem Zweck eine Art Taucheranzug angelegt und bist in die Tiefen getaucht, um nach Schätzen oder nach der unschätzbaren Perle zu suchen. Es ist klug, eine richtigere Perspektive des Lebens zu bekommen und unklug, sich das sterbliche Leben als einzig Wichtiges vorzustellen, auch wenn es natürlich seine Bedeutung hat.

Jedes Mal, wenn wir zu dir sprechen, müssen wir dich an die Begleitung der strahlenden Wesen erinnern, die bei dir sind. Wir machen das, weil uns die Schwere des Fleisches und des irdischen Verstandes klar ist. So manche Irdische vergessen, dass sie zahlreiche unsichtbare Freunde, Verwandte und Gefährten haben, oder wissen nichts davon. Sie meinen natürlich, die Leute um sie herum seien ihre einzigen Bekannten. Dabei übersehen sie – und sie wissen es einfach nicht – dass sie schon seit unendlich vielen Zeitaltern leben und im Verlauf ihrer langen Reise durch die Materie sicher unzählige Seelen getroffen, mit ihnen gelebt und ihre Freundschaft genossen haben. Halte dir das also immer ganz fest vor Augen: du hast liebe Gefährten um dich, von denen du einige kennst und die Mehrzahl nicht. Im Verlauf deiner geistigen Entfaltung wirst du mit diesen unsichtbaren Freunden engen Kontakt halten.

Das sollte eine Quelle des Trostes für diejenigen unter euch sein, die sich einsam fühlen und vor allem für jene, die in einer Familie leben, die ihre Interessen nicht teilt. Wenn du in so einer Situation bist, dann bedenke, dass du aus freien Stücken und zu einem bestimmten Zweck dort bist, und dass du im Jenseits deine wahre Familie hast, bestehend aus Leuten, die in vollkommener Harmonie mit deinem Geist sind und die dir helfen, dein Leben edel, klug und gewinnbringend zu führen. Diese unsichtbaren Brüder sind Seelen, mit denen du in früheren Inkarnationen gelebt hast, und mit denen dich ein festes Band aus Mitgefühl und Liebe verbindet. Es ist auch wahr, dass du in deinem gegenwärtigen Leben manchmal in Verbindung mit Leuten gebracht wirst, mit denen du dich sofort völlig vertraut fühlst. Dann weißt du instinktiv, dass auch sie sehr alte Freunde oder frühere Angehörige sind. Darüber hinaus gibt es Seelen, mit denen du in enge und intime Beziehung gebracht wirst, bei denen du das Gefühl hast, ihr hättet nichts Gemeinsames, und doch weißt du, dass es irgendeine Art Verbindung geben muss. Mache dich daher mit dem Gedanken vertraut, dass du eine sehr große Gemeinschaft von Freunden hast, die den Lebensweg mit dir gehen. Wie allein du auch scheinen magst,– du bist doch nicht allein. Ganz im Gegenteil!

Führung

ES gibt so etwas wie geistige Führung, nicht nur durch das innerste Sein, nicht nur durch das innere Licht, sondern auch eine Führung durch Führer, weise Freunde oder Schutzengel im Jenseits. Der geistige Führer hilft, weil er eine klarere Vision hat als der Heiler oder der Patient. Der Führer kann inspirieren

REINKARNATION

und kann dem Heiler sagen, welche Methode ein bestimmter Patient benötigt. Der Führer kann dem Heiler helfen, indem er die Hände führt oder die Strahlen lenkt, und auch, indem er mit dem Unbewussten des Patienten spricht. Ja, der Führer verrichtet eine Menge Arbeit bei der Heilung in Zusammenarbeit mit dem Heiler und dem Patienten!

Viele Menschen reagieren unbewusst auf eine derartige Führung. Die Zeit wird kommen, da ihr alle auf euren Schutzengel reagiert. Dann schreiten die Menschen und die Engel Seite an Seite auf der Erde dahin. *Bittet, und euch wird gegeben* – bittet um Führung, vor allem vor dem Einschlafen am Abend, und achtet gut auf Eindrücke am frühen Morgen. Antworten werden euch eingegeben werden. Ihr werdet euch wundern über die wahre Führung und Hilfe, die da kommt. Mit der Zeit wirst du deinen Führer als einen sehr liebevollen Gefährten kennen lernen. Jeder hat einen Führer, aber nicht jeder hat Ohren zu hören oder Augen zu sehen.

WIR erheben unsere Herzen in Gebet und Danksagung für das Leben, für die wunderbare Liebe und Weisheit, die unser Leben lenkt. Ewiger Geist, unsere Herzen beten und bitten, dass uns die Macht und das Licht der Herrlichkeit umfangen und dass jeder den Gesang der Engel hören und die sanfte Berührung durch ihre Flügel spüren möge. Möge sich das innere Auge öffnen für alle unsere hier versammelten Gefährten und möge der Lotoskelch der Kommunion bis zum Überfließen mit deinem Geist gefüllt werden.

GEBETE IM NEUEN ZEITALTER

11. Wiedervereinigung

Was ihr Tod nennt ist in Wirklichkeit eine weitere Einweihung.

FÜRCHTE nie die Reise, die vor dir liegt, denn so wie Gott dein ganzes Leben lang über dich wachte und dich trotz deiner Ängste durch all die Prüfungen und Sorgen deines Lebens brachte, so wird er dich auch durch das finsterste Tal ins Licht führen.

IN DER STILLE LIEGT DIE KRAFT

VERSUCHE, den physischen Körper nur als das Gewand oder den äußeren Mantel der Seele zu betrachten. Wenn du ins Zentrum gelangt bist, zur Wahrheit, das heißt zu Gott oder zum Geist, kennst du nur noch das ewige Leben, und du bist nie mehr von denen getrennt, die du liebst oder geliebt hast. In diesem Stadium eines kosmischen Bewusstseins wirst du mit allen vereint, die du liebst, denn in der Liebe gibt es keine Trennung. Wenn du diese Zeilen liest und einen lieben Menschen verloren hast, dessen Seele entlassen wurde, wenn seine körperliche Gestalt nicht mehr da ist, raten wir dir, deine Gedankenkraft einzusetzen und deine Lieben geistig vor dir zu sehen. Denke an sie, sprich mit ihnen – von Seele zu Seele bzw. Geist zu Geist. Es wird eine Weile dauern, bis du das begreifst, aber wenn du dir in deinen stillen Momenten unbeirrt vorstellst, dass die geistige Welt immer anwesend ist, sich immer zeigt und äußert, wirst du schließlich in diesem Bewusstsein des Lebens leben, nicht in seiner Düsterkeit, seinem Leiden und seinen Begrenzungen wie im physischen Körper, sondern in einem Leben, in dem der Geist so frei ist wie die Lerche am Himmel.

DER PFAD INS LICHT

Die Welt des Lichtes

WIR kommen zu dir, um dir zu helfen, dein Bewusstsein in die Welt des Lichtes auszudehnen, die deine irdische Welt durchdringt. Es ist ein großer Fehler, die Ebenen des Lebens zu trennen, wenn man sagt „Wir sind hier unten auf der Erde“ und „Die geistige Welt oder der Himmel ist da droben.“ Wir wollen, dass ihr euch alle bewusst werdet, dass die höheren Welten sich alle gegenseitig durchdringen. Wir nennen sie nicht deshalb „höhere Welten“, weil sie von euch getrennt sind, sondern weil es sich um Lichtwelten handelt: Man findet sie nicht im dichten irdischen Bewusstsein. Du findest sie augenblicklich, wenn du dich der Liebe öffnest. Deine liebevollen Gedanken erreichen unfehlbar deine Lieben, die hinübergegangen sind. Wenn du deinen verstorbenen Gefährten wirklich liebst, ist er oder sie dir näher als dein Atem, weil ihr beide ein Teil Gottes seid. Du kannst von deinen verstorbenen Lieben niemals getrennt sein, so lange du sie und Gott liebst – ihr seid alle eins.

TROST FÜR TRAUERNDE

Viele Häuser

FESTIGE in dir den Gedanken dass des Menschen Leben tatsächlich grenzenlos und ewig; und es hat nie eine Zeit gegeben, da du nicht warst und es wird nie eine Zeit geben in der du nicht sein wirst. Darauf wirst du fragen: „Werden wir dieses endlosen Kreislaufs der Inkarnationen nicht müde? Schon jetzt ist das Leben eine Last!“ Aus diesem Grund hat Gott deine Tage im Fleisch begrenzt. Du lebst nur für einige kurze Jahre auf der Erde, was du eine Inkarnation nennst und dann verlässt du deinen Körper, das ausgetragene Kleid und gehst zur Erholung in deine wahre Heimat in der geistigen Welt.

WUNDER DES LICHTS

Im täglichen Leben macht es dir nichts aus, von einem Haus

in ein anderes umzuziehen. Du magst dein altes Haus vielleicht sehr gerne, aber wenn du dann genug davon hast, bist du bereit zu gehen. Genau so kommst du an einen Punkt, an dem du gerne einen neuen Körper hättest; du bist deines alten Körpers überdrüssig und müde. Dann ist Gott gütig und lässt dich hinübergehen. Du wirst aus einem Zustand herausgehoben, dem du entwachsen bist und gehst weiter zum nächsten.

Bist du erst einmal dort, findest du ein Maß an Freiheit, wie du es nie zuvor gekannt hast. Du wirst dich im Geist erheben können, um eine Zeit intensiven Glücks zu erleben, weit entfernt von der bisherigen Unwissenheit und Begrenzung deines irdischen Lebens. Wenn du dich dann genügend ausgeruht und die Lektionen deines Erdenlebens verarbeitet hast, erwacht dein Interesse an einer neuen Inkarnation und es kommt für dich die Zeit, wieder weiter zu ziehen.

Um es ganz klar zu sagen: Von deinen Lieben brauchst du nie getrennt zu sein. Wo Liebe ist, gibt es keine Trennung. Liebe zieht die Liebe an wie ein Magnet den Stahl und du wirst unweigerlich zu deinen Lieben hingezogen, sowohl in der geistigen Welt, als auch dann, wenn du weiter gehst in eine neuerliche Inkarnation. In allen Welten gilt dieses Gesetz.

Wahrlich, *kein Auge je gesehen noch ein Ohr gehört* von den Herrlichkeiten die Gott für die Kinder Gottes bereitet hat. Das begrenzte Bewusstsein der Menschheit hat bis jetzt noch nicht die Fähigkeit, diese Herrlichkeiten zu begreifen. Die Menschen können noch nicht einmal den enormen Umfang der verschiedenen Daseinsmöglichkeiten im Tier- und Menschenreich erfassen, ganz zu schweigen von den feineren ätherischen, astralen, mentalen oder himmlischen Ebenen, welche die Erde umgeben und durchdringen und die ihre zukünftige Heimat sein werden.

Erhebe dich aus der Finsternis

TROST FÜR TRAUERNDE

JEDER von euch hier hat sich irgendwann einmal einer Tortur unterziehen müssen, hatte etwas vor sich, vor dem ihm graute – vielleicht eine Operation, vielleicht auch eine Entbindung oder aber die Trennung von einem geliebten Menschen. Obwohl du das Schlimmste befürchtet hattest, überkam dich zu jenem Zeitpunkt eine ganz sanfte, angenehme Kraft und du konntest die gefürchtete Tortur gelassen und sogar mit einer gewissen inneren Leichtigkeit und Liebe durchstehen. Genau so ist es beim Tod. Auch wenn der Körper abgelegt werden muss, wird doch der Seelenleib geheilt, und wenn er nach dem Tod erwacht, fühlt er sich rundum wohl und glücklich. Wie auch immer du deinen physischen Körper verlässt, sei es plötzlich durch einen Unfall oder nach einem langsamen Rückzugsprozess – wir wollen dir in jedem Fall zu verstehen geben, dass der Tod kein dunkles Tal ist, sondern vielmehr ist es eine wunderbare Erfahrung für die Seele. Versuche dir klar zu machen, dass du nicht der physische Körper bist, genauso wenig wie du die Kleidung bist, die du trägst. Dein Körper ist wie deine Kleidung, und wenn der große Übergang für dich kommt, legst du ihn ab, wie du gewöhnlich deine Kleidung ablegst. Doch dein wahres Selbst, dein nicht sichtbares Selbst, liegt tief in dir drinnen.

Tatsächlich ist das, was ihr Tod nennt, für die menschliche Seele wirklich mehr eine Einweihung in einen niedrigeren oder höheren Grad und der Höhepunkt kommt, wenn das äußere Gewand dem Feuer übergeben wird. Dann bricht ein großes Licht über die Seele herein. Ach ihr Kinder der Erde, betrachtet doch den Übergang der Seele vom Körper ins unsterbliche Leben nicht als etwas, vor dem man Angst haben müsste! Zur richtigen Zeit – denn diese Zeit kommt gemäß dem göttlichen Gesetz – geht die Seele vorwärts, aber nicht, um ihre Identität zu verlieren, sondern um ein größeres Bewusstsein von Gott zu erlangen und das ewige Licht zu erkennen. Bedenke auch, wenn dir ein Freund genommen wird, – die innere Seele des Menschen kennt den Tag und die Stunde, wann sie diesen physischen Körper verlassen muss. Das kann ein unbewusstes oder ein bewusstes Wissen sein, aber die Stunde des Übergangs kann nicht vom Menschen geändert werden, nur durch das Gesetz Gottes. Du musst die liebevolle Weisheit Gottes akzeptieren und die Seele voller Freude, mit Liebe und mit deinem Segen in dieses weite, glücklichere und freiere Leben entlassen. Das ist deine Aufgabe.

Bedenke schließlich auch, dass die Liebe alle Nebel auflöst. Im Moment sieht es so aus, als seiest du von deinen Lieben getrennt, die in die geistige Welt hinüber gegangen sind, aber ihr seid nicht wirklich getrennt, auch wenn vor euch ein Nebelschleier oder manchmal sogar dichter Nebel hängt. Dieser Nebel wird von der einzelnen Seele selbst erschaffen. Wenn jemand Licht und Liebe im Herzen hat, erzeugt das Wärme, durchdringt den Nebel und löst ihn auf. Dann sieht dieser Mensch mit klarem Blick in die Welt der höheren Äther. Dort bemerkt er seine Lieben und überblickt das Leben als Ganzes. Es geht nicht darum, dass sich die Menschen „hier" befinden und die Seele oder der Geist „dort drüben" mit einer geschlossene Tür zwischen den beiden. Die Einsicht zeigt uns, dass das Leben universal ist und dass das Leben in der geistigen Welt identisch ist mit dem Leben auf der Erde. Zugegeben, die geistige Welt ist schöner als diese, aber sie wird von der Liebe verschönert, die auszustrahlen eine Seele lernt, sobald sie von den Einschränkungen befreit ist, mit denen sie sich selbst ans Fleisch fesselt.

Geliebte, habt Ihr einen lieben Menschen verloren? Dann stellt ihn euch in der Sonne in den jenseitigen Welten vor, wie er die Essenz des Geistigen in sich aufnimmt. Es gibt keinen Tod, nur Fortschritt ... Fortschritt ... Wachstum ... eine Lebenskraft, die sich immerzu weiter, aufwärts bewegt – vorwärts in die Sonne.

Leben in Fülle

WIR sprechen jetzt speziell zu denen, die einen lieben, ihnen nahestehenden Menschen verloren haben. Wir sagen dir, sie sind immer noch dieselben, die du früher gekannt und geliebt habt. Sie sind immer noch dieselben Persönlichkeiten: es ist immer noch der Vater oder Sohn, Bruder oder Schwester, Ehemann oder Ehefrau. Sie sind dieselben, nur so viel glücklicher, weil sie von den Sorgen, den Nöten und den Wirren der Erde befreit sind. Sie freuen sich noch mehr, wenn sie spüren du bist ihnen seelisch verbunden und glaubst und weist, dass sie nahe sind. Versuche gedanklich mit ihnen in deinem Seelenkörper zu sprechen und bringe sie dadurch in deine Realität.

VOM LEBEN JENSEITS DER TODESPFORTE

In aller Güte möchten wir dir sagen, dass du dir viel von deinem Leid selbst aufbürdest. Du wirst einwenden, wie wir so etwas sagen können, wenn doch jetzt dein Herz wund ist vom schmerzlichen Verlust. Nein, natürlich brachtest du den Verlust nicht selbst über dich – nur das Leid, das von deiner inneren Einstellung herrührt. Hättest du nämlich die Fähigkeit entwickelt, die Nebel des Irdischen zu durchdringen, hättest du gewusst, dass dein geliebter Mensch nicht tot oder weit von dir weg ist. Die Verbundenheit von Seele zu Seele ist immer für den Menschen möglich, der innerlich ein Bewusstsein für die Einheit allen Lebens entwickeln kann. Lerne also Gott so zu lieben, dass du weißt, dass Gott All-Liebe und voller Liebe für dich ist. In IHM ist kein Tod, sondern nur ein viel erfüllteres und reicheres Leben. Dein Geliebter wohnt in dieser Liebe und ebenso in deinem Geist. Deshalb ist er bei dir, nicht verloren oder weit entfernt.

Denke niemals von jemandem er sei „tot“. Stelle dir vor, die Person genießt das Leben in einem Land, von dem du weißt, dass sie es liebt – aber denke bitte nicht, sie sei untätig. Von Untätigkeit wäre sie nicht begeistert. Woran auch immer ihr Herz hängt, das findet sie um etwas zu tun, eine Arbeit die ihr Herz zufriedenstellt.

Glaube daran, dass alle Erfahrungen aus deinem täglichen Leben dazu dienen, dich zu disziplinieren und zu lehren, auch wenn sie manchmal schmerzlich sind, denn Freude kommt nur durch Schmerz. Der Weise weiß, selbst wenn eine scheinbare Tragödie einer Familie Trauer bringt, wird diese alsbald erfahren, dass sich hinter dem Tod ein weiser Zweck verbirgt, der letztendlich vielen Menschen Erfüllung bringt.

Ein weiser Mensch betrauert weder den Tod oder das Leben, weil er weiß, dass Gott in Seiner-Ihrer Weisheit voller Mitgefühl für alle irdischen Geschöpfe sorgt und sie erhält. Wie können wir nur jemals angemessene Worte finden, um dem ängstlich besorgten Menschenherz wirklich die reiche Liebe, die überirdische Schönheit und den immerwährenden Frieden Gottes zu vermitteln?

Sie kommen mit strahlendem Antlitz

TROST FÜR TRAUERNDE

WENN du einen geliebten Menschen verloren hast, möchten wir dich daran erinnern, dir klar zu machen, dass du nur den physischen Körper vermisst, der wie ein abgetragener Mantel keinen Nutzen mehr hat. Halte dich an die Wahrheit, dass der Geist ewig ist und dass die Persönlichkeit, die geliebte Persönlichkeit, immer da ist. Das Leben verändert sich, die Lebensumstände wechseln, aber die Basis, das Elementare, das Wesen einer Person, die Natur des Individuums ist ewig. Du wurdest auch mit den inneren Fähigkeiten, der Kraft, den seelischen Eigenschaften ausgestattet, die dich in die Lage versetzen, beliebig mit dem Geist und den Seelen eurer Verstorbenen Kontakt aufzunehmen.

Du brauchst nur an deinen geliebten Menschen zu denken, um ihn oder sie herbeizuholen. Nicht gramgebeugt, nicht leidend; denke nicht an die Schmerzen und das während der Leidensjahre verzerrte Gesicht. Stelle dir deinen geliebten Menschen mit einem Gesicht vor, das dem eines strahlenden Meisters gleicht, wie Jesus oder Buddha oder irgendeinem der großen Lehrer. Stelle dir ihn oder sie in der Welt des Lichtes vor. Und denke daran, dass du siehst, wie glücklich sie aussehen wenn du in der Meditation oder vielleicht im Traum dort bist. Wie glatt und schön ist dann das Gesicht deines geliebten Wesens! Es zeigt ganz deutlich die friedvollen, freudvollen und dankbaren Gefühle!

Sie segnen dich, sie lieben dich, und möchten dich wissen lassen, dass das Leben für sie nicht zu Ende ist, sondern dass sie weiterhin leben und zwar unter glücklicheren, freieren Umständen. Wenn du nur in diesem Garten der Wiedervereinigung und der Erinnerung sein könntest würdest du einsehen, dass es keinen Tod gibt. Die Trennung ist etwas, das du mit deinem materiellen, irdischen Verstand erschaffst. Dein geliebter Mensch ist jetzt ganz nahe neben dir. So wie du gewöhnlich denkst, so wirst du. Wenn du gewohnheitsmäßig immer wohlwollend denkst, gute Gedanken hegst, Gott-Gedanken pflegst, näherst du dich jeden Tag deinen Gefährten, die im Licht weilen.

Diese geliebten Wesen, die bei dir sind, leben ebenfalls in jenem Zustand der Harmonie, den du Himmel nennst, weil sie die Stimme der Güte, die Stimme Gottes vernommen haben. Wir wünschten, du könntest sehen, wie glücklich diese Menschen in ihren speziellen Bereichen in der Welt des Geistes arbeiten. Jeder wird – wie durch einen Magnet – genau in die Sphäre und zu dem speziellen Wirkungsbereich hingezogen, der seine Seele am meisten erfreut. Was auch immer deinen geliebten Menschen besonders interessierte, dem wird in seinem Leben im Geist Rechnung getragen. Deine Lieben sind glücklich und ihr Dienen macht sie selig.

Sie kommen dir ganz nahe und flüstern dir ins Herz. Oder, falls du in Meditation geübt bist und dich von der Bürde und

Dunkelheit des irdischen Verstandes freimachen kannst, so dass du in den Garten der Erinnerung in der Welt des Geistes eintreten kannst, dann kommen deine geliebten Wesen augenblicklich zu dir. Das ist das geistige Gesetz der Anziehung. Sie kommen zu dir, wenn du dir m 1it deinem höheren Sehen, der höheren Vision vorstellen kannst, dass du bei ihnen bist. Genau diese inneren Kräfte und Eigenschaften des Geistes musst du entwickeln, so dass du dir immer des Geleites deiner Lieben bewusst bist, weil es im Geist keine Trennung gibt.

BEIM Tod findet eine körperliche Trennung statt, aber keine Trennung des menschlichen Geistes, dem eigentlichen Selbst. Wenn du deinen Gefährten, deine Gefährtin, wirklich liebst, ist er oder sie bei dir, näher als dein Atem, denn ihr beide seid eine Teil von Gott.

GOLDENE ERNTE DER LIEBE

ERSCHAUE nun eine Wolke unsichtbarer Zeugen die mit dir ist. Erblicke die strahlenden Gestalten rund um dich, sieh die Gestalten der Engel; deine dir persönlich nahestehenden geliebten Wesen kommen ganz nahe heran und werden eins mit dir. Siehe, es gibt keine Trennung in Gottes Universum. Du bist in Gott und Gott ist in dir. Dein Führer ist in dir, ist ein Teil von dir und du bist ein Teil deines Führers – es gibt keine Trennung. Alle kommen von Gott und bei Gott gibt es keine Trennung. Du bist in Gott und Gott ist vollkommen.

UNSER GEISTIGER BRUDER SPRICHT

12. Wahrheit

Irgendwann muss jede Seele für die Wahrheit einstehen und standhaft für das kämpfen, was sie als recht und wahr erkennt.

MIT Recht wird gesagt, dass es keine neue Wahrheit gibt. Wir möchten hinzufügen, dass alle Wahrheit in Gott enthalten ist. Gott ist in euch, aber gegenwärtig nur als ein Saatkorn, ein Samenatom. Aber mit dem Voranschreiten der Menschheit wird dieses Saatkorn zu wachsen beginnen, und ihr werdet ein erwachendes himmlisches Leben finden, nicht an einem weit entfernten Ort, sondern in eurem eigenen Tempel, in eurem Herzen.

INTUITION & INITIATION

Ein einfacher Zugang

DER GEISTIGE PFAD

DER grundlegende Zweck deines Lebens besteht für dich darin, zu der Wahrheit zu finden, die dir durch dein inneres Selbst enthüllt wird. Während wir auf der Suche nach dieser tief in uns vergrabenen Wahrheit sind, verschwinden die vom äußeren (niederen) Selbst errichteten Barrieren und wir werden frei – frei, um mit unseren Lieben im Jenseits in Kontakt zu treten, frei, um in Verbindung zu kommen mit den kosmischen Strahlen der Lebenskraft und der Heilung und sie zum Dienst für andere einzusetzen und frei, um in Einklang zu kommen mit jenen Wesen, die der Menschheit von der geistigen Welt aus dienen.

Der Pfad, der sich den Berghang zum himmlischen Gipfel empor windet ist lang und steil und bis der Mensch einen Schimmer der Herrlichkeit erhascht, die ihn dort erwartet, rackert er sich in der materiellen Welt ab. Er leidet unter Schmerz, Krankheit, Einsamkeit und Einschränkung. Er bleibt verstrickt in Furcht, Groll und Angst und wird heimgesucht von Auseinandersetzungen und Kriegen. Niemand muss jedoch ausharren bis er vom Fleisch erlöst ist, um glücklich und sich seines wahren Wesens bewusst zu werden. Solange die Menschen nicht lernen, noch während ihrer Zeit auf der Erde nach dem Geistigen zu streben, werden sie auch nicht durch das bloße Ablegen des irdischen Körpers zur völligen Freiheit und Seligkeit finden.

Auf jede Seele wartet eine herrliche Zukunft, aber das setzt große Anstrengungen voraus – obwohl auch harte Arbeit sehr interessant sein kann. Wenn du beispielsweise Musik magst und dich gerne durch Musik ausdrücken möchtest, ist es eine Freude zu üben, um ein Meister deines Instruments zu werden. Wenn du ganz in etwas aufgehst, das der Mühe wert ist, macht dir die Plage nichts aus und du rechnest nicht nach, was dich das Erreichen deines Ziels kostet. Genau so sollte es mit der Arbeit sein, die du für deine Seele investierst.

Der Weg, den alle zum Tempel der Seele gehen müssen, ist für alle derselbe. Der äußere Verstand – der normale Denkapparat – muss gebremst werden. Du kannst nicht hoffen, in Verbindung mit der inneren Quelle der Wahrheit zu gelangen, wenn dein Verstand und Denken angefüllt ist mit den unwichtigen Einzelheiten des irdischen Lebens. Hier musst du lernen zu unterscheiden, denn das irdische Leben stellt sehr viele Ansprüche, und für gewöhnlich ist die Aufmerksamkeit des Einzelnen voll auf diese Alltagsbedürfnisse gerichtet. So viele unwichtige Dinge bekommen im irdischen Verstand eine große Bedeutung, aber wenn du deine Aufmerksamkeit entschlossen auf das gerichtet zu halten vermagst, was auf der geistigen Seite deines Lebens vor sich geht und versuchst, die Eingebungen deines höheren Selbst wahrzunehmen, kannst du diese hartnäckige Peinigung durch den irdischen Verstand überwinden. Wir raten dir, die niedrigeren Aspekte deines Lebens nicht mit aller Gewalt zu unterdrücken, sondern vielmehr das Schöne zu stärken. Wir raten dir, die wahre geistige Ausdehnung deines eigentlichen wahren Selbst durch die tägliche Verbindung mit ihm zu fördern, bis es ganz von selbst zur Entfaltung kommt – eine natürliche Entwicklung dieser Seele, die schon seit unzähligen Jahren lebt.

Sich selbst treu bleiben

Intuition & Initiation

AUF eurem geistigen Weg begegnet ihr ständig Situationen, die in sich widersprüchlich sind. Wir wissen, dass es manchmal scheint, als ob es bei jedem Schritt so ein Paradoxon gäbe. Es ist so verwirrend, dass ihr nicht wisst, was gemeint ist, oder welchen Weg ihr einschlagen sollt. Da neigen dann die Menschen schnell dazu, unumstößliche Regeln festzulegen. Der eine sagt: „Wir müssen hier entlang gehen!“. Ein anderer sagt: „Nein, dies ist der Weg – Ich *weiß* es“. Was sollt ihr tun? Ihr seht euch mit einem großen spirituellen Problem konfrontiert und ihr müsst schließlich lernen, mit Hilfe eurer Intuition zu unterscheiden zwischen dem, was manchmal als der obere und untere Weg, oder der linke und rechte Weg genannt wird. Hier könnt ihr euch nicht durch den Rat eines anderen Menschen binden lassen, denn was für ihn richtig ist, was sein Weg ist, gilt nicht notwendigerweise für euch. Ihr müsst selbst entscheiden, auf welchem Weg ihr wandern müsst.

Ja... Unterscheidungsvermögen. *Jeder kennt unsere Pflicht, nur wir selbst nicht!* „Wenn ich du wäre, würde ich dies oder jenes tun!" Habt ihr das schon einmal gehört? „Wenn ich Frau Soundso wäre, würde ich mich auf diese oder jene Weise verhalten." *Aber würdet ihr euch tatsächlich so verhalten*? Wenn ihr in genau die Schwingungen, die Umstände versetzt würdet mit derselben Art der Seelenentfaltung, würdet ihr euch dann so verhalten, wie ihr es behauptet? Wie *kann* jemand für eine andere Seele entscheiden, deren Bewusstseinsqualität, deren Gefühle und Reaktionen von den eigenen so völlig verschieden sind? Ihr könnt keine Entscheidungen für einen anderen treffen, und niemand kann euch eure Entscheidungen abnehmen. Wenn also plötzlich diese kleinen Auseinandersetzungen auftauchen, lächelt und sagt „Ja ... ich weiß." Sagt nichts, um diese Person zu verletzen, die so sehr erpicht darauf ist, euch Ratschläge zu erteilen. Sagt nicht „Oh nein, ich weiß, das ist nicht mein Weg, du hast ganz unrecht". Sagt „Ja ...", aber bewahrt euer inneres Wissen. Und vergesst nicht das Lächeln!

Ermutigen wir euch zur Täuschung? Nein. Die Menschen der Erde müssen manchmal Masken tragen. Auf der anderen Seite müssen sie auch ihren „Röntgenblick" entwickeln, so dass sie durch die Maske hindurch die wirkliche Person sehen. Wenn sie das tun können, urteilen sie nicht, sie sind verständnisvoll und guten Willens gegenüber allen und fühlen sich mit jedem verbunden.

Der Pfad zu den Mysterien

Wenn wir unser Wissen oder unsere Offenbarung zur Erdebene übermitteln, um der Menschheit zu helfen, finden wir es sehr schwer, innere Wahrheiten in irdische Sprache und Bilder einzukleiden. Einiges können wir euch ohne Worte mitteilen. Wir wenden uns an die Hallen der Weisheit und es besteht eine Verbindung hinab durch die Sphären zu einem irdischen Kanal oder einem Vermittler. Aber wenn unsere Botschaft geradewegs in eure Mitte herab kommt, muss es durch ein irdisches Gefäß zu einer Zuhörerschaft kommen, die sehr beschränkt ist – wir bitten um Entschuldigung – *die aber notwendigerweise* beschränkt ist in ihrer Fähigkeit, diese inneren Geheimnisse oder Mysterien des Himmels zu begreifen. Wir im Geist werden hierdurch wirklich behindert.

Da wir uns mit den Hallen der Weisheit in Verbindung setzen, kommt die Macht des Himmels mit uns; und die Feinfühligen unter euch sind in der Lage, hier und da ein wenig von diesem Licht aufzufangen. Eure eigene visionäre Kraft entfaltet sich; und obwohl ihr selbst Wahrheit nicht in Worte fassen könnt, spürt ihr ein inneres Wissen, wenn ihr diese Wahrheiten, diese Mysterien Gottes, begreift. Das war natürlich immer der Fall, und wenn ihr die Bibel lest oder eine der anderen großen Schriften der Welt, werdet ihr allmählich diese uralten Geheimnisse entdecken. Solange aber diese Geheimnisse nicht enthüllt sind, werdet ihr auf viele eurer Fragen ohne Antwort bleiben.

Heute steht es allen Menschen frei, dem Pfad zu den Mysterien zu folgen, wenn sie es wollen. Manche werden sich beeilen und andere werden bummeln. Sobald ihr euch aber einmal Weisheit wünscht, nicht zu eurer eigenen Befriedigung, nicht aus Neugierde heraus, sondern damit ihr arbeiten könnt, um der ganzen Erde zu helfen, dann werden eure Füße auf den Pfad gesetzt, der letztlich zu dem Haus aus Licht führt. Und so – aus der großen Sehnsucht eures Herzens heraus, dienen zu können, findet ihr euch selbst. Sobald dies geschieht, wird eure Seele unterstützt durch Lehre, durch Führung vom Unsichtbaren her. Wenn ihr zu viele Pfade ausprobiert, werdet ihr feststellen, dass jeder von ihnen zu einer Sackgasse führt; wir sagen: Ihr solltet besser an dem einen Weg festhalten. Folgt dem einen Weg, indem ihr dient: folgt dem Licht und der Führung durch eure unsichtbaren Lehrer, und dann werden euch die Mysterien der unsichtbaren Welt enthüllt werden. Es gibt viele Wege des Dienens und kein Schüler ist gezwungen, dem Pfad zu folgen, der von anderen vorgegeben wird. Ihr solltet dem Licht folgen, das von eurem eigenen Geist ausstrahlt.

Merkt euch daher, der allererste Hinweis auf Wahrheit, auf wahre Lehre, ist Einfachheit. Einfachheit zu aller erst und dann Weisheit. Ruft euch die einfache und doch weise Offenbarung des Meisters Jesus und des Buddha ins Gedächtnis. Sucht daher zuallererst nach Einfachheit in aller Offenbarung. Folgt ihr dann gewissenhaft; setzt das wirkliche *Sein* in die Tat um ... indem ihr wahrhaftig diese wunderbaren Wahrheiten, die euch enthüllt wurden, seid und werdet. Sucht nicht nach Abkürzungen auf dem Weg in den Tempel. Es darf kein Sich-Einschmuggeln geben ... nur ein stetiges Steigen nach oben, wobei manche Prüfung bestanden werden muss.

Die besondere Schulung, die im Tempel der alten Zeiten stattfand, die Abgeschiedenheit und Isolation, welche den Lernenden schließlich in die Lage versetzte, die höheren Grade zu erreichen, gibt es nicht mehr. Heutzutage muss euer Leben in einer Alltagswelt geführt werden. Die Menschen in der, wie ihr sie nennt, entwickelten Gesellschaft sind nicht vor der Verführung durch die äußere Welt geschützt. Stattdessen sind die Lernenden der ständigen Anziehungskraft der unteren Ebene ausgesetzt, den Aufregungen und Leidenschaften des physischen Lebens. In früheren Tagen, zogen sie sich zurück, folgten ruhig dem Pfad, arbeiteten sorgfältig, heilten die Kranken und trösteten die Trauernden. Es kamen ihnen Kräfte zu, die sie befähigten, den Schleier zwischen ihrer Welt und den unsichtbaren Welten beiseite zu ziehen. Auch heute könnt ihr über diese Kräfte verfügen. Aber ihr müsst buchstäblich auf das Schlachtfeld des Lebens hinausziehen und dort lernen, zwischen dem Falschen und dem Richtigen zu unterscheiden, zwischen dem Wahren und dem Unwahren. Oh, wir kennen das! Es ist nicht leicht!

Viele von euch, die derzeit auf der Erde weilen, waren einst Arbeiter in den ägyptischen Tempeln, besonders solche unter euch, die nun in einem einfachen und bescheidenen Zentrum spirituellen Lichtes dienen. Diejenigen, die zu solchen Orten gezogen werden, haben bereits gewisse innere Wahrheiten gelernt, die von Dauer sind; denn während das physische Leben vergeht, und sogar die Persönlichkeit – die aus der Vergangenheit in ein zukünftiges Leben mitgebracht wird – abgelegt und im „Kleiderschrank" oben aufgehängt wird (und dort wartet, bis sie wieder benötigt wird), geht die innere Weisheit, die einst in einer Mysterienschule gelernt wurde, niemals verloren. Deshalb spüren viele von euch dass sich die uralte Weisheit in eurer Brust regt. Ihr braucht nicht überzeugt zu werden. Habt ihr einmal die unsichtbare Welt gesehen, dann *wisst* ihr.

Bis es soweit ist, können wir nur andeuten. Wir können nur Dinge sagen, die euren Verstand und eure Herzen bewegen und beleben werden, so dass ihr einen Gedankengang, eine Eingebung aufnehmen und ihr folgen könnt. Geistige Wahrheit ist veränderlich. Ihr könnt Prinzipien vermittelt bekommen, nach denen ihr arbeiten könnt, aber die Wahrheit ist wie ein großer Fluss mit vielen Nebenflüssen. Ihr werdet abgelenkt werden, es kann sein, dass ihr euch verirrt, aber ihr werdet immer zu dem Hauptthema zurückkommen, dem Grundprinzip. Wenn ihr euch über die Erde erheben und herabblicken könnt, werdet ihr sehen, wohin all die Nebenflüsse fließen, ihr werdet sehen, wie sie alle in das große Panorama eines schönen Lebens auf der Erde, dem

Garten Eden, passen. Auch wir haben nur einen flüchtigen Blick der Herrlichkeit des Universums erhascht, nur einen kurzen Einblick in die Möglichkeiten, die in allem liegen. Aber das Wissen, das wir in unseren Meditationen erworben haben, vermitteln wir euch, da es sich als ein Wegweiser auf eurer eigenen Reise erweisen kann – auf eurem Weg ewigen Fortschreitens und ewiger Entfaltung, der zu ewigem Licht und himmlischer Herrlichkeit führt.

Das geistige Universum mag in der Tat jenseits euren Verständnisses sein, aber von dem, was wir von ihm sahen, können wir euch nur sagen, dass es herrlich ist, überwältigend und unglaublich für diejenigen, welche erst noch die Liebe Gottes begreifen müssen. Es weiter beschreiben zu wollen, gleicht dem Versuch, eine große Menge Flüssigkeit durch einen sehr engen Trichter zu gießen. Ihr seht, was wir zu sagen haben, führt keinen Beweis mit sich, den der weltliche Verstand akzeptieren kann. Der einzige Beweis dieser geistigen Wahrheiten ist, dass ihr durch die Art und Weise, wie ihr euer Leben führt, Beweis und Veranschaulichung der Wahrheit erhaltet. Um es mit sehr einfachen Worten zu sagen: Die Wahrheiten wirken; und sie wirken in den allerkleinsten Einzelheiten eures alltäglichen Lebens. Ihr könnt sie alle für euch selbst beweisen, aber wir können sie nicht für euch beweisen. Jeder lebende Mensch kann sie beweisen, wenn er gerne das Gesetz auf sein tägliches Leben anwendet. Sobald er das tut, kann er die Herrlichkeit der Himmel sehen; er kann das Glück des Geistes erkennen.

Geistiges Wachstum ist das Ergebnis von Ausdauer

WENN du einen „Misserfolg" hast und versagst, dann verzweifle nicht und sage: „Ich bin noch nicht so weit." Allein die Tatsache, dass du es versuchst, zeigt, dass du bereits eine gewisse Ebene erreicht hast. Ansonsten würdest du es nicht versuchen. Die Tatsache, dass du eine Sehnsucht in dir verspürst und deinen Blick auf ein Ideal richten kannst zeigt, dass du so weit bist.

Bedenke, wenn du auf diesem Pfad bist geht es auf und ab. Die Seele wird zwangsläufig zu den Höhen emporgetragen und muss wieder hinuntersteigen. Manchmal wirst du eine spirituelle Ekstase empfinden und du kannst alles vollbringen und dann gibt es wieder Zeiten in denen du ohne jede Hoffnung bist. Kümmere dich nicht darum – niemals! Halte mit liebendem Herzen an deinem Ideal und an deinem Vater-Mutter-Gott fest, an den Eltern, die über dich wachen und ihr Kind verstehen, denn sie haben es geboren. Mache einfach weiter mit deinem Alltag und mit deinen Lektionen. Damit aktivierst du bewusst das innere Licht, so dass selbst die Zellen deines Körpers feiner werden. Das ist der Lauf der Welt. Der Geist – Gott – gestaltet, läutert und erhebt fortwährend die Schwingungen der Welt.

Lasst uns nicht vergessen, bei jeder Inkarnation kehrt nur ein Teil der Seele zurück, nicht aber das größere, höhere Selbst. Das, was auf die Erde kommt, ist nur so etwas wie ein Fühler oder ein Arm, der ausgestreckt wird, um für das höhere Selbst weitere Erfahrungen zu sammeln. Wenn du also für bestimmte Lektionen keine Gelegenheit bekommst, heißt das nicht, dass du sie nicht brauchst, sondern dass du zu einem bestimmten Zweck wiedergekommen bist und die anderen Lektionen in dieser speziellen Inkarnation nicht auf deinem Plan stehen. Du sollst auf einem ganz bestimmten Gebiet Erfahrungen sammeln. Wie weit du in anderen Bereichen entwickelt bist oder ob dein Nachbar auf diesem Gebiet entwickelt ist oder nicht kannst du nicht sagen. Es ist also für dich unmöglich, deinen Weggenossen zu beurteilen! Du kennst seine Seele nicht und könntest, ohne es zu ahnen, eine große Wesenheit in deinem Haus beherbergen! Du weißt es nicht. Zugegeben, manche Menschen haben eine seltsame Art, ihre Größe zu zeigen, aber in jedem Menschen kommt nur ein

„Fühler“ des eigentlichen Selbst durch, und du weißt nicht, was das höhere Bewusstsein in sich gespeichert hat.

Sobald die Seele alle notwendigen Lektionen gelernt und ein gewisses Maß an Vollkommenheit erreicht hat, zeigt sie sich in ihrer vollständigeren Version, und dann bist du in der Lage einen Meister, einen Adepten oder einen Eingeweihten zu sehen und zu erkennen. Diese Seele zeigt selbst dann noch nicht ihr vollständiges Selbst, aber doch einen Großteil, weil sie bereit ist, der Menschheit auf ihre eigene Weise zu dienen. Glaube nun aber nicht, die jüngere Seele zeige ihre wahre Natur. Das verbleibt im höheren Bewusstsein.

Du weißt, es kommt nicht so sehr darauf an, wer eine große Seele ist und wer eine junge. Wir denken, es spielt überhaupt keine Rolle. Verehre nicht jemanden, von dem du annimmst, er sei groß, sondern bemühe dich, alle zu lieben, die Großen und die Kleinen, die Jungen und die Alten. Liebe sie alle. In den Augen Gottes sind sie alle gleich.

Ist es möglich, sich während des ganzen Arbeitstages sein höheres Bewusstsein zu vergegenwärtigen und sich dessen bewusst zu bleiben? Es ist möglich, aber es ist schwierig. Es gelingt mit fortwährendem Streben und Selbstdisziplin. Indem du auf dem Weg der beständigen Meditation Fortschritte machst, erreichst du zwei Bewusstseinsebenen, das heißt, du kannst auf der Oberfläche, nach außen mit Alltäglichem beschäftigt sein, aber jenseits dieser Oberfläche unterschwellig ist immer das Bewusstsein für die universale göttliche Liebe vorhanden. Du nimmst sie ständig unter dem Tagesbewusstsein wahr.

Dennoch wird eine Zeit kommen, zu der sich jede Seele ihres höheren Lebens und ihres wahren Selbst bewusst sein wird. Dann wird sie fähig sein, ihre beiden Aspekte als Gegensätze zu sehen – das begrenzte irdische Selbst und das höhere, himmlische, ewige Selbst. Mit fortschreitender Entwicklung wird das höhere Selbst immer stärker und zeigt sich im Alltag immer mehr. Die Seele wird nicht mehr von Problemen und Schwierigkeiten überwältigt, diese bleiben dort, wo sie hingehören. Die Seele entwickelt eine klare Sichtweise – nicht nur von Gott und himmlischen Dingen – sondern auch von irdischen Angelegenheiten. Sie sieht die Dinge in ihrer wahren Perspektive, und ihre Sensibilität ermöglicht ihr, die Äther zu durchdringen und die Strahlung aus der höheren Welt zu empfangen.

Um dies alles zu erreichen, musst du dich unermüdlich weiter voranarbeiten. Wir versichern dir, wenn du auch nur ein Iota von dem in deinem täglichen Leben in die Praxis umsetzt, was du von unseren Worten hörst oder liest, dann machst du es tatsächlich schon sehr gut.

Wenn ein gewisses Maß an Beherrschung errungen und die irdischen Prüfungen sicher bestanden worden sind, kommt immer der Zeitpunkt, an dem eine Person in die große Halle der Einweihung gerufen wird. Die Seele wird vom Führer über viele verschlungene Wege und durch viele dunkle Korridore geleitet – dies ist es, was du gerade in deinem Erdenleben durchmachst. Du weißt weder wohin dein Weg führt, wann du abbiegst, noch was du dann finden wirst. Das menschliche Leben ist wirklich ein Korridor, durch den jeder von seinem Führer geleitet wird, und das nicht nur in einer Inkarnation, sondern in unzähligen.

Schließlich kommt die Seele an einen begnadeten, wunderbaren Ort, wo sie zum strahlenden Altar aus Licht geführt wird, dessen Licht so stark ist, dass die Augen möglicherweise verhüllt werden müssen. Jedoch am Ende der großen Zeremonie sind die Augen nicht mehr verbunden. Sie erblicken den strahlenden Stern, den sechseckigen Stern: sechs äußere Spitzen, aber mit einer Spitze in der Mitte - also sieben insgesamt. Dieser siebeneckige Stern korrespondiert mit den sieben großen Strahlen des Lebens, die von den sieben Engeln rund um den Thron Gottes kommen. Auf einer endlos langen Reise hat jede Seele gelernt, geübt und die Kraft erworben, das Licht von einem jeden der sieben heiligen Zentren des eigenen Körpers auszusenden und die sieben heiligen planetarischen Kräfte anzuziehen, die durch jedes Tierkreiszeichen wirken. Der vollkommene Mensch sieht nicht nur diesen strahlenden Stern bei seiner Einweihung, sondern erkennt auch, dass er oder sie in Wahrheit dieser Stern ist.

Der weise Ritter

JEDE Seele muss irgendwann wie ein Krieger für die Wahrheit einstehen und kämpferisch das vertreten, was sie als recht und wahr erkannt hat. Manchmal wurde dir ein Ritter in strahlender Rüstung beschrieben, der das hocherhobene Schwert der Wahrheit trägt oder du hast es in deiner Meditation gesehen. Dieser strahlende Ritter symbolisiert dein höheres Selbst oder deinen inneren Führer. Der Führer eurer Seele kann in vielen verschiedenen Gestalten zu dir kommen. Er oder sie könnte den Astralkörper irgendeiner früheren Inkarnation annehmen oder das Gewand des reinen Geistes tragen, das wir die himmlische Kleidung aus gleißendem Licht und Schönheit nennen könnten. Wenn du dir deinen Führer auf diese Weise vorstellst, stimmst du dich auf die Ebenen des reinen Geistes ein und dies zu tun, sollte dein tägliches Ziel sein, wenn du dich auf den Weg des Schülers begibst.

In den frühen Stadien des geistigen Pfades ist es ein üblicher Fehler, sich Tagträumen hinzugeben, in einem entrückten, nebulösen Zustand zu verweilen, der sich entweder aus einer Selbstverherrlichung heraus oder aber aus unausgeglichenem Gefühlsüberschwang ergibt – wie bei einem jungen Schulkind für seinen angebeteten Lehrer. Doch der Schüler auf dem Weg darf nicht in diesem vernebelten, träumerischen Zustand leben. Er muss auf ganz praktische und liebevolle Weise mit den Alltagsproblemen und zwischenmenschlichen Beziehungen zurechtkommen. Die allerbeste Schule für den Jünger oder Schüler sind die tagtäglichen Begegnungen mit ganz gewöhnlichen Menschen in einer Alltagswelt. Die Reibung im täglichen Leben ist der Prozess, der die Oberfläche des „unebenen Quadersteins" des Lehrlings so zuschleift, dass er zum perfekten Baustein für den Baumeister wird.

Niemand kann sich seinen Lebenserfahrungen entziehen. Wir sagen das mit tiefem Ernst. So oft du auch vor deinen Lektionen davonläufst, du wirst immer und immer wieder mit demselben Erfahrungszyklus konfrontiert, bis eine bestimmte Schwäche oder ein Makel schließlich beseitigt und wieder eine Lektion gelernt ist.

Gott, das höchste Licht und die Herrlichkeit des Lebens, ist allwissend, all-weise, und Gottes Natur ist die Liebe. Die gesamte Schöpfung unterliegt dem Gesetz der Liebe. Aus diesem Grund sollten wir genau die Umstände willkommen heißen, gegen die sich unsere niedere Natur und unser niederes Selbst auflehnt und tapfere Krieger auf dem Schlachtfeld sein in dem Wissen, dass am Ende die Liebe steht.

Das Beispiel, das du gibst

DER PFAD INS LICHT

SEI still. Sei innerlich ganz ruhig und still. Bitte, und Gott oder dein Schutzengel wird dir helfen. Vielleicht verstehst du nicht, wie dir von jemandem *außerhalb* geholfen werden kann, aber es funktioniert. Sei also innerlich ganz still. Bleib ganz ruhig und lass dir von der Macht Gottes helfen, wie sie es für gut findet...

Einige von euch leiden unter Krankheit oder dem gegenwärtigen Alter, andere leiden unter Frustration, müssen sehr harte Arbeit leisten oder erleben Enttäuschungen. Die meisten von euch haben das Gefühl, eine schwere Last zu tragen. Sollt ihr eure Bürde abwerfen und sorglos werden? Nein, aber ihr sollt den Wert all dessen erkennen und darüber hinausschauen. Bittet darum sehen zu können, was euch diese Belastungen lehren. Mitunter taucht die Frage auf: „Was soll ich tun? Dies oder jenes? Soll ich bleiben, dahin oder dorthin gehen?“ Unsere Antwort auf solche Fragen lautet: Erledige die Aufgabe, die dir Gott gegeben hat. Hast du schon einmal darüber nachgedacht, dass dir deine Arbeit von Gott zugewiesen wurde, um dir eine Gelegenheit zu geben, deinen Charakter, deine geistige Sensitivität und Begabungen zu entwickeln, und dass sie auch eine Gelegenheit darstellt, anderen durch dein Beispiel weiterzuhelfen? Wir fragen uns manchmal, wieviele unserer Brüder an diesen Punkt denken – das Beispiel, das sie der Welt geben.

Vor euch allen öffnet sich ein Lichtpfad der euch vorwärts und aufwärts führt, bis ihr eines Tages unbeschreibliche Glückseligkeit und Zufriedenheit erlangt, weil ihr den eigentlichen Zweck des Lebens erfüllt habt. Wenn die Menschen diesen Zweck erfüllen, werden sie von Frieden und Seligkeit durchdrungen. Ja, wir kennen eure jetzigen Sorgen und die Probleme, die ihr bewältigen müsst. Wir wissen, wie ihr euch fühlt. Wir können auch genau dasselbe fühlen, denn wir fühlen *durch euch* und *mit euch*. Wir wissen aber auch immer, dass die himmlische Macht unablässig am Werk ist und in allen Angelegenheiten jedes Einzelnen wirkt um so langsam die Erleuchtung seiner Seele und letztendlich seine Glückseligkeit zu bewirken.

Schau niemals mit Bedauern zurück, das ist Zeitverschwendung. Gib ehrlich dein Bestes. Lass die innere Stimme sprechen, in welchen Umständen du auch immer dich befindest. Sei vorsichtig mit dem, was du sagst, weil die Zunge andere verletzen und viel Unheil anrichten kann. Sei daher vorsichtig bei dem, was du sagst. Sag immer die Wahrheit.

Die Seele auf dem geistigen Weg kann von ihrem eigenen Fortschritt eingenommen sein oder sich mit ihrer vermeintlichen spirituellen Größe aufblähen. Hat sie sich jedoch mit ganzer Kraft bemüht, in die Fußstapfen Christi zu treten und die sanfte Bescheidenheit des Christus in sich zu verwirklichen, kann sie sich nie in Selbstverherrlichung verlieren, denn dann weiß sie, dass sie weder groß, noch großartig ist und dass sie aus sich selbst heraus weder heilen, lehren noch Trost spenden könnte. Die Seele weiß, dass alles Gute, das durch sie fließt, von Christus, von Gott stammt. Der Test, meine Lieben, besteht im Geist des Christus. Wenn du tatsächlich den sanften, demütigen Geist des Sohnes Gottes an deiner Seite spürst und deine Hand in seiner liegt, dann kannst du nicht in die Irre gehen.

DAS WHITE EAGLE JESUSBUCH

Halte deine Füße auf der Erde, aber erhebe dein Antlitz zu den Himmeln, denn das Licht, das von der Höhe in dich strömt, wird deine Füße festigen und sie auf den rechten Weg führen. Hab Vertrauen in das göttliche Licht. Ergib dich ruhigen Gemütes und liebevollen Herzens dieser unendlichen Weisheit.

IN DER STILLE LIEGT DIE KRAFT

Der zweite Teil von DAS BESTE VON WHITE EAGLE wurde früher schon einmal im Aquamarin Verlag veröffentlicht mit dem Titel DAS WHITE EAGLE LESEBUCH.
Die White Eagle Bücher werden seit einigen Jahren nur noch vom Stella Polaris Verlag veröffentlicht.
In dieser Ausgabe haben wir sowohl die Übersetzung überarbeitet als auch die Aktualisierungen aus den englischen Originalausgaben mit übernommen, sofern die Auszüge aus den entsprechenden Büchern betroffen sind.
Wie schon im ersten Teil von DAS BESTE VON WHITE EAGLE werden auch im zweiten Teil vom WHITE EAGLE LESEBUCH am Buchrand diese Buchquellen angegeben.

WHITE EAGLE LESEBUCH

INHALT

II
DIE VIELEN EBENEN DES SEINS

III
DAS SPIRITUELLE LEBEN

Einleitung

JENES Wesen, das als White Eagle bekannt ist, darf in erster Linie als ein geistiger Lehrer angesehen werden, dessen Botschaft durch die Vermittlung des englischen Mediums Grace Cooke im Laufe von etwa fünfzig Jahren an die Öffentlichkeit gelangte.

White Eagle tat sich Grace Cooke schon während ihrer Kindheit kund. Nachdem sie erwachsen geworden war, entwickelte sich zwischen ihnen eine enge Zusammenarbeit, die es ermöglichte, Verbindung mit den höheren geistigen Ebenen aufzunehmen.

Diese Botschaften wurden in den späten zwanziger und frühen dreißiger Jahren in Trance in verschiedenen spiritualistischen Kirchen durchgegeben. Damals war White Eagle einer von mehreren geistigen Lehrern, die sich bemühten, das menschliche Bewusstsein von der materialistischen auf eine höhere Ebene zu führen.

Im Jahre 1936 wurde von White Eagle der Anstoß zur Gründung der White Eagle Lodge gegeben. Sie wurde zu seinem „Heim", zu einem Ort, wohin die Menschen gehen konnten, um seine Worte zu hören.

Nahezu alle Vorträge von White Eagle wurden entweder bei Sonntagsgottesdiensten in seiner Lodge oder in kleineren Gruppen von Interessenten durchgegeben. Im Laufe der Jahre wurde White Eagles` Lehre zusammengefasst und in Buchform herausgegeben, manchmal als vollständige Vorträge oder auch nur auszugsweise.

Das populärste White Eagle Buch, IN DER STILLE LIEGT DIE KRAFT, besteht aus einer Zusammenfassung von Aussagen, welche die Attribute eines Meisters charakterisieren. Unter einem Meister versteht man eine Seele, die während vieler Inkarnationen Meisterschaft über ihr Wesen erlangt hat, letztendlich auch die Meisterschaft über die Materie.

Der vorliegende Band beinhaltet längere Passagen aus der White Eagle Lehre. Allen, die sich selbst und den Sinn des irdischen Lebens besser verstehen möchten, bietet er damit eine Hilfe an. White Eagle sagt, der beste Weg, einem anderen zu helfen, sei ganz einfach ihn zu lieben; denn das heißt auch, ihn zu verstehen. Daher sind die Auszüge in diesem Buch auch ausgewählt, um uns in unserer Aufgabe des Verständnisses für unsere Mitmenschen zu unterstützen.

Die ersten Kapitel dieses Buches vermitteln die White Eagle Lehre über den Weg der einzelnen Seele, der letztlich zur Meisterschaft führt. Der folgende Teil gibt ein wenig mehr Information über das Umfeld, über die vielen Lebensebenen und über die Realität der Welt jenseits des Todes. Der dritte Teil enthält vier Kapitel aus IN DER STILLE LIEGT DIE KRAFT, und ist gedacht als liebevolle Hilfe für alle, die den Pfad geistiger Entfaltung gehen.

Wer ist White Eagle? Diese Frage ist schwierig zu beantworten. Bezeichnenderweise schätzt es White Eagle nicht, die Wahrheit an starre Definitionen zu binden. Er sagt von sich selbst, er sei lediglich ein Vermittler einer liebenden Bruderschaft von Seelen in der geistigen Welt, die Christus dienen und das Schicksal der Menschen begleiten.

Er erzählt von seiner Inkarnation als Indianer und betont oft die Einfachheit jener indianischen Mentalität, in der die beiden Ebenen des Lebens, die geistige und die materielle Ebene, selten so streng voneinander getrennt wurden, wie das heutzutage der Fall ist. Die Natur, die Pflanzen- und Tierwelt wurden genauso geachtet wie die Welt des Menschen. Aber seine Lehren enthalten auch Erinnerungen an andere Leben: in Südamerika, im alten Ägypten und im Fernen Osten. Sein Symbol, der weiße

Adler, gilt in den Legenden der Indianer als der Vogel, der direkt in die Sonne fliegt. Zudem ist der weiße Adler auch das Symbol von Johannes, dem Lieblingsjünger Jesu, zu dem eine besondere Affinität besteht.

Oft wird die Frage gestellt, ob White Eagle ein Meister ist. Er selbst würde dies sicher nie von sich behaupten. Der Qualität seiner Lehre – er würde sie nie als seine eigene bezeichnen – sei es überlassen, für sich selbst zu sprechen. Vielmehr hofft White Eagle, jeder würde durch das Studium seiner Lehre die Wahrheit in sich selbst entdecken. Diese Idee ist ein wesentlicher Bestandteil seiner Aussagen. Die Wahrheit, sagt White Eagle, findet man nicht in seinen Büchern, sondern im Herzen. Seine Belehrungen wären von geringem Wert, wenn sie nicht das Bewusstsein des Lesers vom überaktiven Intellekt weg in einen ruhigeren Zustand bringen würden, wie ihn jeder in der Meditation erreichen kann.

Mögen alle, die diese Worte lesen, ihre eigene, ganz persönliche Wahrheit finden und in ihrem Bemühen durch White Eagle unterstützt werden.

Colum Hayward

I

AUF DEM GEISTIGEN PFAD

EIN WEGWEISER FÜR ANFÄNGER

Ein einfaches Beginnen

Geistige Entfaltung

Wir öffnen unsere Herzen der Liebe und stellen uns ganz auf Gott ein. Wir wissen, der Weg zur geistigen Entfaltung ist die Liebe. Deshalb beten wir zu Vater-Mutter-Gott, der uns sowohl Vater wie Mutter ist, dass wir ganz von Liebe erfüllt werden. Während wir uns mehr und mehr in der Liebe entfalten, werden wir weiser und stärker in der Kraft Gottes. Möge die heilige Dreiheit, Liebe – Weisheit – Kraft, in unseren Herzen und in unserem Leben Wirklichkeit werden.

Der geistige Pfad

Der eigentliche Sinn des menschlichen Lebens ist, die Wahrheit zu finden; Wahrheit, die sich durch unser eigenes inneres Selbst enthüllen wird. Während wir nach der Wahrheit suchen, die tief in uns verborgen liegt, schwinden die Schranken, die unser niederes Selbst errichtet hat, und wir werden frei – frei, um mit unseren Lieben im Jenseits in Kontakt zu gelangen, frei, um mit den kosmischen Strahlen der Lebenskraft und Heilung in Berührung zu kommen und diese im Dienst an unseren Mitmenschen einzusetzen, und frei, uns mit jenen Wesen, die der Menschheit dienen zu verbinden.

Der Pfad, der sich den Berghang zu den geistigen Gipfeln emporwindet ist lang und steil, und bis der Mensch einen Schimmer der Herrlichkeit erhascht, die ihn einmal erwartet, bleibt er den materiellen Ebenen verhaftet. Er erleidet Schmerz, Krankheit, Einsamkeit und Beschränkung; er bleibt gefangen in Furcht, Groll und Angst, und er ist heimgesucht von Gewalttätigkeiten und Kriegen. Doch keiner braucht auf den Tod des Körpers zu warten, um Glückseeligkeit zu empfinden und sein wirkliches Wesen zu erkennen. Wenn der Mensch nicht lernt, nach dem Geistigen zu forschen, während er noch auf der Erde lebt, wird er keine vollkommene Freiheit und Freude nach dem Ableben seines physischen Leibes finden können.

Eine wunderbare Zukunft erwartet jede Seele. Die Erforschung des Geistigen bringt harte Arbeit mit sich, doch kann harte Arbeit sehr interessant sein. Wenn du Musik liebst und dich durch Musik ausdrücken möchtest, wird es dir eine Freude sein, ein Instrument zu spielen. Wenn du an etwas Wertvollem interessiert bist, nimmst du jede Mühe auf dich und errechnest nicht was dich das Erreichen deines Zieles kostet. So sollte es auch mit der Arbeit sein, die du für deine Seele tust.

Um an sich zu arbeiten, braucht es nicht unbedingt lange Meditationen. Der Weg der Meditation ist nicht unbedingt dein Weg. Hast du dich jedoch einmal für einen bestimmten Weg entschieden, folge ihm unentwegt. Renne nicht wie ein Eichhörnchen hierhin und dorthin, in der Annahme, dass ein anderer einen besseren Weg gefunden habe, den auszuprobieren sich lohne. Wie Kinder, wenn sie Blumen pflücken und von einem Fleck zum anderen rennen, um zu sehen, ob nicht ein anderes Kind noch schönere Blumen finde, so eilen die „Kinder der Erde“ hierhin und dorthin auf der Suche nach geistigen Wahrheiten.

Die Zeit wird kommen, wo deine innere Stimme zu dir spricht: „Dies ist mein Weg, hier werde ich Frieden finden, diesem Weg werde ich folgen, komme, was mag.“ Nachdem du deine Entscheidung getroffen hast, solltest du dabei bleiben. Du wirst dies nicht immer leicht finden, aber wenn du ausharrst und geduldig bist und vor allem niemals Glauben und Vertrauen verlierst, wird dein Weg dich unfehlbar zum Ziel führen.

Während du dem geistigen Pfad folgst, musst du lernen, zwischen den Regungen des niederen weltlichen und des höheren göttlichen Selbst zu unterscheiden, zwischen dem Wirklichen und dem, was unwirklich und vergänglich ist. Das niedere Selbst wohnt in uns allen und verleitet uns dazu, die Realität der geistigen Wahrheiten zu bezweifeln. Während du dich im Geistigen vervollkommnest, wirst du immer wieder von Zweifeln heimgesucht. Diese Zweifel geben sich als Vernunft aus, eine Vernunft, die angeblich gewissenhaft und ehrlich die einfache Wahrheit einer Täuschung vorzieht. Dieser zweifelnde weltliche Verstand wird versuchen, gegen dich zu argumentieren und dir vor Augen zu führen, dass das, was deine geistige Vision dir enthüllt, nicht nachgewiesen werden kann und nur deiner Einbildungs- und Vorstellungskraft entspringt.

Dieser weltliche Verstand hat seine Berechtigung und kann dich innerhalb gewisser Grenzen führen, dann, wenn er gelernt hat, sich dem göttlichen Verstand zu fügen. Eine Wahrheit, die der weltliche Verstand als völligen Unsinn ablehnt, kann vom höheren Verstand erkannt und angenommen werden. Für das höhere Empfinden der Seele (des Menschen Intelligenz, im Unterschied zu seinem intellektuellen Verstand) kann diese Wahrheit wie ein seltener Edelstein sein. So müssen wir unterscheiden lernen; und wenn wir dem Kaiser das Weltliche gegeben haben, welches notwendigerweise dem Kaiser gehört, dann suchen wir nach der Perle der Wahrheit.

Die Wissenden und die Unwissenden

DER GEISTIGE PFAD

Ein weiser Lehrer hat gesagt, dass nur zwei Arten von Menschen auf der Welt sind: die Wissenden und solche, die nicht wissen. Menschen, die sich Gottes Gegenwart überall und jederzeit bewusst sind als einer ständigen Tröstung und Inspiration, die wissen, dass sie Führung und Erleuchtung von den höheren Welten der Weisheit und Schönheit erhalten können, und solche, die nichts über diese Dinge wissen, sie ablehnen und verspotten, und daher leben, als wären sie in einem dunklen Raum gefangen. Jene unter euch, die wissen oder wenigstens beginnen zu wissen, haben ihr geistiges Wachsein durch geduldiges Mühen, durch mancherlei Erfahrungen und Leiden erworben. Ihr müsst aber immer wachsam sein und an euch arbeiten, um diese Erkenntnis nicht zu verlieren, denn obwohl die Sehnsucht nach dem Licht des Geistes in euch wächst, will das Erdenselbst euch dazu bringen, zu zweifeln, zu verurteilen und sogar das wachsende Licht in eurem Herzen zu vernichten. Der Mensch muss hart und lange kämpfen, bis das Licht in ihm so machtvoll und stark wird, dass Zweifel ihn nicht mehr bedrängen können.

Die Zweifel und Fragen, die euch befallen, sind wie die Stimme der Schlange im Garten Eden, die Adam und Eva verführte, die Früchte des Irdischen zu essen und ihren Gott zu ignorieren.

Bemühen wir uns nicht alle, die Stimme des Geistes zu hören, auch wenn wir ständig vom Lärm der äußeren Welt bedrängt werden? Lasst euch nicht verwirren, wenn die Menschen behaupten, es gäbe keine jenseitige Welt, keine Möglichkeit, Kranke mit geistigen Mitteln zu heilen. Die so sprechen, leben im Dunkeln und können es nicht wissen. Wie in der Bibel geschrieben steht: „Die Toten wissen nichts.“ Sendet ihnen das Licht der Liebe und seid euch bewusst, dass auch sie einst wissen werden. Zwingt andern nicht eure Meinung auf. Argumente führen selten zum Ziel und überzeugen kaum. Jene Menschen meinen es gut, aber auf dem Weg, den ihr gewählt habt, müsst ihr der Stimme des Geistes treu bleiben.

Welches sind eure Beweggründe?

Die Entfaltung des Geistes sollte niemals aus eigennützigen Motiven, aus Liebe zur Sensation oder aus Neugierde angestrebt werden, sondern nur, weil wir erkannt haben, dass dadurch unser Körper gesund und unser Geist strahlend werden kann und wir deshalb besser fähig werden, unseren Mitmenschen und allen Geschöpfen zu helfen. Der wesentliche Beweggrund zu geistiger Entfaltung irgendwelcher Art sollte selbstlos sein. Es wird Geduld gefordert, völlige Hingabe und die Erkenntnis, dass ihr nicht berufen seid, eure Arbeit in der Öffentlichkeit zu tun, um andere zu beeindrucken oder um Anerkennung oder Belohnung zu erhalten. Die meisten von euch werden in der Stille arbeiten. Auch ein Leben, das an Hausarbeit gebunden ist, kann sehr schöpferische sein. Jeder Mensch befindet sich auf jenem Posten, wo er am nützlichsten ist und die Möglichkeit hat, sein Bestes zu tun. Der unbekannte Mann oder die unbekannte Frau kann unter Umständen mehr zur Förderung der menschlichen Rasse beitragen als einer, dessen Namc in aller Munde ist. Der wesentliche Sinn der geistigen Entfaltung liegt darin, ein Lichtzentrum zu werden, aus dem die Liebe Gottes ausstrahlen kann, dann wird sich der Mensch nicht länger nach all jenen »großen« Dingen sehnen, die sein Ego vollbringen möchte; vielmehr wird er wünschen, dass durch ihn größere Liebe in alle Lebensbereiche ausstrahlen möge.

Ein gesunder Geist in einem gesunden Körper

Das Wesentliche in der geistigen Entfaltung und in der Vorbereitung für Heiler, für solche, die ein Kanal für das Licht sein wollen, ist ein gesunder Geist in einem gesunden Körper. Alle Gewohnheiten, die den Körper erschöpfen, die Krankheit in Geist und Seele verursachen, sind schädlich und sollten unterlassen bleiben. Korrekte geistige Entwicklung wird den Körper gesund machen, und ein gesunder Geist, eine gesunde Seele wiederum hilft der Entfaltung von geistigen Qualitäten und Fähigkeiten.

Denkt daran, dass wir beides sind; Sender und Empfänger. So, wie wir fähig sind, auf Beeinflussungen und Eindrücke der unsichtbaren Welten anzusprechen, so reagieren wir auch auf weltliche Einflüsse, auf die Schwingungen, die durch die Gedanken und das Leben anderer ausgestrahlt werden. Oft erlauben wir uns, von Furcht, Ärger, Hass und allen Arten von Gemütsbewegungen wie auch von körperlichen Krankheiten überschattet oder besessen zu werden. Wir verstehen oft nicht, warum wir uns so fühlen, und obgleich wir uns sehr bemühen, können wir unseren unbekannten Gegner nicht überwinden. Wir sind dann wahrhaftig in einem Zustand des Un-Wohlseins.

Sprechen wir allzu offen? Ihr sucht doch geistige Entfaltung, ihr wünscht eure geistigen Fähigkeiten zu entwickeln – also müsst ihr lernen, euer »Instrument« zu gebrauchen. Bevor ihr ein Musikinstrument spielen könnt, müsst ihr die entsprechende Technik beherrschen, ihr müsst lernen, mit der Sprache umzugehen, wenn ihr eure Feder gebrauchen wollt, und gute Kenntnisse von Formen und Farben haben, wenn ihr vorhabt, Bilder zu malen. So müsst ihr auch gewillt sein, den Preis für eure geistige Entwicklung zu bezahlen, und euch einer Schulung unterziehen, einem Training, das diese Entwicklung von euch fordert. Diese Schulung benötigt eine ständige Reinigung eurer geistigen Einstellung, bis sie, zumindest bis zu einem gewissen Grad, Gesundheit, Ganzheit und Heiligkeit offenbart. Meine Freunde, wie könnt ihr erwarten, einen gesunden Körper zuhaben, wenn eure Seele krank ist? Ihr werdet antworten, dass ihr eine Menge gesunder Menschen kennt, deren Seele jedoch weit davon entfernt scheint, gesund zu sein. Aber das ist nur eine Frage der Zeit. Ihre körperliche Gesundheit wird nicht lange währen, wenn der Seele Ruhe und Harmonie fehlen.

Denke deshalb immer gesund positiv, aufbauend, schöpferisch und optimistisch. Wir sprechen nicht von einem unklugen Optimismus, sondern von freudvoller Zuversicht, wissend, dass hinter aller scheinbaren Verwirrung des Erdenlebens die göttliche Absicht darauf hinarbeitet, geistige Qualitäten im Menschen zu verwirklichen. Wärest du geschult, deine Gedanken gesund zu erhalten, könntest du niemals in einen Strudel von Depressionen und Angst absinken. Du würdest im Denken positiv sein und wissen, dass letztendlich alles zur Vollkommenheit führt. Was auch immer geschieht oder auf dich zukommt, hinter allem steht Gottes Güte.

Oft bist du aufgeregt, bestürzt und beunruhigt, weil so vieles deine Aufmerksamkeit erheischt, und du arbeitet zu angestrengt mit dem Verstand. Du erledigst eine Arbeit hundertmal in Gedanken, wenn du sie eigentlich nur einmal zu tun bräuchtest. Du sagst immer wieder zu dir selbst: „Ich sollte dieses und jenes tun", aber „dieses und jenes" wird nicht getan. Lerne, die Arbeit dann zu tun, wenn sie auf dich zukommt und erledige sie in aller Ruhe. Begreife, wie wichtig es ist, das, was auf dich zukommt, anzunehmen und zu bejahen und es wenn möglich sofort zu erledigen.

Kann es nicht sofort erlediget werden, ist es besser, ein Problem ganz aus dem Gedächtnis auszuschalten, bis der richtige Moment kommt, sich damit zu befassen. Gib die Gewohnheit auf, dich fortwährend wegen Kleinigkeiten zu sorgen. Bei den meisten Menschen ist der Verstand wie ein unordentlicher Lumpensack. Es ist nicht leicht, durch die Anhäufung eines solchen Krimskrams Eindrücke aus den höheren Welten zu empfangen. Wenn das Gehirn, der Verstand voll gestopft ist, können die Strahlen des geistigen Lichtes nicht eindringen und werden solange abgewiesen, bis endlich in einigen stillen Augenblicken das Eindringen möglich wird. Ist der Verstand vollgestopft, wie kann der Mensch Eindrücke aus höheren Welten erhalten oder des Engels an seiner Seite gewahr werden? Übernimm die Herrschaft, das Kommando, sei der Meister. Das ist es, wonach wir alle streben: Meisterschaft.

Ein Meister ist niemals beunruhigt oder in Eile. Wir finden keine Unordnung in seiner Umgebung. Einmal Meister über sich selbst geworden, hat er natürlich auch Einfluss auf die physische Welt, und so leidet er niemals an einer Krankheit, hat keine Kopfschmerzen, keine Erkältung. Ihr meint, wir sollten nicht erwarten, dass einer von euch diesen Zustand erreichen könnte. Nein, meine Freunde, keiner von euch ist ein Meister, aber das ist das Ideal, nach dem ihr strebt. Vor langer Zeit, als Menschen im Kloster ihr Leben Gott weihten, galt es als Sünde, krank zu werden. In einem früheren Leben, an das wir uns noch gut erinnern können, kannten unsere Brüder, die Häuptlinge der Indianer, keine Krankheiten und verließen ihre physischen Körper nicht eines Leidens wegen, sonder n nur dann, wenn ihre Inkarnation zu Ende und ihre Zeit für eine Periode der Ruhe und Vertiefung in der geistigen Welt gekommen war. Dann entfernte sich der Geist vom Körper, um in einer höheren Welt Erfrischung zu erhalten. Wie die uralte Mysterienlehre sagt: Wir gehen nach der irdischen Arbeit zur Erholung in den Himmel, und nach der Erholung kehren wir wieder zurück zur Arbeit auf die Erde. Seht einer Zeit entgegen, in der ihr ganz gesund seid! Es ist eueres Vaters Wunsch, dass es so sei, und es gibt keinen Grund, warum dies während eures jetzigen Lebens nicht erreicht werden könnte.

Wenn Menschen bei uns Führung, Rat und Hilfe suchen, können wir nicht immer die Grundsätze erläutern, die des Menschen Gesundheit und Wohlsein bestimmen. Deshalb versuchen wir hier nur einige Gedanken anzudeuten, von denen wir das Gefühl haben, die Ratsuchenden könnten darauf ansprechen. Es wäre nicht weise, unseren Bruder mit Wahrheiten vor den Kopf zu stoßen und ihm damit einen Schock zu versetzen, von dem er sich vielleicht lange Zeit nicht erholen könnte. So sprechen wir gewöhnlich liebevoll mit ihm und geben ihm jene Nahrung des Geistes, von der wir denken, dass er sie zu diesem Zeitpunkt verdauen kann. Dann beobachten wir ihn, und wenn der Bruder beweist, dass er es ernst meint und bemüht ist, einfache Regeln einzuhalten, wird ihm nach und nach mehr enthüllt. Es gibt schonende Wege, anderen zu helfen. Die Wahrheit, die für den einen richtig ist, ist nicht passend für alle. Doch bestehen gewisse Grundregeln für körperliches Wohlbefinden und geistige Schulung.

Eine der Regeln betrifft eure Ernährung. Ihr wisst, der Mensch besitzt außer seinem physischen Körper noch andere, feinere Körper, und seine Nahrung liefert Aufbaustoffe sowohl für den physischen Körper als auch für den Ätherleib. Wenn er grobe Nahrung zu sich nimmt, regt er die gröberen Schwingungen an, doch wenn er dazu neigt, nur sonnengereifte Nahrung wie reifes Korn, Früchte, Nüsse und Gemüse zu essen, wird er die höheren Aspekte seines Wesens ernähren und der geistigen Entfaltung helfen. Durch das Essen von derber Nahrung wird seine Schulung härter und länger – das ist der Unterschied.

Von der Geburt bis zum Tod wird der Körper mit giftigen Rückständen angefüllt. Die Lebensmittel, die die Zivilisation produziert, verursachen im Körper einen hemmenden, verstopfenden Zustand. Das Wasser, das ihr trinkt hat oft dieselbe Wirkung. Solche Nahrung verdickt den Blutstrom und verursacht in der Mitte des Lebens und im Alter Trägheit. Wenn ihr den geistigen Pfad gehen wollt, solltet ihr die „physischen Atome" reinigen, und wenn ihr ein reiner Kanal sein wollt, müsst ihr reine Nahrung zu euch nehmen.

Es ist besser, kein Fleisch zu essen, weil die Tiere oft im Zustand der Angst getötet werden, und das Blut, das rote Fleisch überträgt die Furcht und die groben Schwingungen. Ihr würdet sehr entsetzt sein, wenn jemand euch vorschlüge, eure Mitmenschen zu verspeisen. Ihr würdet denken, es sei abscheulich, so etwas zu tun. Es gab eine Zeit, in der dies entartete Rassen taten, doch ihr betrachtet sie als sittlich verdorben. Es wird nicht mehr sehr lange dauern, bis auch das Essen von Fleisch irgendeiner lebenden Kreatur als verwerflich angesehen wird, ganz abgesehen von der ihr zugefügten Grausamkeit. Grausamkeit ist ein sehr wichtiges Thema, und wer den geistigen Pfad geht, muss ganz frei sein von Grausamkeiten jeglicher Art. Es gibt noch andere Grausamkeiten als die Grausamkeit gegen unsere Tiergeschwister. Wir bedauern, dass die Menschheit das Ausmaß der Grausamkeit nicht bemerkt, die nicht nur den Tieren, sondern auch der eigenen Art zugefügt wird.

Und nun zu der stark umstrittenen Frage des Rauchens. Wir sagen niemals: „tue dies oder tue jenes", wir berichten nur, was wir wissen. Die Wahl hängt von euch ab. Es ist viel besser, nicht zu rauchen, besser für euer ganzes Wesen. Es trägt zur Selbstbeherrschung bei, wenn ihr diese Angewohnheit ablegen könnt. Rauchen verstopft und hemmt sowohl den physischen Körper als auch den ätherischen Körper, und obwohl wir zugeben, dass es auch Raucher gibt, die den geistigen Weg gehen und dabei Fortschritte machen, so ist doch ihr Wirkungsfeld beschränkt. Rauch ist Gift, so auch Schwarztee und Kaffee. Wenn ihr Tee haben müsst, so trinkt chinesischen, Kräuter- oder Matetee. Doch mögen wir keinerlei Fanatismus. Wir raten immer zum Mittelweg, zum Streben nach Unterscheidungsvermögen, Gleichgewicht, Weisheit. Je mehr geistige Wahrheiten ihr erkannt habt, umso weniger werdet ihr von fleischlichen Gelüsten beherrscht sein.

Doch ist nicht die Wahl der Nahrung das Wichtigste, sondern die Art eurer Gedanken und eure allgemeine Lebenseinstellung, denn alle eure Körper, der physische, mentale, ätherische, astrale und geistige, sind Tempel des Geistes, des Göttlichen in euch. Deshalb sollt ihr ständig versuchen, euch den göttlichen Schwingungen anzugleichen und in ihnen zu leben, immer zu Gott hinstrebend.

Haltung

Die richtige Körperhaltung ist eine große Hilfe. Wenn du übst geradezustehen, Fersen beieinander, Füße im richtigen Winkel, Gewicht auf den Ballen, dann streckt sich das Rückgrat, wird senkrecht und bewirkt Gleichklang aller Körper. Wenn du dich in den Stuhl fallen lässt, wird das Rückgrat gekrümmt, der ganze Rücken geschwächt und die Wirbel werden zu locker als Folge der liederlichen Art zu sitzen, sodass Rückgratbeschwerden, wie oft sie auch behandelt werden, immer wieder in Erscheinung treten.

Durch ständiges Bemühen wird es dir zur Gewohnheit gerade, aufrecht und leicht auf den Fußballen zu stehen und zu laufen. Dies verleiht dir die richtige Haltung und einen anmutigen Gang. Hast du einmal einen Indianer beobachtet, wie er läuft? Von ihm kannst du sehr viel über Haltung und Bewegung lernen.

Du wirst es mit der Zeit auch viel bequemer finden, gerade zu sitzen und dich auf dein Rückgrat zu verlassen, anstatt Halt von der Lehne des Stuhles zu erwarten. Du hast es versucht, sagst du, und findest es sei unbequem und bereite dir Schmerzen. Das ist deshalb so, weil dein Rücken vom unrichtigen Gebrauch geschwächt ist. Gott hat deiner Wirbelsäule genügend Kraft verliehen, um deinen Rücken bequem gerade zu halten. Versuche es selbst und spüre, welch einen Unterschied es für deine geistige Haltung bedeutet, wenn du dich auch körperlich gerade hältst. Diese Haltung erfüllt dich mit Licht, denn so kann das geistige Licht in den Scheitel deines Kopfes eindringen und ohne Hindernis durch das Rückgrat bis zum untersten Wirbel hindurchfließen. Deine Füße, frei und geschmeidig, wie sie sein sollten, sind in der Lage, magnetische Kräfte aus der Erde zu ziehen, denn die Füße wie auch die Hände sind wichtige empfindsame Zentren. Diese durch deine Aura zirkulierenden magnetischen Kräfte können dir zu der von dir ersehnten Energie und Vitalität verhelfen.

Während deiner Meditationsübungen solltest du aufrecht sitzen, Kopf und Rücken geradehalten, die Hände sollten leicht zusammengelegt, der Körper entspannt, Gemüt und Verstand im Frieden sein. So entsteht eine positive Haltung, die dich gegen negative Einflüsse schützt.

Atmung

Viele Menschen sterben vor Ablauf ihrer eigentlichen Zeit, weil ihr Körper mit Gift angefüllt ist durch falsche Ernährung, das Einatmen von unreiner Luft über einen langen Zeitraum und ungenügendes Ausatmen.

Yogatraining wird oft abgelehnt. Der westliche Körper, so meint man, brauche eine besondere Form der Entwicklung, und die östliche Methode sei nicht passend für den Westen. Doch wir können dir eine Atemmethode zeigen, die dem westlichen Körper angemessen ist. Es ist kein östlicher Yoga, sondern eine Yogaatmung, die dem Schüler des Westens entspricht.

Manche werden dir raten, alle Atemübungen zu unterlassen, doch wenn du unseren Rat befolgst, wird sich nur Gutes ergeben.

Während des Anfangsstadiums solltest du nicht zu tief atmen oder den Atem zu lange anhalten, denn dies kann Herzklopfen und Schwindelgefühl verursachen. Auch sollte kein Gefühl von Anstrengung entstehen. Jede Atemübung sollte harmonisch sein und Frieden und Wohlbefinden, nicht Unwohlsein hervorrufen. Während deiner geistigen Entwicklung suche stets Harmonie. Bahne dir deinen Weg (bildlich gesprochen) nie mit den Ellbogen, weder körperlich noch in verstandesmäßiger oder in spiritueller Hinsicht.

Nur ganz wenige atmen gänzlich aus und leeren ihre Lungen vollständig. Viel zu viele Menschen atmen nur mit den Lungenspitzen und behalten in den übrigen Teilen der Lunge

Anhäufungen von verbrauchter Luft. Dies ist eine schlechte Angewohnheit, die meist während des ganzen Lebens beibehalten wird. Lerne, tief einzuatmen und vollständig auszuatmen. Dies wird jedoch ohne ständiges Üben kaum zur Gewohnheit werden. Du solltest auch lernen, langsam zu atmen, leise, harmonisch, allmählich den Atem tiefer und tiefer einzuziehen, bis du auch die untersten Teile der Lunge füllst und leerst und sich die Rippen voll ausdehnen, während du einatmest.

Wir empfehlen folgende Übung: Nachdem du die Nasenlöcher gesäubert hast, stelle dich vor ein offenes Fenster. Während du einatmest, trachte danach, an Gott zu denken, fühle, wie Gott in dich einströmt. Dann, während du ausatmest, sende deinen Segen über alles Leben aus. Durch diese Übung kann dich das geistige Sonnenlicht erfüllen und durchstrahlen, und das geistige Zentrum oder Chakra zwischen den Augenbrauen wird angeregt. Von da aus kannst du das Licht gedanklich zum Herzzentrum leiten, um dem Samenatom (seed atom), das seinen Sitz im menschlichen Herzen hat, geistiges Sonnenlicht bringen. Doch davon werden wir später noch sprechen. Mache diese Übung täglich, wenn du kannst, und solange du möchtest, jedoch ohne Anstrengung. Während du übst, richtig und aufrecht zu stehen, zu sitzen und zu gehen, betonst du auch die korrekte geistige Haltung. In der Vorstellung blickst du direkt in das Licht der geistigen Sonne, sodass du nichts anderes sehen kannst als den Glanz dieser Sonne, die Herrlichkeit des Christus. Du bist dir nicht mehr des gedanklichen Chaos um dich bewusst, sondern siehst nur noch das strahlende Licht Christi. Mit aufrechtem Rückgrat und richtiger Haltung atme dieses Licht ein – atme es ein und nimm es in dich auf – dann sende es aus – verströme es an die Leidenden der Erde. Du siehst, es ist eine ganz einfache, natürliche und friedvolle Übung, die dir Einklang und Harmonie bringt.

Noch einige Worte zum Thema Wasser. Wir haben euch oft geraten, viel Wasser zu gebrauchen, innerlich wie äußerlich. Ach, hätten wir doch die Macht, euch mit einem Strom kristallklaren, sonnendurchtränkten Wassers zu versorgen, das ihr täglich trinken und worin ihr täglich baden könntet! Leider ist dies nicht möglich, denn die meisten von euch leben in überfüllten Städten. Wir können uns noch gut erinnern, wie sehr wir alle über die kristallklaren Ströme in unserem eigenen Land erfreut waren, aber das ist lange her. Ein kaltes Bad in der Wanne ist ein schlechter Ersatz, und wir möchten euch raten, euch nicht auf etwas einzulassen, das euren Organismus übermäßig angreift. Strebt immer nach Harmonie und fallt nicht in Extreme. Sehr heiße Bäder sind ebenfalls ungesund. Wir schlagen vor, dass ihr die Temperatur eurer Bäder reduziert und euch hinterher kräftig bürstet oder frottiert. Genießt es, aber ermüdet euch nicht dabei.

In großen Städten müsste eigentlich gekochtes oder gefiltertes Wasser zum Trinken verwendet werden, denn das verunreinigte Stadtwasser ist nicht gut für die Gesundheit, weil es oft schädliche Ablagerungen zurücklässt.

Trinke jeden Morgen vor deinen Atemübungen ein wenig Wasser. Während du trinkst, überlege dir den Sinn deines Tuns. Denke: „Mit diesem Schluck Wasser nehme ich göttliche Weisheit in mein ganzes Wesen auf." Nimm einen zweiten Schluck und denke: „Ich nehme göttliche Liebe in mich auf." Nimm einen dritten Schluck und denke: „Ich nehme göttliche Kraft auf." So kannst du mit jedem Schluck, den du trinkst, ein wenig von diesen drei göttlichen Aspekten in dich aufnehmen, und während du das tust, wirst du sowohl deinen physischen wie auch die anderen, feineren Körper reinigen.

Dann sprich dieses Gebet: „Atme über mich und segne mich, Odem Gottes, damit ich lebe um Deinen Segen allen Menschen, allem Leben und aller Kreatur weiterzugeben!"

Dann atme diesen göttlichen Odem ein.

Der Verstand im Herzen

DER Ort der Stille in deinem Herzen ist die Quelle aller Wahrheit. Der Meister belehrte dich durch den „Verstand in deinem Herzen“ (den Herzensverstand) und nicht durch den Intellekt. Das wirst du besser verstehen, wenn du die Worte Jesu überdenkst: „Wer nicht wird wie ein kleines Kind, kann nicht in das Himmelreich gelangen.“ Wie ein kleines Kind werden heißt, sein Bewusstsein vom Kopfzentrum ins Herzzentrum zu verlegen.

Normalerweise denkst du mit dem Verstand. Beim Lesen dieser Zeilen interpretiert dein Verstand den Sinn unserer Worte. Doch viele Menschen begehen den Fehler, den Intellekt als die einzig verlässliche Richtschnur der Wahrheit zu betrachten. Natürlich kann in der geistigen Höherentwicklung des Menschen der Kopf eine wichtige Rolle spielen. Doch vergiss nicht, dass es einen „Herzensverstand“ gibt. Das menschliche Herz ist ein wundervolles Organ, das viel mehr Geheimnisse birgt, als die medizinische Wissenschaft bisher entdeckt hat. Es besitzt ein ätherisches Gegenstück, das beim Wachstum, Leben und Sterben des Körpers eine wichtige Rolle spielt. Es hat auch ein geistiges Gegenstück, das wir das Herzzentrum oder das Herz-Chakra nennen. In diesem Herz-Chakra ruht das Juwel – das Christuslicht.

Der Mensch hat durch den Materialismus des Westens sehr viel verloren. Durch die einseitige Entwicklung seines Mentalkörpers hat er seine Seele eingebüßt. Durch seine viel zu große Verstandestätigkeit vernachlässigt er seinen Herzensverstand. Wenn Not, Schmerz und Leid sein Leben überschatten, ist der mächtige und gierige Intellekt nicht in der Lage, den seelischen Schmerz zu lindern oder den Traurigen und Vereinsamten zu trösten. Nur eines kann dem Menschen in seiner Stunde der Not helfen. Es ist das göttliche Licht, das in sein Herz scheint und eine Wahrheit bringt, die seine Augen öffnet und das Ziel seiner Reise erkennen lässt. Es bringt ihm Hoffnung, ja sogar Freude. Der kleine Same in seinem Herzen keimt – das „Juwel in der Lotusblüte" leuchtet heller. Deshalb betonen wir immer wieder, wie äußerst wichtig das meditieren ist, wenn man das wahre Licht entfalten will. Bücher können hilfreich sein, so auch das Studium vergleichender Religionswissenschaften, Verstandesakrobatik kann anregend sein – doch all diese Dinge vermitteln dir nicht das, was dir das Licht im Herzen bringen kann. Wir sind mit euch einig, dass die Entwicklung des Intellekts – wenn er durch das innere Licht inspiriert und geführt wird – zu erhöhtem Begriffsvermögen und erweiterter Intelligenz führt, doch möchten wir wiederholen, dass es für die Seele äußert wichtig ist, den Herzensverstand zu entfalten, das innere Licht, denn dieses ist das wahre göttliche Licht – das Kind Gottes. So ist das Wort zu verstehen: „sich von einem kleinen Kind führen lassen"... von Christus, ... dem heiligen Kind, das im Herzen wohnt.

Überlasse nicht dem Kopfdenken die Herrschaft, sondern trachte danach, mit dem ewigen Leben jenseits des Materiellen in Einklang zu kommen. Meditiere oft über Gottes herrliches Universum, sodass das Herzdenken aktiv wird. Fülle deinen Kopf nicht mit trivialem Plunder, sondern lass ihn nützlich tätig sein und lass gleichzeitig dein Herz über schöne, freudige und hilfreiche Dinge meditieren. Frage dein Herz: „Wie kann ich meinem Menschenbruder am besten dienen?" Und es gibt dir zur Antwort: „Indem du ihn zu verstehen suchst." Der Mensch muss sich als ein Teil des großen Universums Gottes begreifen. Sein Herzzentrum soll erwachen, um Liebe auszustrahlen und wie ein großes Feuer in der Seele brennen. Er muss lernen, nicht für sich und für seinen eigenen Ruhm zu leben, sondern den Mitmenschen zu dienen, die Kranken zu heilen, die Sorgenbeladenen zu trösten und die Hungrigen zu speisen. Die Religion des Menschen sollte ihren Ausdruck im praktischen Dienen auf Erden finden.

Jeder Mensch ist ein Universum für sich, und der Mittelpunkt oder die Sonne dieses Universums ist das Herz und nicht der Kopf. Wie die Sonne im Zentrum des Sonnensystems steht, so ist dein Herz der Mittelpunkt deines Universums. Das geistige Gegenstück der sichtbaren Sonne ist das Christuslicht und wenn es im Herzen erwacht, beginnt das Herzdenken. Die sichtbare Sonne herrscht über den sichtbaren Himmel, und der Christus, der durch das Herz wirkt, herrscht über das Schicksal eines jeden Menschen und über das Schicksal der ganzen Menschheit. So wie der Großmeister in einer Loge regiert, so soll auch der Meister im Herzen die Loge oder den Tempel des Menschen regieren. Ist jedoch der Meister nicht stark genug, um über seine Loge zu wachen, und sollten Gegner fähig sein, den Meister zu überwältigen, so sind Chaos, Krankheit, Unglück und Dunkelheit die Folge. Das Licht schwindet und mit ihm vergehen Freude, Glück, Weisheit und Schönheit.

Der Meister, die innere Sonne, soll die Loge des Herzens regieren und zugleich auch die Glieder und Organe überwachen. Vollkommene Harmonie, vollkommene Gesundheit sind das Resultat. Ist das Herz kalt und tot, dann hat der Mensch keine Lebensfreude, keine menschliche Wärme, keine Ausstrahlung. Wie ein Mensch denkt, so wird er.

Das Rad der Wiedergeburt

Im Herzzentrum des Menschen liegt das „Samenatom", das aufgrund vergangener Leben dort eingebettet ist. Dieses Samenatom enthält Erinnerungen an frühere Leben, an vormals begangene Fehler, an ehemalige Siege, ja sogar an charakterliche Eigenschaften, die in die betreffende Seele eingewebt wurden. Der Mensch, der sich des Lichtes oder des Christus-im-Herzen voll bewusst wird, kann Erinnerungen an jene vergangene Leben zurückrufen. Solche Erinnerungen quellen aus dem Herzen hervor und werden dann von den Zellen des Gehirns registriert.

In Bezug auf das Prinzip oder Gesetz der Reinkarnation herrscht viel Verwirrung. Viele Menschen stoßen sich an dem Gedanken, erneut in einem physischen Körper wiedergeboren zu werden. Sie können nicht verstehen, warum sie zu einer Rückkehr gedrängt werden, nachdem sie durch das physische Leben gewandert und in das Land des Lichtes eingegangen sind. Dieses Gesetz, so meinen sie, scheine unlogisch, entbehre jeder Grundlage und passe nicht in ihr Weltbild von einem allweisen und allgütigen Gott.

Sie denken vielleicht an den Tod eines geliebten Freundes, an seine Botschaften und Beschreibungen himmlischer Sphären (durch ein Medium), und sie fragen sich, warum er, einmal befreit, in die Sorgen des Erdenlebens zurückkehren müsse. Sie sehen darin keinen Sinn. Nachdem die Seele so viel vom himmlischen Licht aufgenommen hat, scheint es unbegreiflich, dass sie erneut in niedrigen und vielleicht unangenehmen Umweltbedingungen auf Erden wiedergeboren werden soll. Das, so meinen sie, wäre eine Missachtung der göttlichen Ordnung von Liebe und Fortschritt.

Die Reinkarnationslehre ist ein weites Gebiet, und die vorherrschenden Meinungen über die Wiedergeburt ergeben nur ein grobes und unfertiges Bild von dem, was tatsächlich geschieht. Bis ihr das Gesetz der Reinkarnation klar und eindeutig versteht, bleiben die meisten der tieferen Probleme des Lebens im Dunkel, und es dürfte euch schwer fallen, Gerechtigkeit im Leben zu sehen, sogar wenn ihr glaubt, dass Gott gütig, allweise und allliebend ist. Leben ist Wachstum. Sinn und Zweck des Lebens auf Erden ist geistiges Wachstum, und es gibt universelle Probleme, die erst begriffen werden, wenn das Verständnis für den Verlauf der Seelenentwicklung erlangt worden ist. Der Mensch, begrenzt durch seinen irdischen Verstand, hat keine Ahnung vom wahren Zeitbegriff. Ihm kommen seine 70

Lebensjahre oder sagen wir ein Jahrhundert als lange Zeitspanne vor, wenn dies doch in Wahrheit nur eine „Blitzsekunde“ ist. Er bringt seine jetzige Inkarnation nicht in Zusammenhang mit der Gesamtheit seines Lebens und deshalb sieht er nicht, wie wenig in einem kurzen Erdenleben erreicht werden kann.

Betrachten wir einmal die ca. 70 Jahre eines Menschen von seiner Geburt bis zum Tod. Vergleicht das Leben eines ganz gewöhnlichen Menschen mit dem Leben eines großen Lehrers oder Meisters, in welchem die Göttlichkeit voll zur Auswirkung kommt. Zieht eure Schlussfolgerung aus diesem Vergleich und schaut dann tief in eure eigene Seele. Wie oft seid ihr euren eigenen Idealen untreu geworden? Ihr denkt, dass ihr ja nur Menschen seid – doch ihr seid auch göttlich - und der Sinn des Lebens ist die vollständige Entfaltung ins göttliche Menschentum oder zum Christusmenschen. In der Tat – alle Kinder Gottes sollen sich zu ihrer höchsten Vollendung im Christuslicht entwickeln – das ist Zweck und Sinn der Schöpfung.

Manchmal fallen die Worte: „Oh, dieser oder jener ist eine alte Seele.“ Wie aber wurde diese Seele weise, stark und strahlend? Sie wurde so durch die Disziplin, die das Erdenleben erfordert. Selbstdisziplin führt zum geistigen Wachstum, und die beste Disziplinierung, die Gott uns zugewiesen hat, liegt in der täglichen Arbeit, in der gemeinsamen Aufgabe.

Trotzdem wehrt sich eure Seele dagegen. Ihr fragt: „Hätten wir auf der astralen Ebene nicht größere und bessere Möglichkeiten, uns zu entwickeln?“ Sicher, bis zu einem gewissen Grad. Doch seid euch bewusst, dass die Begrenzung von Zeit und Raum und die Beschränkungen des Erdenlebens auf der nächsten Daseinsebene wegfallen, sodass eine Disziplin wie auf Erden dort nicht möglich ist. Der Zweck der Wiederverkörperung ist, sich in Disziplin zu üben. Seine Sorgen mutig zu tragen, seinen Erfolg demütig entgegennehmen, sein Glück mit anderen teilen, all dies ist geeignet, das Leben zu disziplinieren.

Die wahre Heimat der Seele sind die himmlischen Reiche der Schönheit und des Glücks. Junge Seelen mit wenig Erdenerfahrung sind wie ungeborene Kinder, die noch im Mutterschoß ruhen. Sie müssen noch lernen, ihre Gliedmaßen zu gebrauchen, zu strampeln, zu laufen und tätig zu sein. Doch gleichzeitige dürfen wir nicht vergessen, dass diese Kinder potentielle Götter – junge Schöpfer – sind. Gott schuf die physischen Existenzebenen, damit das Kind dort lerne, seine Fähigkeiten zu entwickeln. Wir können uns für des Menschen Erdenleben kein besseres Symbol denken als ein Samenkorn, das in die Finsternis der Erde gesenkt wird, um zu einer wundervollen Blume heranzuwachsen. Der Archetyp einer Blume ist ursprünglich ein Gedanke Gottes, dann wird der Same in die Erde gelegt, um zu keimen und zur Vollendung heranzuwachsen. So ist es mit dir, der du wie ein Same bist – eingepflanzt in materielle Form, um zum Licht emporzuwachsen, bis du zum vollkommenen Sohn, zur vollkommenen Tochter Gottes geworden bist – zum vollkommenen Ebenbild, wie es sich Gott zu Anbeginn der Zeit vorgestellt hat.

Das höhere Selbst

DER GEISTIGE PFAD

Des Menschen Seele ist nicht nur das, was man als die heute lebende Persönlichkeit kennt. Sie ist zugleich etwas viel Umfassenderes, welches in der Himmelswelt weilt und die Summe aller Erfahrungen aus sämtlichen früheren Leben enthält. Die heutige Persönlichkeit ist lediglich ein kleiner Teil des höheren Selbst, das auf einer höheren Bewusstseinsebene wohnt, doch kann diese Persönlichkeit einen stärkeren oder schwächeren Kontakt mit ihrem höheren Selbst haben und sich, so sie will, von ihm inspirieren lassen.

In den alten Mysterienschulen wurde dies den Schülern durch Bildsymbole veranschaulicht. Die Seele dachte man sich als Tempel in den Himmeln und jede einzelne Inkarnation als unbehauenen Quaderstein, der durch die Erfahrungen des Erdenlebens behauen und geformt wird, so dass er in den noch unfertigen Tempel eingefügt werden kann. Beim Bau des Tempels darf nicht gepfuscht werden. Genauigkeit und Präzision sind wichtig. Ein schlecht behauener Stein könnte das Ebenmaß des ganzen Gebäudes beeinträchtigen.

Der Mensch muss an sich selbst arbeiten, den die uralten Freimaurer den unbehauenen Quaderstein (Ashlar) nannten. Er muss Hammer, Meißel und Winkelmaß gebrauchen, um aus dem rohen Stein, seiner niederen Natur, einen vollkommenen, ebenmäßigen Quader zu gestalten, der in den Tempel eingepasst werden kann. Wenn der Mensch einmal begreift, dass er während seines Lebens an sich arbeiten muss und dass kein Tag vergeht, ohne dass sich in seiner Wesensart eine, wenn auch noch so geringe Spur, eingräbt, dann wird er lernen, seine Gemütsbewegungen und sein Denken unter Kontrolle zu halten und diese zu meistern.

So besitzt der Mensch eine Seele in der himmlischen Welt, die den Geist Gottes, ja die wahre Essenz des Höchsten enthält und den Verlauf seines Lebens steuert. Deshalb sagen wir: „Gott lenkt die Schritte auf dem Pfad des Lebens." Dieses Streben, das den Menschen zum Höchsten drängt – manchmal gegen den Willen des niederen Verstandes oder des Eigenwillens – ist seine innewohnende Göttlichkeit. Dieser göttliche Funke ist es, der das Leben der Seele lenkt und durch viele Erdenerfahrungen führt. Jedes Mal steigt ein Teil der Seele in die Inkarnation hinab und sammelt dort gewisse Erfahrungen, die für das Wachstum und die Entfaltung des höheren Selbst notwendig sind. Somit leistet ihr je nach Anstrengung und Entwicklung einen kleineren oder größeren Beitrag zum Wachstum und zur Entfaltung des höheren Selbst. Durch euer Streben in aufeinander folgenden Leben erbaut ihr jenen schönen Seelentempel.

Wir möchten eure Vorstellung von der Wiedergeburt erweitern, damit ihr frei werdet von der Idee, der Mensch pendle ständig zwischen zwei Welten hin und her. Macht euch vertraut mit dem Gedanken eines steten Wachsens und einer ständigen Erweiterung des Gottesbewusstseins eures höheren Selbst. Manchmal, wenn ihr in Not und Verzweiflung seid, geschieht es, dass ihr einen Strahl von Kraft und Licht aus diesem höheren Selbst erhaltet und etwas vollenden oder erdulden könnt, das ihr zuvor für unmöglich hieltet. Oder ihr kennt vielleicht jemanden, der einen ähnlichen Strahl erhalten hat, durch den der Feigling zum Helden, der Selbstsüchtige zum Selbstlosen umgewandelt worden ist. Ihr habt ja keine Ahnung von den Möglichkeiten des Menschen, wenn er einmal den Kontakt mit seinem höheren Selbst oder wahren Sein herstellen und aufrechterhalten kann.

Begeht nie den Fehler, liebe Freunde, irgendwen zu richten oder über ihn zu urteilen. Schaut nie auf eine Seele mit dem Gedanken: „Arme Seele, du bist eben noch unentwickelt“, denn ihr wisst nicht, wie falsch euer Urteil sein könnte. Es mag sein, dass der Mensch, der so niedrig scheint, in Wirklichkeit in den Himmelswelten eine Seele von großer Reinheit und Schönheit sein eigen nennt. Ihr könnt ihn nicht beurteilen.

Warum können wir uns nicht erinnern?

DER GEISTIGE PFAD

Ihr mögt fragen, welche Beweise wir für die Theorie der Wiedergeburt anbieten können. Hierauf müssen wir antworten, dass geistige Dinge nur auf geistigen Wegen bewiesen werden können. Nur wenige sind es, die greifbare Beweise für die Reinkarnation wie auch für andere geistige Wahrheiten erbringen können. Zwar gibt es eine kleine Anzahl von bewiesenen Fällen, doch wahre Beweise bekommt ihr nur durch eure eigene Intuition – als Ergebnis eurer eigenen Erfahrung.

Der einzige Weg, auf dem der Mensch Kenntnisse über göttliche Geheimnisse erlangen kann, ist der Weg der Liebe und

Selbstlosigkeit. Der Verstand allein, obgleich er seinen Platz in der Menschheitsentwicklung hat, kann die volle Wahrheit nie entschleiern. Dennoch ist es notwendig, den Verstand zu entwickeln, ehe das Verständnis für das Geistige dämmern kann. Durch vieles Lesen versucht der Mensch die Wahrheit zu ergründen, doch der Kern der Wahrheit liegt im Geistigen und du kannst die Wahrheit nur für dich selbst finden, kein anderer kann sie dir geben. In deinem Ringen um ein klares Verstehen der Wiedergeburt musst du dein wahres inneres Selbst kennen lernen. Wenn du mit diesem ganz vertraut bist, benötigst du keine Beweise mehr, der Pfad der Höherentwicklung liegt klar vor dir.

Ihr mögt euch wundern, warum ihr keine Erinnerungen an eure Vergangenheit habt. Doch könnt ihr euch der Zeit entsinnen, da ihr zweijährig, drei- oder vierjährig wart? Wie also könnt ihr hoffen, euch an Inkarnationen zu erinnern, die Hunderte, ja Tausende von Jahren zurückliegen? Die Erinnerung daran ist nicht in eurem physischen Gehirn gespeichert und kann auch nicht im astralen oder mentalen Körper gefunden werden. Doch wenn ihr in eurem höheren Körper tätig werdet, der von manchen auch der Kausalkörper genannt wird und den ich den Tempel nennen möchte, dann wird eure Vision geöffnet und ihr erinnert euch, denn ihr berührt euren himmlischen Verstand der das Archiv oder der Speicher aller vergangenen Leben ist.

Wie viel Zeit vergeht zwischen den Inkarnationen? Das können keine harten und festen Regeln aufstellen. Wir können nicht sagen, der Mensch komme alle 200, 300 oder alle 500 Jahre zurück. Das wäre falsch. Wenn wir sagen würden, der Mensch gehe von einem Körper gleich in den nächsten, dann wäre das genauso falsch. Wenn wir behaupteten, Tausende von Jahren lägen zwischen den Inkarnationen, wäre auch das nicht die ganze Wahrheit. Alles hängt vom Einzelwesen ab. Doch es ist für eine Seele durchaus möglich, sich für eine bestimmte Aufgabe rasch zu reinkarnieren.

Ihr werdet fragen wollen: „Zu welchem Zeitpunkt zieht die Seele bei der Widergeburt in den Körper ein? Geschieht dies vor oder während der Geburt?“ Hierzu möchten wir antworten, dass die Seele allmählich in ihren Körper einzieht und normalerweise erst mit dem 21. Lebensjahr vollständig und gänzlich inkarniert ist, doch ziehen wir es vor, uns nicht an eine genaue Zeit zu binden. Der erste Kontakt einer Seele mit der Mutter wird bereits vor der Zeugung hergestellt.

Eine weitere Frage: „Ist es für eine Seele während irgendeiner ihrer Inkarnationen möglich, eine Rückentwicklung zu erleiden?“ Hierzu möchten wir die Gegenfrage stellen: „Wenn man auf seinem Weg an etwas Schönem achtlos vorbeigegangen ist, ist es dann nicht ratsam, ein paar Schritte zurückzugehen, um es genauer anzuschauen?“ Seid euch immer bewusst, wie unmöglich es für eine Seele ist, eine andere Seele zu beurteilen. Jemanden richten heißt, sich selbst richten.

Ihr könntet auch fragen: „Inkarnieren wir immer in dieselbe Familie? Und wenn ja, haben wir dann stets dieselben Eltern oder Kinder?“ Nein, doch Mitglieder derselben Familie zeigen die Neigung, wieder zusammenzukommen, weil die Bindungen zu Bruder oder Schwester, Vater oder Sohn, Mann oder Frau manchmal tatsächlich sehr stark sind. Ihr werdet durch karmische Bande sowohl zur Familie als auch zum Freundeskreis hingezogen und wandert deshalb den Pfad der Höherentwicklung in Familien und Gruppen. Je nach eurem Karma findet ihr Liebe und Glück oder aber Feindschaft und Zwist, es ist eure Aufgabe, Feindschaft und Zwist in Liebe umzuwandeln.

In seiner Inkarnation beeinflusst der Mensch unweigerlich und gesetzmäßig jenen Teil der Welt, in dem er lebt. Er wird dorthin inkarniert, wo er am besten lernen und dienen kann. Er gibt dem Leben und erhält vom Leben.

Wir wollen den Widerstrebenden die Lehre der Wiedergeburt nicht aufzwingen. Trotzdem ist die Wiedergeburt, wie auch

Leben und Tod, ein Gesetz und es ändert nichts, ob jemand daran geglaubt oder nicht. Es ist ein wenig seltsam, dass einige Menschen meinen, sie könnten die Gesetze von Reinkarnation, von Ursache und Wirkung und vom Weiterleben nach dem Tod außer Kraft setzen, indem sie nicht daran glauben.

Wir möchten aber betonen, dass der Mensch seinen freien Willen hat. Niemals wird er gezwungen, niemals genötigt oder gedrängt, und er wird auch nicht ohne seine Zustimmung mir nichts dir nichts vom Himmel entfernt und auf die Erde zurückgeworfen. Solange eine Seele erklärt: “Ich will nicht zur Erde zurück!“ ist die Antwort. “Nun, mein Kind, dann bleibe noch ein Weilchen. Es eilt nicht.“ Gott drängt niemanden. Alles ist eine Angelegenheit der individuellen Entwicklung. Habt ihr einmal Verständnis und Einsicht erlangt, dann ist euer einziger Wunsch, zur Arbeit zurückzukehren, und die einzige Frage ist: “Wann kann ich gehen?“

Wir haben bereits angedeutet, dass ihr geneigt seid zu glauben, man könnte auf der Astralebenen ebenso gut seine Lektionen erlernen und seine Erlösung erreichen wie auf der Erde, denn man würde ja auf der Astralebene die gleichen Bedingungen vorfinden wie auf Erden. Doch die feinstoffliche Materie der Astralebene unterscheidet sich sehr von der in der Erdensphäre. Sie kann auf der Astralebene leicht durch Gedanken beeinflusst und geformt werden. In der dunklen, dichten Erdmaterie wird die Seele mit schwierigen Aufgaben konfrontiert, die sie lösen muss und die sie nur dort in der Materie lösen kann. Zweck der Schöpfung ist die geistige Höherentwicklung. Die Seele muss lernen, dichte Materie zu bemeistern. Sie muss gänzlich Meister über die dichte Materie werden, denn in sich birgt in sich göttliches Leben und Gott wirkt in der Materie durch seine gesamte Schöpfung. Der Gott im Innern wächst und entfaltet sich, bis er sein Werk vollendet hat. Das bedeutet vollständige Meisterschaft der Seele über sich und ihre Umweltbedingungen. Der Gedanke, vom Körper befreit zu sein, um seine Entwicklung nach dem Tod in einer Welt mit leichteren und schöneren Umweltbedingungen durchzustehen, ist viel einfacher und bequemer. Aber es geschieht nicht auf diese Weise.

Wir wollen auch nicht versäumen hervorzuheben, dass die Freude einer Seele, die Meisterschaft über die Materie und somit über sich selbst erlangt hat, unvergleichlich groß ist. Könnten wir euch nur ein klein wenig von dieser intensiven Freude vermitteln, die ein erfülltes Leben auf der Erde mit sich bringt, dann würdet ihr verstehen und euch mit jeder Seele freuen, die eine Gelegenheit erhält, in die Materie zurückzukehren, um neue Erfahrungen zu sammeln, neue Abenteuer zu bestehen.

Viele von euch sind zur Erde zurückgekehrt, weil ihr den Menschen helfen wollt, nicht notwendigerweise, um in die Kirche zu gehen und gute Werke zu tun, sondern ganz einfach, weil eure Gegenwart Freude und Trost im Leben jener bedeuten kann, die um euch sind. Vielleicht bringt ihr Freude in die Familie in die ihr geboren seid – Freude jenen, die später eure Kinder werden, und vielleicht auch Freude und Segen euren Freunden.

Du kannst am besten dienen, nicht indem du deine Energie und Kraft zersplitterst, sondern dadurch, ein wahrer Sohn, eine wahre Tochter Gottes zu sein und Wärme und Licht zu verbreiten, um jeder Blume zu helfen, in der Ecke des Gartens zu gedeihen und zu blühen, wo ER sie eingepflanzt hat.

Erkenne das Geistige in dir

DAS GROSSE WHITE EAGLE HEILUNGSBUCH

WIR sagen euch immer und immer wieder, dass Gott niemandem von euch Leid aufbürdet. Er nutzt vielmehr das vom Menschen selbst verursachte Leid um Gutes und Förderndes in das Leben des Einzelnen zu bringen. Durch wechselnde Bedingungen und Einflüsse auf der Erde und in der Atmosphäre keimt der Same des Lebens – schlägt Wurzeln und wächst allmählich zu einer vollkommenen Blume heran.

Die Seerose, die ihre Knospe über die stille Wasserfläche erhebt und sich der Wärme und dem Licht der Sonne öffnet, hat ihre Wurzeln tief in den Schlammboden des Teiches gesenkt. Genauso verhält es sich mit dem Leben des Menschen. Wer zur Vollkommenheit heranwachsen will, muss zunächst seine Wurzeln und auch den Schlamm, von dem sie sich nähren, vergessen und nur an das Licht, dem er entgegenstrebt, und an die Schönheit und die Kraft Gottes denken.

Wenn du müde, abgekämpft und krank bis, suche die Gegenwart des Christus, des Goldenen und ziehe seine Kraft, seine Schönheit in diene Seele. Einem jeden von euch gibt ER die Gewissheit, dass sich das Leben nach einem großen göttlichen Plan vollzieht. Es ist das Wichtigste für euch, den engen Kontakt mit Christus aufrechtzuerhalten. Wenn ihr das tut, kann nichts mehr fehlgehen, nichts mehr falsch laufen. Ihr braucht euch dann nicht mehr zu sorgen, ob ihr dies oder das oder jenes tun solltet. Eure Entscheidungen werden für euch getroffen werden, doch kann dies nur geschehen, wenn ihr zum Geistigen erwacht seid und euch zu einer höheren Schwingung erhoben habt, die es euch ermöglicht, euch unmittelbar der sanften Führung der allmächtigen göttlichen Gegenwart in eurem Herzen anzuvertrauen.

Der Heilige Gral ist die immerwährend brennende Flamme, die in deinem Herzen erstrahlt und deren Glanz du verbreiten kannst.

Lass diese Flamme stets in deinem Herzen brennen und scheinen. Wir sagen dir dies so oft, weil wir wissen, dass es das einzige ist, was dir in deinem Leben helfen kann. Es gibt so viele Dinge, die deinen Geist ablenken und deine Seele beunruhigen, doch rufe dir immer wieder in Erinnerung, dass dieses Licht, diese Gegenwart Gottes in dir ist und die Macht innehat, über deine Gedanken und Gefühle, über deinen Körper und deine materiellen Bedingungen zu herrschen.

Wenn ihr gelernt habt, euch willentlich von den äußeren Wirren des Lebens in die Stille und den Frieden eures ewig lebendigen Geistes zurückzuziehen, werdet ihr die Kraft gewinnen, eure irdischen Schwierigkeiten zu überwinden. Ihr alle leidet unter Problemen und Ängsten, habt aber noch nicht verstanden, dass ihr sie euch selbst erschafft und dass ihr aber auch gleichzeitig die Kraft und Macht in euch habt, sie zu überwinden. Manche unter euch beten ernsthaft um die Lösung ihrer Probleme. Ihr alle sehnt euch nach Licht und geistiger Erhebung. Doch, meine Freunde, seht ihr denn nicht, dass nur durch die Disziplinierung des äußeren Lebens eure Augen sich öffnen und euer Gespür für die himmlischen Wahrheiten gesteigert werden kann? Diese Wahrheiten könnt ihr erst erschauen und begreifen, wenn ihr euch der Schulung durch Disziplin unterworfen habt. Dankt daher Gott für alles Leid und alle Prüfungen, die zur Erlernung der Selbstdisziplin notwendig sind. Erst durch sie werdet ihr die Schönheit des himmlischen Lebens wahrhaft verstehen und in euch aufnehmen können. Wenn du dich deinen täglichen Aufgaben widmest, vergiss nicht jene ruhigen Augenblicke, in denen du in der Stille deines innersten Heiligtums eine geistige Kraft und Macht spürst, die dich behutsam wie mit Engelsflügeln berührt. Auch unter der Belastung des Alltags lausche der sanften Stimme deines Innersten, erhalte den Christusgeist immer in dir aufrecht. Lass die Welt mit all ihren Konflikten, ihrer Selbstsucht und Gleichgültigkeit an dir vorüberziehen und bewahre in deinem Herzen die Schönheit und Harmonie des himmlischen Lebens. Wir alle brauchen Geduld – einer mit dem anderen. Sei geduldig deinen Mitmenschen gegenüber, hege gute Gedanken für deine Gefährten. Dies ist der Weg, um sich der unsichtbaren Welten und der geistigen Ebenen des Lebens bewusst zu werden.

Du kannst nicht mehr tun, als so zu leben, wie Christus es dich lehrte: liebevoll, heiter und gelassen – in SEINEM Geiste. Versuche nicht mehr zu tun als menschlich möglich ist. Erziehe dich dazu, immer eines nach dem anderen zu erledigen, ruhig und überlegt. Was du nicht zur Vollendung bringen kannst, ruht in Gottes Hand, und Gott wird es weiter fügen. Alles, was ER von Seinen Kindern erwartet, ist, auf die harmonischste und liebreichste Art das Beste zu geben. Gib in aller Stille dein Bestes, und du wirst in Übereinstimmung mit dem göttlichen Gesetz arbeiten, das krumme Wege gerade werden lässt und Gesundheit und Harmonie wiederherstellt.

Wenn du gesund und glücklich sein möchtest, musst du zuerst Gott, dem Geist deine ganze Aufmerksamkeit schenken. Zwar zieht dein Körper dich immer wieder herab und materielle Dinge gewinnen die Oberhand, Sorgen häufen sich an und drohen, dich zu ersticken, doch sind alle diese Dinge nur Schatten. Die Zeit wird kommen, da du diese Wahrheit erkennen wirst, auch wenn du sie im Augenblick noch nicht begreifst. Wir sagen dir von unserer geistigen Warte aus, dass alle irdischen Dinge nur Illusionen sind. Das einzig Wirkliche, das über den physischen Tod hinaus weiterlebt, ist das göttliche Gesetz in dir; denn du bist Geist, bist ein Kind Gottes. Gottes Liebe zu dir ist jenseits aller menschlichen Vorstellungen. Sie ist allumfassend und wird dich nie im

Stich lassen, solange du zu ihr aufschaust. Sie wird dich durch alle Prüfungen hindurch tragen, die du zu überwinden hast.

Wir können nicht oft genug wiederholen, dass dir alle Prüfungen des irdischen Lebens gesandt werden, damit du durch eigene Erfahrung zu Weisheit und geistiger Kraft gelangst. Gott, der große Architekt des Universums, vergeudet sein „Material" nicht. Er errichtet Seine Werke im Einklang mit den großen kosmischen Gesetzen. Er setzt den Grundstein zum Tempel des menschlichen Lebens gerecht, vollkommen und wahr.

Nachdem du nun belehrt worden bist, dass du Geist bist und der Geist Meister über deinen Körper werden soll; nachdem du von uns gelernt hast, dass Gott Alliebe ist und dir, Seinem Kind, Seine Sorge angedeihen lässt, halte an dieser Wahrheit fest, damit du sowohl im irdischen als auch im geistigen Leben die Früchte einer reichen Ernte empfangen kannst. Du wirst etwas vom Glanz der Vater-Mutter-Sohn-Gottheit, der heiligen Dreiheit, in deinem irdischen Leben zum Ausdruck bringen. Gottes Gesetze sind unfehlbar. Sei nicht verzagt, wenn sich die Dinge in deinem Leben nicht augenblicklich ereignen, nicht sofort geschehen. Du darfst niemals zweifeln, denn sobald du dies tust, stärkst du die Macht der negativen Kräfte. Wie sehr du auch geprüft wirst, verliere die Wahrheit nie aus den Augen. Wenn dich einer deiner Mitmenschen in der äußeren Welt missverstehen oder gar verhöhnen sollte, dann sei dir bewusst, wie unwissend die Welt in Bezug auf geistige Kräfte und geistiges Leben ist. Behalte dein Wissen, deine Meinung für dich und erhalte dir deinen Glauben an den lebendigen Gott, an die lichten Lebenskräfte, die in dir wirken. Indem du festhältst an der Gewissheit des Lichtes in dir, wird dieses heller und strahlender leuchten. Es führt dich stets auf den harmonischen Weg, den Weg, der Leib und Seele heilen kann. Mit Geduld, mein Freund, mein liebes Kind, werden dir die Früchte des vollkommenen Lebens auf Erden geschenkt werden.

Wir möchten, dass ihr die Welt und euren Körper vergesst und begreift, dass Ihr ein Teil Gottes seid. Ihr seid Geist und führt ein Leben in der geistigen Welt, die der materiellen Welt übergeordnet ist. Strebt stets empor in diese geistige Welt und bringt in euer irdisches Dasein die Schönheit und die Sanftmut eurer wahren geistigen Natur, die ein Teil der göttlichen Natur ist. Der Meister Jesus sagte: „Seid vollkommen, wie euer Vater im Himmel vollkommen ist." Das heißt: Wisset im innersten Herzen dass ihr in Gott vollkommen seid. Jesus sprach auch: „Ich und der Vater sind EINS." Er lehrte alle seine Brüder auf Erden, diesem Weg der Wahrheit zu folgen, zu verstehen, wie sie und der Vater tatsächlich EINS sind und Gott der Schöpfer allen Lebens ist. Er möchte euch zeigen, den Geist Gottes in euch zu erkennen und euch bewusst zu werden, dass ihr in euch die Macht besitzt, ein vollkommenes Leben auf dieser Erde zu erschaffen, mit Hilfe des vollkommenen Geistes in euch, der EINS ist mit Gott, dem Vater.

Schöpferisches Denken

ERINNERT euch an das, meine Brüder, was wir euch über die Ursache aller Krankheiten und den Quell allen Heilens gesagt haben. Denkt daran, wie euer gewohnheitsmäßiges Denken entweder aufbauend oder zerstörend sein kann. Disharmonie in eurem Denken und Leben verursacht Krankheit. Harmonie dagegen Gesundheit. Vermeidet daher allen Groll, jegliche Furcht und Kritik. Haltet euch nur an positive, gütige, gottnahe Gedanken, damit wird das Licht in euch einströmen. Sind alle Dinge, die euch im Alltag umgeben denn wirklich so wichtig? Die Wirren des materiellen Lebens mögen euch umtoben; doch werden sie den Tempel eures Herzens nicht erreichen und das Heiligtum in euch nicht berühren können, es sei denn, ihr selbst lasst dies zu.

DAS GROSSE WHITE EAGLE HEILUNGSBUCH

Eine der Lektionen, die der Jünger auf dem Pfad der geistigen Erleuchtung zu erlernen hat, beinhaltet, dass ihm in Wirklichkeit nichts geschehen, ihn nichts verletzen kann.

Der natürliche Instinkt des Menschen verleitet ihn zwar dazu, sich zu fürchten, doch der Geist der Wahrheit muss in deinem Innersten die Erkenntnis wachrufen, dass nichts dein wahres Selbst berühren kann. Ermute und stärke daher diesen Gedanken, bis er sich fest in dir verwurzelt hat. Nichts kann dir widerfahren, und es gibt nichts zu fürchten außer der Furcht selbst. Wenn du dein volles Vertrauen auf Gott setzt, wird das weiße kosmische Licht dein Wesen durchströmen, und alle Finsternis wird von dir weichen. Lebe still, ruhig und gelassen in Gottes Liebe. Und jedes Leben, das ein Leben aus Gott ist, wird gekrönt von Liebe und das ist vollkommene und höchste Glückseligkeit.

Wenn ihr euch auf das Negative konzentriert, verstärkt ihr dadurch nur dessen Einfluss auf euch. Wenn ihr aber aufhört, negativ zu denken, entzieht ihr dem Negativen alle Lebenskraft, und es wird allmählich dahinsterben. Die Menschen sagen oft: „Wir dürfen uns doch den Realitäten nicht verschließen – wir müssen doch den Tatsachen fest ins Auge schauen…“ Nun, meine lieben Freunde: die wirkliche Realität ist das Licht – ist alles, was positiv, gut, rein und wahr ist. Jenes, was ihr als schlecht und als Übel bezeichnet, das ist unwirklich, ist nicht das wahre Leben. Konzentriert euch daher stets auf das Gute, auf Güte, Schönheit und Liebe, und verweilt darin; lenkt eure Gedanken dorthin.

Kennt ihr die Geschichte des Meisters, der einmal mit seinen Schülern an einem verendeten Tier vorüberging? Die Schüler wendeten sich angeekelt ab und äußerten Abscheu vor dem toten Körper. Der Meister hingegen sah nichts Abstoßendes in diesem Anblick und sagte lediglich: „Wie wunderbar weiß doch seine Zähne sind!“ Ihr seht: Man kann in allem etwas Schönes erblicken. Lernt daher, die Schönheit in den Dingen zu sehen und euch daran zu erfreuen. Eine solche zugewandte, liebende

Haltung den Menschen und dem Leben gegenüber wird euch helfen, das Wesen Gottes zu erkennen und den Quell göttlicher Magie und Heilkraft für euch und eure Mitmenschen zu erschließen.

Wenn Depressionen oder Niedergeschlagenheit, Furcht und Ängste euch bedrohen, dann meint ihr wahrscheinlich, diese seien nichts weiter als natürliche menschliche Regungen. Die Wahrheit ist aber, dass ihr selbst solche Gedanken heraufbeschwört, weil ihr sie magisch an euch heranzieht. Der Mensch ist wie ein Magnet. Er zieht Engel des schöpferischen Lichtes oder Engel der Finsternis und des Verderbens zu sich heran. Die Engel des Lichtes kommen nahe zu denjenigen, die demütig und wahrhaftig dem Großen Weißen Geiste dienen wollen.

Der Sinn des Menschenlebens ist es, zum Bewusstsein seiner göttlichen Eigenschaften zu gelangen, und der Weg, dies zu erreichen, besteht darin, sich gedanklich immer mehr in die Sphären des Lichtes emporzuschwingen, sich stetig fortschreitend den konstruktiven Kräften und der Allmacht Gottes zu öffnen und anzuvertrauen.

Ganz gleich, ob ihr euch dem Studium der Wissenschaften oder den geistigen und okkulten Wahrheiten widmet, bevor ihr nicht in eurem Seelenkörper die Lichtatome, die konstruktiven Gott-Atome erschaffen habt, werdet ihr dem Leben nicht so dienen können, wie ihr es möchtet und anstrebt. Es ist keineswegs dasselbe, etwas mit dem Verstand zu erfassen oder es vom tiefsten Inneren her zu wissen. Etwas von innen heraus zu wissen beinhaltet spontane gute Gedanken und unmittelbares gutes Handeln, ein freudiges Aussenden des Lichtes, das Liebe ist – Liebe die schöpferisch gestaltend wirkt und die Lichtschwingungen eurer Welt und eures physischen Körpers erquickt, stärkt und erhöht.

Immer wieder sagen wir euch, es wird sich alles letztendlich zu eurem Wohlsein, eurem Glück und Seelenfrieden auswirken. Doch müsst ihr hierfür auch arbeiten und beten und täglich eine

Zeit der besinnlichen, meditativen Stille einhalten. Das wisst ihr selbst auch sehr wohl. Doch der Sog des modernen Lebens mit all seinen Belastungen ist so groß, dass ihr immer wieder die Wichtigkeit und Notwendigkeit dieser täglichen Vereinigung mit den geistigen Welten, das „Brechen des Brotes des Lebens", vergesst. Eine solche tägliche besinnliche Stille, zusammen mit einem liebevollen Dienen in der Welt, wird aber in euer Wesen und Sein unendlich viele Lichtelemente einbauen, welche die Finsternis erhellen und die zerstörenden Kräfte, die um euch und in euch wirken, überwinden und besiegen. Das ist das Geheimnis der Verwandlung des schweren dunklen Metalls der groben Materie in das reine strahlende Gold des Geistes.

Wir möchten noch einmal hervorheben, wie wichtig es ist, dass ihr euch andauernd bemüht, gute Gedanken zu hegen, denn solche Gedanken bauen nicht nur die verschiedenen geistigen Körper des Menschen auf, sondern verfeinern auch seinen physischen Körper. Richtiges Denken beruht auf Gott. Es ist göttliches Denken. Was der Mensch heute denkt, das wird er morgen sein. Täglich erschafft er von neuem seinen Körper, sein Leben, seine Seele und erbaut sich durch die Kraft seiner Gedanken sein geistiges Reich. Richtige Gedanken, Gott-Gedanken, erfordern Selbstdisziplin, und die Ausübung einer solchen Anstrengung scheint den meisten Menschen leider zu groß zu sein. Seid euch aber bewusst, wie entscheidend die ständige Bemühung, das unermüdliche weitermachen ist. Der Mensch, der sein Ziel erkannt hat und unentwegt demselben zustrebt, erringt vollkommene Gesundheit und ein vollkommenes Glück.

Lebe dein ganzes Leben mit und in göttlichen Gedanken. Schaue aus nach dem Guten. Glaube an das Gute. Vertraue dem Guten. Höre nie auf, wohlwollend und mitfühlend deinen Mitmenschen und der Welt gegenüber zu denken. Das Ergebnis einer solchen Denkweise wird dich in Erstauen versetzen.

Wenn dich Kummer, Schmerzen, kleine Unpässlichkeiten

überkommen, dann ist es besser, anstatt sie zu nähren, einen vollkommenen Gedanken, einen Gott-Gedanken an ihre Stelle zu setzen. Wir wissen, dies ist ein Zukunftsbild der Vollkommenheit, doch wir wissen auch, dass der Mensch, bevor er dies nicht täglich übt und ausübt, in seinem Irren, seinem Wirren, seinen Verirrungen fortfahren wird.

Ein Leben, das durch gute, positive Gedanken beeinflusst wird, ein Leben, das vom Herzen oder vom Christusgeist geleitet wird, verläuft geordnet, friedlich, harmonisch und glücklich. Nichts kann ein solches Leben erschüttern oder stören. Eine gute, schöne und harmonische Ordnung macht alle Dinge neu und vollkommen. Andererseits kommt ein Leben, das unkontrolliert, unbeherrscht, unglücklich, chaotisch und disharmonisch verläuft, unter den Einfluss negativer Gedanken und zerstörerischer Kräfte. Dennoch rief Jesus am Kreuz: „Vater, vergib Ihnen, denn sie wissen nicht, was sie tun." Es ist die Gleichgültigkeit, die Ignoranz, die das Chaos verursacht. Gleichgültigkeit und Ignoranz gleichen dem Chaos der Finsternis. Wenn die Seele einmal ernsthaft Wissen und Verständnis sucht, begibt sie sich auf den Pfad, der zu Weisheit, Harmonie und Glück führt.

Wenn alle eure Gedanken durch den Geist geprägt und aus der Kraft des Herzens gespeist werden, wenn alle eure Gedanken auf Gott gerichtet sind, dann muss zwangsläufig auch richtiges Handeln die Folge sein. Ist der Gedanke erst richtig, dann wird auch die Tat richtig sein. Richtig handeln heißt: göttlich handeln. Denke gut. Weise alle üblen und negativen Dinge von dir. Suche nur nach dem Guten – nach Gott.

Immer wieder sagen wir: Übt das Stillwerden, das Ruhigwerden. Für einige von euch ist das gar nicht so einfach, denn eine Unzahl von Gedankenformen dringt in die sensible Aura ein und verwandelt sie in ein unruhiges, zuweilen sturmgepeitschtes Meer. Trotzdem kann und wird der Zustand der Stille durch andauernde Anstrengung und Bemühung erreicht werden. Ein

Meister, der durch langes Training Gedankenkontrolle erreicht hat, kann sich in einem überfüllten Raum oder einer Menschenansammlung ruhig bewegen und wie in einen schützenden Mantel gehüllt sein, unbeeinflusst durch all die vielen Gedankenkräfte, die auf seine Aura einstürmen. Eine solche Kontrolliertheit und Selbstdisziplin wird natürlich nicht in wenigen Augenblicken erreicht, noch in einigen Wochen oder Monaten. Sie kann erst nach einer stetigen Willensanstrengung während einer langen Zeitspanne gewonnen werden.

Der erste Schritt nach vorne ist, deine Aura durch das Heranziehen aufbauender Lichtatome mit guten Kräften anzureichern. Das geschieht unter strenger Abwehr aller zerstörenden, pessimistischen und vor allem ängstlichen Gedanken. Erstrebe geduldig den unbedingten Willen zum Allguten. Das wird in deine Aura positive Atome einschleusen, die eine starke schützende Hülle um dich aufbauen. Diese Hülle ist nicht etwa undurchlässig, sondern durchscheinend, damit das in dir gesammelte Licht durch deine Aura hindurchströmen kann und alle Menschen deine Wärme, deine Kraft und dein Wohlwollen spüren, die von dir ausstrahlen.

Eine andere Methode, der weltlichen Hast zu entrinnen, besteht darin, deinen Atemrhythmus zu verlangsamen. Atme, so tief du kannst, ohne dich unwohl zu fühlen. Langsameres und tieferes Atmen wird alle aufgebrachten Schwingungen besänftigen und einen schützenden Einfluss auf deine Aura ausüben. Wenn du dich dann wieder einmal in einer großen Menschenmenge befindest und unter deren Gedanken und Emotionen leidest, halte einfach inne und atme ein wenig tiefer und langsamer. Du wirst erstaunt sein über die innere Kraft, die über dich kommt.

Einige von euch werden erfahren, wie es ihnen hilft, ihren rastlosen Verstand zu beruhigen, wenn sie sich den Stern des Lichtes vorstellen und sich auf ihn konzentrieren. Oder ihr vergegenwärtigt euch euren Meister nach eurer eigenen

Vorstellung, vollkommen in Gestalt und Antlitz, sanft und gütig und in himmlischem Lichte erstrahlend. Es ist gut, sich ein solches Bild eures geliebten Freundes und Lehrers vor Augen zu halten und ihm eure Aufmerksamkeit zu schenken. Es wird euch helfen, selbst alle Eigenschaften eines vollkommenen Menschen in eurem täglichen Leben zum Ausdruck zu bringen.

Viele von euch fragen, wie das Eindringen alltäglicher Gedanken in die Meditation verhindert werden kann. Wir meinen, der beste Weg ist, diese Eindringlinge erst gar nicht zu beachten. Sorge dich nicht darum. Konzentriere dich einfach umso intensiver auf die göttliche Gegenwart in deinem Inneren. Eine solche Konzentration wird sich dann so machtvoll und beherrschend auswirken, dass alle weltlichen Gedanken beseitigt werden und die von dir aufgebaute starke Gebetskraft nicht mehr zu stören vermögen. Konzentriere dein ganzes Wesen auf Gott, bis die Verwirklichung Seiner Liebe eine so starke Notwendigkeit für dich wird, dass dir nichts anderes auf der Welt mehr wünschenswert erscheint. Wenn dich die Sehnsucht nach Seiner Liebe ganz und gar in Besitz genommen und dich mit Macht und Licht erfüllt hat, dann wird alles andere von dir abfallen, und du wirst zum Ausdruck der lebendigen Kraft göttlichen Lichtes werden.

Genauso ist es auch im Umgang mit deinen Mitmenschen. Wenn du in irgendwelche kleinen mitmenschlichen Schwierigkeiten oder Differenzen verwickelt bist, ist es besser, diese ganz außer Acht zu lassen. Konzentriere dich stattdessen mit deinem ganzen Wesen auf die Macht und Stärke des Christus in dir, und alle dich bedrängenden Nichtigkeiten werden verschwinden. Viel zu viel Zeit wird oft mit unnötigen Aufregungen und nutzlosen Sorgen verschwendet; und aus einer Mücke wird ein Elefant gemacht. Wenn du Vergeltung üben willst, weil du meinst, du bist ungerecht behandelt worden, dann erinnere dich des Ausspruchs: „Mein ist die Rache, ich werde vergelten – spricht der Herr." Du kannst beruhigt Gott die Auswirkung Seiner Gesetze überlassen.

Sei dir auch bewusst, deine Weggefährten werden ebenso wie du von den Ereignissen des menschlichen Lebens betroffen. Ihre Verhaltensweisen und ihre Verwirrung rühren oft von Gefühlen, von Emotionen her, die sie sich zuweilen selbst nicht recht erklären können. Jede Seele strebt hin zum Licht genauso wie du. Deshalb übe dich darin, hinter die Dinge zu schauen und du wirst dort etwas Wahres, Christusähnliches finden, das vielleicht sehr tief in ihm verborgen ruht. Doch es ist da, und wenn du es suchst, dann wirst du es auch finden. Wenn du dir das vor Augen hältst, wird dir geholfen werden, dich ruhig, liebevoll und freundlich gegenüber deinen Brüdern und Schwestern zu verhalten.

Lass gleichzeitig dein Glück und deinen Frieden weder von irdischen Dingen noch von anderen Menschen abhängig sein. Schaue über dein Karma, Verwirrung und Unklarheit hinaus zum ewigen Geist. Durch Konzentration auf Gott und durch das Erwecken der wahren Fähigkeiten deines höheren Selbst wirst du das Richtige tun und all deine Bemühungen auf die beste, wahrhaftigste und schönste Art für dich und andere einsetzen können. Bist du in Einklang und Harmonie mit Gott und der Liebe, brauchst du dich um die negativen Dinge nicht mehr zu kümmern, denn sie werden auch ohne dein eigenes Zutun wieder in Ordnung kommen.

Das höhere Selbst

AUSSER deinem physischen Körper und deiner Persönlichkeit, mit der deine Freunde und Mitmenschen dich kennen, ist dir noch dein wahres Selbst zu eigen, dein höheres Selbst, das von den Lichtsphären deiner eigentlichen Heimat herabgestiegen ist, um sich in dieser Welt zu manifestieren. Noch ist es deinem wahren Selbst nicht möglich, sich voll und ganz in deinen niederen Körpern zu verwirklichen, weil diese noch nicht so weit sind, dein schönes geistiges höheres Selbst vollkommen in sich zu beherbergen. Aber in deinem täglichen Leben bist du schon dabei, deinen emotionalen, deinen mentalen, deinen Ätherkörper und all deine anderen feineren Körper hierfür vorzubereiten. Wenn dann diese niederen Körper durch Selbstdisziplin und Einweihung hinreichend geläutert wurden, wird auch dein geistiges, dein wahres, dein höheres Selbst in der Lage sein, sich in weitaus stärkerem Maße als bisher durch deine physische Form zu offenbaren.

Das höhere Selbst besteht aus sehr feinem Äther und pulsiert mit Licht, das im Laufe deiner Entwicklung durch deine Chakras im Ätherkörper, „die Fenster deiner Seele“ zu leuchten beginnt.

Wenn dieses göttliche Feuer zu voller Wirksamkeit gelangt ist, so dass alle Chakras aktiv sind, wie es von Gott gedacht ist, dann wird dein ganzer Körper in einen Zustand des Aufsteigens gebracht. Wir meinen damit, dass dein Körper, obgleich er nach wie vor von physischer Natur ist, fähig sein wird auf einer weit höheren Bewusstseinsebene als zuvor zu funktionieren und zu arbeiten. Zurzeit mag er sich noch in einem recht niederen Bewusstseinszustand befinden, doch wenn das göttliche Feuer erst entzündet und aktiv ist, dann wird der Körper in seiner Gesamtschwingung erhöht, wird leicht, hell und schön und nähert sich damit jener Stufe, die die „Gott-Menschen“, auch „Sonnen-Menschen“ genannt, innehatten, als sie zu Beginn der Schöpfung mit den Menschen gemeinsam auf unserer Erde wandelten.

Die großen weisen Lehrer näherten oder nähern sich jener Sphäre, die die Erde umgibt, um von dorther der Menschheit ihre Weisheit zu bringen. Die Seelen, die durch die Feuer des Leidens hindurchgegangen sind und bereits einen gehobenen Grad an Selbstdisziplin errungen haben, werden belehrt, wie sie in sicherer Weise, das heißt, ohne Schaden zu nehmen, das göttliche Feuer in sich entfachen können; denn dieses ist sowohl aufbauender als zerstörender Natur, was bedeutet, dass die Unwissenden und Selbstherrlichen, die beabsichtigen, von den Mysterien der Schöpfung in selbstsüchtiger, unbedachter und verantwortungsloser Art Gebrauch machen, Gefahr laufen, sich dabei selbst zu zerstören. Daher die Notwendigkeit zur Selbstdisziplin und sorgfältigen Entfaltung der feineren Körper. Aus dem gleichen Grund hüten auch diejenigen, die in den Welten des Lichtes über die Menschheit wachen, ihre Geheimnisse solange, bis der Mensch genug fortgeschritten ist, um diese achtsam anzuwenden und damit gleichzeitig in die vollkommene Freude des göttlichen Lebens einzugehen, so wie es der Wille und die Absicht des Schöpfers von Anbeginn war.

Der Mensch, in seiner Unkenntnis und Gleichgültigkeit, verschwendet dieses innere Feuer andauernd durch seine brennenden Wünsche und Leidenschaften, durch hemmungslose, unkontrollierte Emotionen. Jedes Mal, wenn du deinem Ärger oder deiner Leidenschaft nachgibst, vergeudest du das heilige Feuer. Jedes Mal, wenn du deine Gefühle unter Kontrolle hältst und in die sanfte Wärme der Liebe umwandelst, integrierst du Licht und höheres Leben in deine verschiedenen Körper. So wendest du das göttliche Feuer im guten Sinne an, um deine Seele zu erleuchten, deine Umwelt zu verschönern und Gott zu verherrlichen.

Entfalte dich aus dem Herzen heraus, meditiere über die Liebe, lebe die Liebe, nimm Liebe in dich auf, gib Liebe und deine Seele wird erleuchtet, wird zu Licht. Dann wird dir göttliche, magische Kraft in die Hände gelegt, die dich befähigt, Kranke zu heilen, Trauernde und Verlassene zu trösten, Leidvolle zu segnen und alles, was du berührst, zu verschönern, indem du Friede und Glück in das Leben der Menschen bringst.

Das höhere Selbst, von dem wir sprechen, liegt jenseits irdischen Denkens und unterhalb von Klang und äußerer Form. Es ist nicht durch menschliches Denken zu erreichen, sondern nur durch die Verwirklichung des Christuslichtes. Das höhere Selbst drängt sich weder ein noch auf, es wird von der irdischen Persönlichkeit weder behelligt noch verunreinigt – es ist vollkommen und rein. Wenn du dich für einen kurzen Augenblick mit ihm vereinen kannst, flutet kosmisches Bewusstsein in dich ein, denn wenn du dein höheres Selbst berührst, berührst du zugleich auch die ganzen kosmischen Reiche. Du kannst dein höheres Selbst erreichen durch Hingabe – durch Aufgabe aller persönlichen Wünsche und der Eigenliebe sowie durch Kontemplation, einen Zustand der Verinnerlichung, der Anbetung und Verehrung des erhabenen Wesens, das wir Christus nennen.

Jedes Kind Gottes trägt in seinem Herzen ein Idealbild des Vollkommenen. Doch liegt dieses Ideal jenseits allen Denkens. Es ist ein Ideal, das die reinste Vorstellung dessen in sich birgt, was ein Leben in Vollkommenheit einmal sein könnte, nämlich die klarste und reinste Manifestation eines wahren Sohnes, einer wahren Tochter Gottes.

Wir könnten es auch anders sagen: Du erarbeitest dir ein Idealbild, das deiner eigenen Vorstellung von Christus entspricht. Du meditierst über die vollkommenen Eigenschaften dieses hohen Wesens. Du wirst dir Seiner vollkommenen Liebe, Seiner Demut und Seiner Reinheit bewusst, und indem du dich in Sein Wesen vertiefst, identifizierst du dich mit dem, was du dir selber erschaffen hast. Du kannst diese Eigenschaften nicht empfinden, ohne eins zu werden mit ihnen, wenn auch nur für einen kurzen Augenblick, und während dies geschieht, wirst du eins mit deinem höheren Selbst und damit mit Christus. Wir wissen, dass du in diesem Bewusstsein reinen Lichtes, reiner Wahrheit nicht unbegrenzt lange verweilen kannst, denn schließlich ist es das Höchste, dessen du fähig bist. Aber du kannst es dennoch in Augenblicken höchster Seeligkeit und Entrücktheit berühren und somit erleuchtet werden.

Das höhere Selbst wirkt normalerweise nicht durch den Verstand, ausgenommen wenn euch Inspiration gegeben wird, um in

Übereinstimmung mit dem Gesetz Christi zu handeln. Doch ist euer niederer, irdischer Verstand nur allzu oft bereit euch einen plausiblen Grund zu liefern, warum ihr nicht danach handeln solltet. Im Laufe der Zeit werdet ihr aber klar zu unterscheiden lernen zwischen diesen beiden Seiten eures Wesens: dem Christus-Selbst und dem Erden-Selbst. Noch einmal möchten wir betonen, dass das höhere Selbst nicht durch den Verstand in Berührung kommen kann, sondern durch das Herz und die Eigenschaft der Liebe. Liebe ist nicht besitzergreifend. Lieben heißt geben. Liebe ist eine Strahlung, die vom Herzen ausgeht, eine liebliche Essenz, die heilt.

Alle Menschen können Diener, können Heiler sein. Alle Menschen können Tröster sein. Tröster – welch wunderbares Wort! Welch herrlichere Aufgabe könntest du dir vorstellen, als deinen Bruder, deine Schwester zu trösten? Ein Diener Gottes zu sein ist die schönste Verantwortung und Gelegenheit, die einem Menschen gegeben werden kann. Tätige Diener sind diejenigen, die mit Gott zusammenwirken und sich stets Seiner Gegenwart bewusst sind. Ein solches Leben macht den Menschen zu einem heiligen Wesen. Alle Meister sind Heilige, sind demütig, wahr und rein. Dies ist auch der richtige Bewusstseinszustand für alle, die heilen möchten, denn in dem Maße, wie man nach ihm strebt, erschafft man in sich eine Macht, die die Menschen als Wunderkraft bezeichnen.

In seiner einfachen Art zu dienen, lehrte Jesus die Menschen nach Gott zu streben. „Der Vater und ich sind EINS“ Dies ist die Quelle der Heilkraft. Wenn du vom heiligen Licht, dem göttlichen Feuer, durchflutet bist, indem du eng mit Gott verbunden bist, strömt Heilkraft von dir aus. Vergiss aber nie, dass du aus dir selbst heraus nichts bist und nichts vollbringen kannst. Es ist Gottes Macht, die in dir wirkt und die Gottes Willen ausführt. Das zu wissen ist wichtig, denn Gott wirkt, wie Er will, und nicht, wie du willst.

Wenn du Heilkräfte weitergeben willst, musst du den göttlichen Willen anerkennen, der durch dich wirkt, wenn du dich ihm hingibst. Die Basis, der Kern, der Höhepunkt allen Lebens – ist Gott. Stimuliere immer das Göttliche in der Materie. Suche die Liebe Gottes, den Willen Gottes, nie den Eigenwillen. Es ist eine schwere Lektion, wenn du gerade dabei bist, sie zu erlernen. Wenn du sie aber gelernt hast, dann wirst du wissen, dass sie die einzige dauerhafte kraft und Macht bringt.

„Du sollst Gott deinen Herrn lieben von ganzem Herzen, mit ganzer Seele und mit ganzem Gemüt“. Nichts anderes soll in deinem Leben sein als Gott. Nichts anderes soll in deinem Leben sein als Gott, die Offenbarung Gottes auf jeder Ebene deines Seins, damit du in allen menschlichen Beziehungen, auf welcher Stufe auch immer sowohl in der äußeren Welt als auch in deiner inneren Welt, stets nach Seinem Willen handelst. Dies macht einen vollkommenen Heiler und einen vollkommenen Menschen.

Der sechseckige Stern ist das Symbol des vollkommenen Menschen, des Menschen der wird wie Christus. Es gibt viele solcher Christus-Menschen. Es sind jene, die gemäß den Christus-Gesetzen gelebt haben. Viele Inkarnationen sind notwendig für eine Seele, um Meisterschaft auf der physischen, emotionalen und mentalen Ebene zu erlangen. Der Mensch aber, der wahrlich ein Christus-Mensch genannt werden kann, ist derjenige, der sich geübt hat, Liebe zu schenken. In seinem täglichen Leben und in allen Beziehungen zu seinen Mitmenschen gibt er Liebe und Liebe ist Licht.

Ihr fühlt euch alle zuweilen verwirrt, wenn wir von Liebe reden, indem ihr meint: „Da gibt es aber doch auch einige Menschen, die ich nicht lieben kann!“ Unsere Antwort lautet: Halte deine persönlichen Gefühle zurück. Liebe um der Liebe willen. Denke daran, wie liebevoll Gott und wie liebenswert daher Seine Schöpfung ist. Deshalb liebe Gott von ganzem Herzen und mit deiner ganzen Seele. Liebe Christus!

Könntest du heilende Hände bei ihrer Arbeit wirklich sehen, so würdest du mit deinen inneren Augen wahrhaft erblicken, wie Ströme des Lichtes von ihnen ausgehen. Dieses Licht ist das Resultat der Liebe. Nur Liebe heilt – die Schwingung der Liebe.

Wenn du eine Wunde, eine Verletzung oder Erkrankung hast, dann denke mit Liebe an sie. Lege deine rechte Hand auf die schmerzende Stelle und denke liebevoll an sie, denke an sie mit Liebe, nicht mitleidig. Mitleid ist etwas völlig anderes. Liebe die entsprechende Stelle, dann wird heilendes Licht durch deine Hände fließen.

Wenn wir mit Mitgefühl an das Leid in der Welt denken, so wie wir uns vorstellen, dass Jesus es tat, dann können wir Licht aussenden, gleich einem hellen Stern, der einen Ruheplatz in den Herzen der Müden, Traurigen und Kranken findet. Dort erschafft das strahlende Licht der Liebe ein neues Leben, einen neuen Körper.

Das Aussenden des Lichtes des Sterns zur Heilung der Menschen sollte nicht belastend oder ermüdend sein. Es sollte einfach ein stilles Ausstrahlen von innen sein. Du bist der Kanal für das Licht. Du, du selbst, formst das Symbol des sechseckigen Sterns. Das ICH BIN – der Christus in deinem Herzen ist der Stern, ist die Flamme. ICH BIN der Stern. Das Licht des ewigen Feuers strahlt durch mich und IST der Stern. Der Stern, so wie er von deinem Herzen ausstrahlt, ruft und erweckt das Licht der Liebe in den Herzen all derer, auf die du deine geistige Gedankenkraft richtest.

Gebrauche jetzt deine Vorstellungskraft. Stelle dir vor, du schaust mitten in das Zentrum dieses Sterns, der das Symbol des Christus-Menschen ist. Während du innerlich schaust und dich vollkommen auf die Liebe und das Heilungslicht konzentrierst, das ebenfalls durch das Symbol des Sterns versinnbildlicht wird, spürst du, wie du in den Stern emporgehoben und selbst ein Teil dieses Sterns wirst. Nicht nur du selbst wirst dadurch geheilt, sondern du sendest auch Strahlen der Heilung aus dem Herzen des Sterns zur ganzen Welt.

Die Macht des Geistes ist in dir. Sie ist schöpferisch und kennt keine Grenzen. Erlaube deinem irdischen Verstand niemals, dein Denken einzuengen und deine Visionen zu begrenzen. Im täglichen Leben, im Kontakt mit deinen Mitgeschöpfen, in deiner Arbeit erlaube dir nie, die Beschränkung der physischen Materie zu empfinden. Du siehst, mein geliebter Freund, alles ist nur eine Frage des Bewusstseins. So wie du denkst – so bist du.

Ihr alle kennt das Sprichwort von den „Luftschlössern, die gebaut werden", ohne euch die Wahrheit dieser Worte bewusst zu machen. Erschaffe daher zuallererst in deinem Bewusstsein den Stern und erkenne, dass du im Zentrum des Sterns bist. Du bist der Stern, und von dir geht sein Licht in den Äther. Indem du dies tust, bekommst du Kraft. Du empfängst die Macht der göttlichen Liebe, die kein Misslingen zulässt. Göttliche Liebe ist allmächtig, allweise, allgegenwärtig. Gott ist in deinem Innersten, und mit Gott sind alle Dinge möglich.

Geistiges Heilen

EINER der wichtigsten Aspekte der geistigen Entwicklung ist das Heilen. All jenen, die Heiler sein möchten, wollen wir nahe legen als Erstes die Notwendigkeit zu erkennen, dass sie Kanal für die göttliche Lebenskraft sein und lernen können sich selbst als Sohn/Tochter Gottes zu sehen und daran zu denken, dass sie für alles und bei allem von Ihm abhängig sind.

Die Heilkraft wird dauernd durch euch fließen, wenn ihr einmal die Technik verstanden habt, eure geistigen Sinne den kosmischen Heilstrahlen zu öffnen. Ihr alle könnt zum Instrument für diese magnetischen und geistigen Strahlen werden. Viele Menschen verschließen sich aber diesen Leben spendenden Kräften aus Unkenntnis oder aus anderen Motiven.

Die Aufgabe eines geistigen Heilers ist, das heute anerkannte medizinische System zu unterstützen und in Harmonie mit ihm zusammenzuarbeiten, wenn es erlaubt ist. Es gibt so viele verschiedenartige Menschen auf Erden. Die einen sprechen auf eine ganz bestimmte Heilmethode an, andere wiederum auf etwas ganz anderes. Es wäre auch nicht sehr weise, viel Zeit, Energie und Arbeit für geistiges Heilen aufzuwenden, wenn eine körperliche Störung leicht, einfach und schnell durch medizinische Behandlung oder durch einen chirurgischen Engriff behoben werden kann. Gleichzeitig möchten wir betonen, dass die Grundlage allen Heilens geistiger Art ist und dass der Tag kommen wird, an dem geistiges Heilen auf eurer Erde nicht nur anerkannt, sondern als außerordentlich wichtiger Dienst praktiziert werden wird. Doch der Mensch muss sich geistig entfalten, ehe er seinen Körper beherrschen kann.

Grundsätzlich entstehen alle Krankheiten im Körper durch einen Mangel an geistigem Licht. Man kann es auch anders ausdrücken und sagen: Krankheit ist ein Mangel an Leichtigkeit und Ruhe, ein Mangel an Harmonie. Der Mensch ist sein ganzes Leben lang damit beschäftigt, Disharmonie und Krankheit zu erschaffen. Harmonie und Gesundheit bleiben erhalten, wenn das Leben durch den innewohnenden Christus gelenkt wird.

Geistiges Heilen ist zweifellos wissenschaftlich. Es bewirkt die Harmonisierung der widerspenstigen physischen Atome. Geistiges Heilen ist wie eine Kommandostimme, die vom Herz-Zentrum aus erklingt und diese Kraft wirkt größtenteils durch den Heiler, aber auch durch den Patienten. Die Kommandostimme aus dem Herzen ist die Liebe die die widerspenstigen Atome in Harmonie bringt. Diese werden veranlasst, der Stimme göttlicher Liebe zu gehorchen. Das ist das Geheimnis des Heilens. Wenn sowohl der Patient wie auch der Heiler in vollständigem Einklang sind mit jenem Zentrum der Liebe, dann wird der Patient spontan geheilt, weil er unbewusst den richtigen kosmischen Strahl wählt, den seine Seele und sein Körper benötigt.

Jesus war der große Beweisführer dieser göttlichen Macht. Er befasste sich nicht mit den Namen der Krankheiten, sondern ging stets direkt zur seelisch-geistige Ursache. Er heilte, indem er das „erweckende“ Licht in die Seele einfließen ließ. Er rief: „Lazarus – komm heraus“, und Lazarus kam in seinen Grabgewändern aus der Gruft. Erkennt ihr die symbolhafte Bedeutung dieser Worte? Lazarus war ganz eingehüllt in die irdischen Belange, in irdisches Denken. Er war wie ein Toter und die Stimme des Meisters rief: „Lazarus – komm heraus“. Und so erhob sich Lazarus „von den Toten“. Das ist die Arbeit des wahren Heilers.

Ihr müsst auch daran denken, dass es in der Seele auch eine Ansammlung von Karma gibt. In gar vielen Fällen liegt die

Ursache einer Krankheit tief in der Seele. Sie stammt aus einem früheren Leben und wurde in den heutigen Astralleib einprogrammiert. Wie ihr wisst, wird der Astralleib von den Handlungen der Vergangenheit erschaffen. Solches im Astralleib gespeichertes Karma wirkt sich manchmal in physischen Krankheiten oder aber in den Lebensumständen aus. Das karmische Gesetz ist genau, gerecht, vollkommen und wahr. Ihr könnt in das Karma eines anderen nicht eingreifen, aber ihr könnt eurem Patienten helfen, sein Karma umzuwandeln. Wenn dem Patienten geholfen werden kann, das völlige Einfließen des Christuslichtes zu empfangen, wird er sich dadurch selbst helfen. Auf diese Weise lernt er seine Lektion durch die Transmutation – die Umwandlung – seines Karmas, anstatt durch eine spezielle Krankheit.

Sinn und Zweck des Karmas ist zu belehren. Es bietet der einzelnen Seele die Gelegenheit, gewisse Lektionen zu erlernen, Weisheit zu erlangen und geistig zu wachsen. Ist die Seele arrogant – und das ist oft der Fall –, ist sie nicht gewillt, gläubig anzunehmen, sondern beharrt auf eigenem Besserwissen, dann bleibt nichts anderes übrig, als den vorgeschriebenen Weg zu gehen, das heißt, die physische Krankheit durchzustehen. Es gibt allerdings auch Seelen, die freiwillig den Pfad des Leidens wählen, aber diese Entscheidung wurde im Unterbewusstsein gefällt.

Das bringt uns zu einem weiteren Punkt: Dränge nie, niemals jemandem geistiges Heilen auf. Die Seele sollte aus freiem Willen geistige Hilfe suchen. Was der Patient benötigt, ist geistiges Licht. Der Zweck des Schmerzes ist, ihn zum Licht zu führen.

Aus diesem Grund sollte sich ein geistiger Heiler nicht allzu sehr mit dem physischen Körper und seinen mannigfachen Krankheitssymptomen beschäftigen, sondern mit der Seele und der Aura des Patienten. Wohl ist es wahr, dass ein Heiler gewisse magnetische Kräfte (Heilmagnetismus) besitzt und so den Patienten vorübergehend von den Symptomen befreien kann. Doch das ist nicht genug. Beim geistigen Heilen heilt man die

Seele. Zur gegebenen Zeit wird sich die seelische Gesundung auf den Körper auswirken.

Wahres Heilen geschieht auf der geistigen Ebene und die Heilkraft kommt aus dem göttlichen Leben der Christussphäre. Je nach dem Reinheitsgrad des Heilers fließt die Heilkraft durch seine feinstofflichen Körper und entströmt seinen Händen und seiner ganzen Aura. Genauso, wie ein Bergbach ein sauberes Bachbett braucht, um rein zu bleiben, benötigt der Heilstrom die reine Aura des Heilers. Es geht nicht nur um das Auflegen der Hände, sondern um den Kontakt mit Christus. Durch diesen Kontakt kann die Heilkraft Christi zum Fließen kommen und sie kann durch die gedankliche Lenkung des Heilers konzentriert oder in ihrer Wirkung intensiviert werden. Aus diesem Grund ist es verständlich, dass die Methode des Fernheilens genauso wirksam sein kann wie das Auflegen der Hände, sofern sie richtig ausgeführt wird.

In den unsichtbaren Heilstrahlen sind gewisse Eigenschaften vorhanden, bestimmte Farben und Schwingungen, sogar Düfte, die der Heiler heranziehen kann, um sie an den Patienten weiterzugeben. Wenn ein Mensch krank wird, „fehlt ihm etwas", oder er ist in seinem seelischen Gleichgewicht gestört. Du als Heiler wirkst in Zusammenarbeit mit den Heilengeln, damit die Seele das, was ihr fehlt erhält, der Mangel behoben wird, damit sie ins Gleichgewicht kommt, Gesundheit oder Ganzheit erhält. Du bist der Dirigent, das leitende Medium für diese reinen geistigen Kräfte, und deshalb muss du dich bemühen, so zu sein, wie die Priester und Priesterinnen in längst vergangenen Zeiten waren. Du muss durch reines Leben, reines Denken und selbstloses Handeln wie auch durch korrektes Verhalten zu einem menschlichen Werkzeug des Geistes werden.

Bemühe dich mit ganzer Kraft, selbst bei guter Gesundheit zu bleiben. Überarbeite dich nicht, weder geistig-seelisch noch körperlich. Beachte die Regeln für ein reines gesundes Leben.

Lebe harmonisch in dir selbst. Ernähre dich von den reinen gesunden Früchten der Erde. Atme das Leben Gottes mit vollem Bewusstsein ein. Sei freundlich zu deinem Körper und zwinge ihn nicht, Dinge zu tun, die nicht weise sind. Verunreinige ihn nicht mit Rauch. Gönne ihm Ruhe, reinige ihn und ernähre ihn mit gesunder Nahrung und bringe ihn in Einklang mit den reineren Schwingungen der höheren Sphären. Die Grundlage allen Heilens ist das In-Einklang-Kommen des Heilers mit den Kräften der Natur und des Geistes.

Fühlst du dich müde und ausgepumpt, dann besinne dich auf die Notwendigkeit, dich wieder energetisch aufzuladen. Gute Methoden des Aufladens sind das Eintauchen der Hände in kaltes Wasser, Beschäftigung mit der Erdkrume, oder unter Bäumen spazieren zu gehen. Stelle dich mit dem Rücken gegen einen kräftigen Baum und atme mit ihm. Atme seine Lebenskraft in dich ein und du wirst erstaunt sein, wie erfrischend die Kraft in dich einströmt. Wende dich zur Natur, wenn du müde und abgespannt bist; und wenn du deine Arbeit einfach nicht mehr tun kannst – dann ziehe dich zurück. Mit der Zeit wirst du lernen, wie du dich am besten aufladen kannst, sodass du nicht mehr müde wirst.

Entspannung ist wichtig sowohl für den Heiler als auch für den Patienten, doch die Entspannung muss unter der Kontrolle des höheren Selbst stehen. Lass deinen Körper völlig entspannt ruhen. Entspanne deinen Verstand und erlaube dem himmlischen Körper, durch den physischen, den astralen und den mentalen Körper hindurch deine Aura mit dem Licht Christi zu erfüllen. So wenige Menschen wissen, wie man sich entspannt. Sie laufen verkrampft umher, ihre Gesichter sind angespannt und sollten doch Entspannung, Frieden und Hingabe an die himmlischen Welten zum Ausdruck bringen.

Je mehr du dich bemühst, zum reinen Kanal für die Heilkräfte zu werden, desto sensitiver wirst du. Darum ist es wichtig, dir zu sagen, wie du deine Aura schützen kannst. Sobald du dir einer negativen oder schädlichen Schwingung bewusst wirst oder denkst, es könnte etwas Unerwünschtes in dich eindringen, schütze dich, indem du dir gedanklich vorstellst, wie du deine Aura um dich legst, so wie ein Engel seine Schwingen um dich faltet. Auch helfen dir einige tiefe Atemzüge. Atme das Große Weiße Licht in dich ein und lege deine Hände auf das Sonnengeflecht (Solarplexus), die Rechte über die Linke, und verharre in positiven Gedanken.

Da die rechte Hand die gebende und die linke Hand die empfangende ist, könnt ihr die linke Hand betend emporhalten und bitten, dass die Heilkraft durch die linke Hand in euch einströmen möge. Sie ist wie ein Magnet. Pulsierende Lebenskräfte strömen in sie ein und dringen durch den Körper in die rechte Hand und von dort zum Patienten.

Die Berührung des Patienten sollte ganz zart sein. Ein ganz sanfter und leichter Kontakt genügt. Die Strahlung geht sodann von den Fingerspitzen und der Handfläche aus. Ihr Heiler, seid euch bewusst, dass unsichtbare Hände über den euren liegen. Eure Hand ist lediglich der Ableiter oder Draht, der die Heilstrahlung weiterleitet.

Achte darauf, niemals gefühlsmäßig mit dem Patienten verstrickt zu w erden. Ein irdischer Arzt kann freundlich sein und für seine Patienten Sympathie empfinden, doch wenn er weise ist, lässt er jede Emotion aus dem Spiel. Emotionen müssen bei jeder geistigen Tätigkeit unter strikter Kontrolle gehalten werden. Unbeherrschte Gefühle können die feinste Arbeit zerstören und die besten Gruppen auseinander brechen lassen. Wir raten dir dringend, lieber Freund, erhebe dich über die Schwäche unkontrollierter menschlicher Emotionen, denn nichts anderes hemmt so stark den Fortschritt auf dem geistigen Pfad. Wer weise ist, der ist ausgeglichen, freundlich, ruhig, liebevoll gegen alle und richtet sich unmittelbar an das göttliche Zentrum der Liebe und Weisheit.

Die Macht der Gedanken

Gedanken können Gesundheit bewirken, Gedanken können heilen. Gedanken können aber auch Leid und Krankheit hervorrufen, können des Menschen Seele, sein Gemüt und seinen Körper zerstören. Eure Wissenschaft steht erst ganz am Anfang der Erkenntnis über die Gedankenkräfte. Gedanken des Ärgers, der Furcht und des Hasses sind die Wurzeln aller Leiden und aller Kriege. Andererseits sind Gedanken aber auch die Ursache von Schönheit, Harmonie, Bruderschaft und all dem, was sich der Mensch ersehnt. Wir selbst arbeiten so weit als möglich mit der schöpferischen Macht der Gedanken. Wir versuchen, alle zerstörenden Gedanken zu meiden. Es ist unser Grundsatz, den Rat- und Hilfesuchenden stets positiv zu begegnen und in allem nur das Gute zu sehen. Wir tun dies ganz bewusst, auch wenn man uns für einfältige Optimisten halten sollte. Wir wissen, dass wir durch positive Gedanken und dadurch, dass wir immer nur das Gute sehen, mithelfen, das Gute und Positive zu erschaffen. Wir denken nie in Bildern von Pessimismus, Traurigkeit oder Tod. Alles ist Leben. Alles ist Fortschritt und Entfaltung. Alles ist gut. Alles ist Gott. Deshalb sollten jene, die Heiler werden wollen, ausschließlich positiv denken und wirken.

Sprich nie die Vermutung aus, dass dein Patient sterben könnte. Sieh nur das schöpferische, das sich stets verändernde, sich entfaltende Leben. Den Tod gibt es nicht. Glaube, dass Hoffnung besteht, solange das Leben währt. Erwarte nie etwas anderes als das Gute. Es ist die Aufgabe des wahren Heilers, Vertrauen einzuflößen und keine Zweifel oder Furcht. Hilf deinem Patienten, sich harmonisch in das vollkommene Gesetz Gottes einzuordnen. Hilf ihm, eine klare, gesunde Einstellung zum Leben zu bekommen. Richtig denken, göttlich denken erfasst das ganze Wesen. Das ist eine gewaltige Wahrheit, und wenn du darüber nachdenkst und meditierst, wirst du verstehen, was wir meinen. Richtige

Gedanken sind Gott-Gedanken, sind ausgeglichen, liebevoll, rein, heilig und freundlich. Sie sind tolerant und großzügig. Richtige Gedanken beinhalten eine göttliche Einstellung zum Leben.

Geistiges Heilen wird durch die Kraft ernsthaften Strebens ermöglicht. Sind die Gedanken wahrhaft auf Christus gerichtet – dann ist das Christuslicht im physischen Körper spürbar und kann, da es eine gewaltige Kraft besitzt, den Krankheitsverlauf zum Stillstand bringen. Dunkelheit oder Krankheit kann in Licht umgewandelt werden. Das Licht übernimmt die Kontrolle, ergreift Besitz vom Körper und beeinflusst die physischen Atome. So geschehen die Wunder! Doch irdisch denkende Menschen wollen das nicht wahrhaben, wollen es nicht verstehen, wissen es nicht zu würdigen. Wenn wir sagen, dass die Macht der Gedanken fähig ist, Wunder zu wirken, dann meinen wir natürlich göttliche Gedanken, das heißt, Gedanken, die aus einem reinen, strebendem Herzen kommen. Ist das Herz auf Gott gerichtet, werden Kräfte herangezogen, die Negatives in Positives, Dunkelheit in Licht umwandeln.

Meister Jesus sagte: „Ich und der Vater sind eins" und „Die Worte, die ich spreche, sind nicht meine Worte – es ist der Vater, der in mir wohnt, der sie spricht und die Taten vollbringt". Jeder Heiler sollte um die Worte dieser Wahrheit wissen und jeder Patient sollte versuchen, diese ewige Wahrheit zu verstehen, denn sobald der Kontakt mit der Christusgegenwart hergestellt ist und wenn auch nur für eine Blitzsekunde, so ist es, als hätte sich die Kraft Gottes in euch entzündet. Dann vergesst ihr irdische Begrenzungen und erhebt euch in die höheren Sphären bewussten Lebens – und dort werdet ihr von der lebendigen Kraft Gottes aufgeladen. Lasst euch vom irdischen Verstand nicht begrenzen.

Zweifelt nicht an dieser Kraft und Macht. Entfernt alle Zweifel aus euren Gedanken und wisset tief in eurem Herzen um die Wahrheit dieser unsichtbaren Heilstrahlen und um die Wahrheit des unsichtbaren Lebens.

II

DIE VIELEN EBENEN DES SEINS

Alles, was rein und gut ist, kommt von Gott, ist Wirklichkeit

WEISHEIT VON WHITE EAGLE

WIR bringen dir Frieden, Freude und Liebe. Wir möchten dein Bewusstsein erweitern, damit du die Gegenwart der Erleuchteten wahrnehmen kannst. Wir möchten dir helfen, dein Herz den großen Wächtern zu öffnen, damit du die Botschaft, die sie bringen, in deinem Herzen vernehmen kannst. Versuche zu erkennen, dass du nicht so klein bist, wie du meinst, sondern Teil einer viel schöneren Seele, als du ahnst. Diese Seele ist dein höheres Selbst. Lediglich ein kleiner Teil von dir manifestiert sich in deinem Körper. Etwas in dir, dein inneres Selbst, ist dauernd mit deinem höheren Selbst verbunden. Das letztere ist getrennt von Gott und dennoch Teil von IHM. Diese Gedanken liegen jenseits deines heutigen Begriffsvermögens, jedoch zur gegebenen Zeit wird sich dir die Wahrheit und Schönheit jenes höheren Selbst, das höhere Leben, kundtun.

Solange du im Körper weilst, lebst du in scheinbarer Dunkelheit und Einschränkung und kennst nicht den Leitstern über dir, der mit deinem Herzen verbunden ist. Die stillen Wächter, die während deiner Erdenreise über dich wachen, kannst du nicht sehen und du erfasst nicht, wie sehr sie für dich sorgen und dich führen. Sagte nicht der Meister: „Kein Sperling fällt vom Dach, ohne dass es der VATER im Himmel wüsste", und „sogar die Haare auf deinem Haupt sind gezählt". Du aber vergisst diese Weisheitsworte, wenn du in deinen jeweiligen kleinen Ängsten gefangen bist. Du wirst von deinen Befürchtungen heimgesucht und beeinflusst, ja sogar besessen. Wenn du dich doch an die Worte des Sohnes Gottes erinnern wolltest, dass der VATER deine Bedürfnisse kennt und dass ER dein Leben so geplant hat, dass letztendlich Glück und nicht Sorge auf dich wartet! Allmählich lernst du, deinem Schöpfer zu vertrauen, denn die Erfahrung wird dich lehren, dass aus allem Bitteren etwas Gutes resultiert und dass nichts so schlimm ist, wie du fürchtest.

Versuche das, was wir sagen, in Erinnerung zu behalten. Wir wissen, dass etliche von euch dringend Trost, Mut und Aufmunterung brauchen. Sei versichert, mein Freund, dass der VATER im Himmel deine Nöte kennt. Was dir jetzt geschieht, formt deinen Charakter und bringt Schönheit in dein Leben. Du denkst vielleicht, wir seien überoptimistisch. Wir haben aber allen Grund, optimistisch zu sein, denn unsere Sicht reicht weiter als die deine, und wir können sehen, dass alles gut wird.

Oftmals wird die Frage gestellt, warum die Unschuldigen so oft für die Schuldigen leiden müssen. Wir aber sagen euch, dass die Unschuldigen nicht für die Schuldigen leiden. Ihr seht die Dinge von eurem Standpunkt aus und kennt nicht die unendlich große Liebe und Gnade des Schöpfers. Nichts wisst ihr über die liebevolle Fürsorge, die denen zugute kommt, die leiden und einsam und furchtsam sind. Ihr seht die Katastrophen, den toten Körper, die leere Hülle und stöhnt: „Wie furchtbar! Wie schrecklich ist der Tod“. Doch ihr wisst nicht, wie gut die Vorsehung für diejenigen sorgt, deren Schicksal es ist, plötzlich und auf eine scheinbar schreckliche Art und Weise vom Körper getrennt zu werden. Stets sind hierfür Vorkehrungen getroffen. Die Verunglückten wissen nicht, was ihnen geschieht. Sie wissen lediglich, dass sie leben, sich bewegen und in einer Welt atmen, die identisch scheint mit der bisherigen. Behutsam und mit viel Liebe werden sie zu der Erkenntnis gebracht, dass sie ihren ehemaligen Körper verlassen haben und „gestorben“ sind.

Wir in der geistigen Welt wachen über ihren Zustand, bis sie sich der neuen Lage bewusst geworden sind, und wir wissen, dass sie tiefe Freude und Dankbarkeit für einen so leichten Übergang empfinden. Freude und Dankbarkeit sind denn auch die erste Reaktion, wenn sie sich in der neuen Umgebung zurechtfinden. Diese ist für sie solide und real, ähnlich der irdischen Welt, die sie zurückgelassen haben, jedoch viel schöner. Zarte Fürsorge und Liebe wachen unaufhörlich über den Menschen, nicht nur zum Zeitpunkt des Todes. Sie sind immer da und behüten und erhalten die Menschheit. So war es immer, und so wird es stets sein.

Als menschliches Leben auf diesem Planeten begann, war es unbefleckt rein. Ihr in eurem fortschrittlichen Leben meint, dass die Paradiesgeschichte eine Erzählung für Kinder sei. Sie beinhaltet aber eine tiefgründige Wahrheit.

Am Anfang erdachte sich der Schöpfer das vollkommene Leben. ER stattete den Menschen mit gewissen Kenntnissen aus. Tief in seine Seele legte ER den Schlüssel zu den Mysterien und dem Wunder des Lebens. Die Erde aber zog den Menschen in ihren Bann. Statt frei zu bleiben, wurde er zum Sklaven der Materie.

Gott gab dem Menschen nicht nur eine schöne Erde, um darauf zu leben, und einen schönen Körper, um darin zu wohnen, sondern ER sandte ihm durch die Jahrtausende hindurch Boten. Zuerst kamen sie nicht nur aus der geistigen Welt, sondern auch von anderen Planeten und aus dem All. Sie wurden Gottmenschen genannt, denn sie waren gekommen, um dem Erdenmenschen erweiterte Kenntnis über das universale und himmlische Leben zu bringen.

Ihr kennt Überlieferungen von den verschiedensten Katastrophen und über das versunkene Atlantis. Auch andere Kontinente verschwanden auf ähnliche Weise, von denen ihr nie etwas gehört habt. Ihr kennt nicht einmal das Alter der Erde. Auch über die wahre Natur von Zeit und Raum habt ihr keinen rechten

Begriff. Eure Wissenschaftler haben ihre eigenen Methoden der Altersbestimmung und bauen auf ihnen ihre Theorien auf. Diese werden eine Zeitlang geglaubt, um dann von anderen abgelöst zu werden. Bis der Mensch seine geistigen Fähigkeiten entwickelt hat, versteht er tatsächlich weder den Zeit- noch den Raumbegriff. Diese Erkenntnisse kommen erst mit der Erweiterung seines Bewusstseins.

Eines Tages wird der Mensch erkennen, dass er nicht nur von geistigen Welten und ihren Lebewesen, sondern auch von feinstofflichen oder halbstofflichen Welten, mit Wesen ähnlich wie er selbst, umgeben ist. Oftmals mischen sich Geistwesen unter euch, die nicht von eurer Welt, sondern von anderen Planeten kommen. Es ist bekannt, dass solche Wesen durch sensitive Menschen zu euch sprechen.

Der Mensch ist in seinen Ideen festgefahren und kommt von seiner einspurigen Denkart nicht los. Außerhalb dieses festgefahrenen Denkens aber gibt es so viele wunderbare Dinge, solch herrliche Sphären, von denen ihr nichts ahnt. Ihr empfindet euer Leben als schwierig und einsam und habt das Gefühl, dauernd im Stress zu sein. Eure Füße sind schwer, und der Weg, auf dem ihr euch vorwärts schleppt, ist steinig.

Lernt deshalb, eure innere Vision zu öffnen, und habt den Mut, das zu glauben, was ihr glauben möchtet. So viele haben gesagt: „Oh White Eagle, ich wünschte, ich könnte glauben. Gib mir Beweise, und ich glaube".

Mein Freund, der Beweis, den du haben willst, liegt in dir! Du möchtest bestätigt bekommen, dass du ein ewig lebendes Wesen bist, dass dein Schöpfer die All-Liebe ist, dass du den Tod nicht zu fürchten brauchst und dass du dich von denen, die du liebst, nicht trennen musst. Die Bestätigung liegt in deinem eigenen Wesen. Du möchtest die Versicherung bekommen, dass du dir in deinen Meditationen nichts vormachst, dir nicht Dinge vorstellst, die sehr schön, doch im Grunde genommen unwirklich und phantastisch sind. Wenn du dich in deinem Streben und der Meditation mit deinem Bewusstsein zum Schöpfer emporhebst, wird dir bewusst, dass es etwas Verehrungswürdiges und Wunderbares gibt. Oh, dieser Odem des Unendlichen, der Duft dieses Odems, die Freude dieses Lebens! Ist dies Wirklichkeit, oder ist es etwas, was am Morgen wieder verschwindet?

Wir sagen: Alles, was heilig, schön, rein und gut ist, kommt von Gott und ist wirklich. Das ist der wahre Zustand des Lebens. Nun wirst du fragen: „Warum sind wir dann hier unten Gefangene unseres dichten, schweren Körpers? Warum ist denn die Welt so tief gefallen, da doch das Leben vor Äonen so herrlich war? Wenn diese Welt ein Garten Eden war, was ist denn seither geschehen? Und was haben wir getan, sie in diesen schrecklichen Zustand zu bringen“? Ja, was habt ihr getan? *Was tut ihr jetzt?* Das bringt es eher auf den Punkt! Denn würdet ihr jeden Moment im Bewusstsein eures Schöpfers, im Bewusstsein des Sohnes Gottes, des Christus, leben, ihr würdet weder leiden noch in Dunkelheit gefangen sein. Die Liebe Gottes und des geistigen Lebens ist schöpferisch und erzeugt Harmonie und Schönheit in eurem Körper, eurem Leben und in eurer Umgebung. Sie verleiht euch ein geistiges Leben, das durch die Illusion eines selbstsüchtigen Erdendaseins nicht verängstigt, verletzt, getrübt und beschmutzt werden kann.

Gott hat in euer Herz den Schlüssel zum Himmelreich gelegt. Die dunkle Erde kann euch nicht zurückhalten. Wenn heute die Erde von trübem Nebel umgeben ist, dann war es nicht Gott, der ihn schuf, sondern der Mensch, der ihn verursachte. Wenn ihr jedoch immerzu an den Sonnenschein und die herrliche Sonne Gottes denkt, so dass Geist, Seele und Verstand mit Licht erfüllt werden, dann werden für euch Dunkelheit und Nebel schwinden. Dann seid ihr Lichter, und sobald genügend Lichter da sind, lösen sich Dunkelheit und Nebel auf.

Jesus sagte: „ICH BIN das Licht der Welt“. Wie versteht ihr

diesen Ausspruch? Jesus wird kaum gemeint haben, dass er ein Licht in dunkler Nacht sei. Doch er meinte das „ICH BIN" der Christus im Inneren ist das Licht, die Auferstehung und das Leben. So auch strahlt das „ICH BIN" aus dem Herzen des Menschen, ein Licht, das allen Nebel und alle Dunkelheit durchdringt.

Ihr sprecht von „im Licht leben". Und tatsächlich, wenn ihr an einem Ort seid, wie in unserer Lodge, fühlt ihr, dass ihr „im Licht" seid. Ihr schließt eure Augen und meditiert über das geistige Sonnenlicht. Ihr seht strahlende Wesen, in allen Farben des Spektrums gekleidet. Ihr wandert in eurer Meditation in Gärten von unbeschreiblicher Schönheit. Ihr begegnet Menschen mit vor Liebe und Weisheit strahlenden Gesichtern. Dann kehrt ihr zurück zu dem, was ihr die Wirklichkeit nennt. Doch die Vision, die ihr während eurer Meditation hattet, ist die Realität, denn das ist euer wahres Leben, das Leben des Geistes. Ihr kehrt zurück in die Illusion. Wisst ihr, dass eure physische Welt eine Illusion ist? Wisst ihr eigentlich, dass sie aus Licht aufgebaut ist? Wisst ihr, dass euer physischer Körper, könntet ihr ihn hellsehend wahrnehmen, aus Licht zusammengesetzt ist?

Überall auf der Erde findet man Ruinen großer Sonnentempel. Wissenschaftler zerbrechen sich den Kopf, wie die Vorfahren Steinquader von vielen Tonnen Gewicht transportieren und aus ihnen Tempel erbauen konnten. Die Uralten kannten die Kraft von Klang und Rhythmus. Sie verstanden jene Kraft und konnten sie anwenden. In anderen Fällen erbaute man Tempel aus ätherischer Substanz und Licht, aber im Laufe der Zeit und mit dem zu Ende gehen der geistigen Kräfte des Menschen verhärteten sich diese Tempel zu Stein. Wer zu bestimmten Zeiten zu den Ruinen von Stonehenge geht und dort sein inneres Auge öffnet, sieht große Engelwesen von anderen Planeten, deren Kraft dort verankert ist. Wollt ihr denn nicht erkennen, dass die Schöpfung kein Phänomen der Erde, der Venus oder irgendeines anderen Planeten ist? Sie ist doch eine kosmische

Angelegenheit, und alle ihre Teile bilden eine Einheit und sind in steter Wechselbeziehung zueinander. In vergangenen Zeitaltern kamen „Gottmenschen“ von der Venus auf die Erde, doch auch vom Mars und etwas seltener vom Merkur. So werden denn auch wiederum Wesenheiten aus dem Weltall kommen, werden von euch gesehen und erkannt werden, wenn Gott es für gut befindet und die Erdenmenschen hierfür bereit sind. Sie werden der Menschheit großes Glück bringen.

Wir wollen euch die Verwirklichung des göttlichen Gesetzes der Liebe nahe legen, wie auch den Glauben an die große geistige Familiengemeinschaft, den Glauben an die Engel von anderen Planeten und den Glauben an das große geistige Universum, aus dem sich euer Planet in eine Form der Materie kristallisiert hat, die ihr sehen und verstehen könnt. Begeht nicht den Fehler, eure Gedanken und Vorstellungen vom Leben auf Sichtbares zu beschränken. Lasst eure Gedanken in ein geistiges Universum vordringen, in ein Weltall weit jenseits eures ach so kleinen Planeten. Mischt euch unter die Brüder aus anderen Welten. Tut dies, meine Erdenfreunde, bevor ein Unglück geschieht, was sehr wohl möglich sein könnte, wenn der Mensch sich weigert, sein Bewusstsein der großen geistigen Bruderschaft und Kameradschaft zu öffnen.

Klar sehen, klar erkennen

Weisheit von White Eagle

NACH eurer Ansicht gibt es nur wenige Menschen, die eine „klare Vision“ haben, die hellsichtig sind. Es stimmt, dass in heutiger Zeit nur wenige diese Gabe besitzen, doch die Gabe des einen ist die Möglichkeit aller. Wenn nur ein einziger Mensch die Gabe der Vision hat, bedeutet das, diese Fähigkeit liegt latent in allen, denn alle sind Kinder Gottes. Sagte nicht Jesus der Christus: „Die Dinge, die ich tue, sollt ihr auch tun, ja größeres als dies, werdet ihr tun". Ob jedoch diese Fähigkeit entwickelt werden kann oder nicht, ist eine karmische Angelegenheit. Die inkarnierte Seele erleidet Einschränkungen und erfreut sich neuer Chancen, die sie sich in vergangenen Leben erworben hat, und findet sich in jenen Umweltbedingungen, in denen sie das Beste erreichen und den größtmöglichen Fortschritt erzielen kann. In der Schule des Lebens wird sie mit der eigenen Vergangenheit, mit ihrem Karma, konfrontiert. Der Mensch missversteht die Gnade und Güte Gottes und meint Karma ist etwas Schlechtes. Karma, das Resultat vergangenen Denkens, Redens und Handelns ist jedoch viel eher eine neue Gelegenheit zum Lernen, eine Chance, die dem Menschen geboten wird.

Wir wollen nun versuchen, die Bedeutung der Gabe der Hellsichtigkeit oder der klaren Sicht aufzuzeigen. Viele von euch mögen einen gewissen Grad von Hellsichtigkeit haben oder meinen es wenigstens. Wir möchten euch aber daran erinnern, dass die verschiedenen Grade des klaren Sehens bzw. der Hellsichtigkeit die ganze Skala, von der untersten bis zur höchsten Stufe umfassen. Man kann einen gewissen Grad der Hellsichtigkeit auf der unteren Astralwelt haben, der Sphäre unmittelbar jenseits der materiellen Ebene, oder man kann klare Sicht vom ganzen Kosmos haben. Zwischen diesen beiden Graden gibt es viele Abstufungen. Hellsichtigkeit bedeutet nicht nur das Erschauen von jenseitigen Wesen und Formen, sondern auch das klare Erkennen und Wahrnehmen die klare Vision der Wahrheit, klare Vision über zukünftiges Leben auf dieser Erde, eine Vision, was sein könnte, wenn alle Menschen aus dem Herzen, dem Zentrum des Lebens heraus handeln würden.

Die sieben Farben des Spektrums sind alle in dem einen weißen Strahl enthalten, den wir das Christuslicht nennen wollen. Das Christuslicht enthält alle Strahlen, und jeder einzelne Strahl wirkt schöpferisch und hat die Kraft, jegliche Form der Materie zu beeinflussen. Alle Strahlen gehen vom Zentrum oder dem

Herzen des Universums aus das ein unaufhörlicher Pulsschlag von Liebe, Liebe, Liebe ist, ein Geben, ein Ausströmen von Heilung, eine immerwährende schöpferische Kraft und Macht. Es sind die Strahlen, die den Musiker veranlassen etwas zu erschaffen, seine Musik zu hören und sie aufzuzeichnen, die Strahlen, die den Verstand des Schriftstellers inspirieren und den Maler zu seiner Vision anregen. Alle kreativen Werke gehen vom Zentrum oder Herzen des geistigen und des materiellen Universums aus. Ihre Impulse wirken sich auf Gemüt und Verstand des Menschen aus und veranlassen ihn, sich etwas vorzustellen. Ihr nennt es die Vorstellungskraft oder Imagination. Alle schöpferisch tätigen Künstler verwenden das Vorstellungsvermögen bzw. Imagination. Sie alle entwickeln auf ihre eigene Art und Weise ihren Grad des Hellsehens und Hellhörens.

Wir sagen euch dies, damit ihr lernt, die Gabe der Hellsichtigkeit zu verstehen und innerhalb eures eigenen Tempels eures eigenen Herzens zu wirken, aus diesem Zentrum heraus, das das Christusatom ist, der Christussame, das Juwel im Lotus. Von hier ausgehend, könnt ihr mit eurem Vorstellungsvermögen eurer Phantasie arbeiten. So reagiert ihr auf die Schwingungen der unsichtbaren Welt, die um euch ist und baut unter Zuhilfenahme der eigenen inneren Christuskraft eure mentalen Kraftfelder, eure Gesundheit und eure physische und materielle Umgebung auf.

Jede Form ist zuerst in den Gedanken entstanden, und der Gedanke des Menschen kann durch den Geist und durch die Macht Gottes gelenkt werden. Versucht zu begreifen, was wir euch lehren wollen, denn es ist für jeden einzelnen von euch äußerst wichtig. Die schöpferische Kraft kann dich entweder aufbauen oder niederreißen. Sie kann dein Leben entweder freudig und schön gestalten oder ins Chaos führen.

Wie ein Mensch denkt, was er sich vorstellt, so wird er. Negative Gedanken, negative Phantasie wirkt auf bestimmte Stellen des Gehirns und bringt dem physischen Körper Krankheit, einen

Mangel an Ruhe, Leichtigkeit und Harmonie und wirkt auch auf die Umwelt, auf das äußere Leben. Wenn ihr euch auf Ärger, Probleme und Schwierigkeiten einstellt, werdet ihr sie auch mit Sicherheit bekommen. Wenn ihr euch aber beharrlich auf das Gute konzentriert, werden sich Gottes Pläne als weise und liebevoll erweisen.

Dieser Vorgang ist völlig automatisch – es ist ein Gesetz des Lebens. Wie ein Mensch denkt, so ist er und so wird er. So wie ihr in eurer Meditation denkt, wie ihr Bilder mit eurer Phantasie erschafft – so manipuliert ihr feinere Kräfte, feineren Äther. Ihr erschafft so eure bestimmten Formen aus der Substanz der unsichtbaren Welten.

Was der Mensch denkt, das wird er. Was immer der Mensch in seine Umgebung, seine Arbeit und seine Religion hineinprojiziert, was immer es ist, das er erschafft – er ist damit verwoben. Entweder hält es ihn gefangen und versklavt ihn, oder, wenn seine Gedanken Gott-Gedanken sind, befreit es ihn. Der Mensch ist sein eigener Kerkermeister oder sein eigener Befreier.

Ihr werdet erkennen, warum es so wichtig ist, Selbstkontrolle und Selbstdisziplin zu erlernen, um sich vollkommener Gesundheit zu erfreuen und ein geordnetes Leben in Harmonie und Schönheit zu verbringen. Der erste Schritt auf dem Pfad der Höherentwicklung ist für jede Seele die Selbstdisziplin. Disziplin heißt strikte Einhaltung der göttlichen Gesetze. Gott selbst ist das Gesetz. Gott hat jedem Mensch das Verständnis hierfür gegeben. Jede lebende Seele hat Zutritt zu diesem inneren Wissen. Gott hat die leise innere Stimme in jedes Geschöpf gepflanzt. Der Mensch auf seiner gegenwärtigen Entwicklungsstufe aber zieht es vor, nicht hinzuhören. Würde jeder der Stimme Gottes Gehör schenken – die Menschheit wäre gerettet. Das klingt altmodisch, doch es ist der Schlüssel zur Wahrheit, denn in der leisen inneren Stimme liegt die schöpferische Kraft der Liebe.

Könnt ihr Liebe definieren? Wenn wir an Liebe denken,

fühlen wir im selben Moment den Wunsch zu geben, ein Verströmen an euch und an alles Leben. Lieben heißt geben. Wenn man liebt, ist es, als ob man aus sich herausginge, sich verströmen wolle, um zu helfen, um zu dienen. Doch so, wie man nicht ausatmen kann, ohne wieder einzuatmen, kann man auch nicht Liebe schenken, ohne Liebe zu empfangen. Die Liebe ist ein Aus- und Einatmen. Sie ist ein Licht, das tief im Inneren leuchtet, ist Wärme, Sicherheit und inneres Wissen. Jedes Mal, wenn ihr nicht in Liebe handelt, redet und denkt, seid ihr unglücklich, weil ihr außerhalb der Harmonie steht. Der irdische Verstand wird das kaum zugeben wollen und geht bis zum Äußersten, um sich zu rechtfertigen. Doch das innere Selbst weiß genau, dass es aus der Harmonie fällt, wenn es kein Gefühl der Liebe empfindet. Liebe ist Gott und Gott wird im Herzen gefunden. Wenn keine Liebe da ist, tappt ihr im Ungewissen, versteht nicht die Bedeutung von Gott, und Gott bleibt ein Mysterium.

Die Heiligen aller Zeiten, nicht nur die von gestern, sondern auch die von heute, haben alle einen gewissen Grad geistiger Reife erreicht, wodurch sie die Liebe nicht nur verstehen, sondern in ihrem Wesen Liebe sind, die sich im Dienen ausdrückt, im Dienst am Leben und im Dienst am Universum als Ganzes. Durch die Liebe hat der Heilige Meisterschaft über sich errungen, ebenso über die Kräfte oder die unsichtbaren Strahlen, die unaufhörlich alles Leben beeinflussen.

Das ganze Universum ist von diesen unsichtbaren Strahlen oder Kraftschwingungen erfüllt. Sie können zum aufbauen und gestalten verwendet werden oder zum niederreißen und zerstören. Sind sie von konstruktiver Natur, nennt man sie „gut“, aber wenn sie niederreißen und zerstören, nennt man sie „böse“. Durch die Kraft, die die Liebe einem Meister verleiht, kann er diese Strahlen zum Guten lenken, um das Gleichgewicht wiederherzustellen. Habt ihr je an die lebenswichtige Notwendigkeit gedacht, dass das Gleichgewicht gehalten werden muss? Wann immer das Gleichgewicht nicht aufrechterhalten wird, auch in eurer materiellen Welt, herrscht Chaos.

Kommt nun mit Hilfe eurer natürlichen Kraft des Vorstellungsvermögens mit uns in die Welt des Lichtes, in den Tempel der durch treue und liebevolle Herzen, im Glauben an Gott den Schöpfer, erbaut wurde. Wir befinden uns in einer großen Schar erleuchteter Wesen, den Heiligen aller Zeiten. Wir schulden ihnen Dank für ihren Dienst, denn sie erheben langsam aber sicher die gesamte Schöpfung in einen Zustand, in dem alle Geschöpfe zu Kindern des Lichtes werden. Der Weg des Dienens wird uns allen gezeigt, ob wir inkarnierte oder nicht inkarnierte Wesen sind. Dieser leuchtende Pfad des Dienens liegt vor uns.

Wir können nicht eure Arbeit erledigen, genausowenig wie ein anderer euren Beitrag zum Dienst am Leben leisten könnte. Jeder hat seinen eigenen Beitrag zur Schöpfung Gottes beizutragen. Ihr seid Bauleute und Mitarbeiter des Schöpfers. Was auch immer eure Arbeit ist – tut sie so gut wie irgend möglich. Solltet ihr euch frustriert und eingeengt fühlen, kann jeder sich mit Hilfe des göttlichen Gesetzes befreien. Das gilt für alle Aspekte des Lebens – für Gesundheit, häusliche Belange, materielle, seelische und mentale Angelegenheiten. All dies lässt sich erneuern, wenn ihr dem Christuslicht in und um euch treu bleibt.

Gott segne euch alle. Ihr seid nicht allein, denn euer Schutzengel hilft euch in allen euren Bemühungen.

Engel

Die Bruderschaft von Menschen und Engeln

Natur-geister und Engel

WIR möchten euch von einer Bruderschaft berichten, jener großen Bruderschaft, die zwischen Engelwesen und Menschen existiert, aber nur von wenigen erkannt und verstanden wird. Bei der Bezeichnung „Bruderschaft der Menschen" denkt man sofort an soziale Gleichmacherei, an das Zusammenlegen irdischer Güter und deren gleichmäßige Verteilung. Dies ist die Auffassung des irdischen Verstandes aber es ist nicht das, was wir meinen, wenn wir von Bruderschaft sprechen.

Alle Menschen sind geistig miteinander verwandt, sind Schwestern und Brüder, denn alle wurden im Anbeginn der Zeit vom LOGOS als Lebensfunken ausgesandt. Alle sind von gleicher Grundsubstanz, alle sind Kinder des einen göttlichen Elternpaares, und in diesem Sinne ist kein Mensch größer oder wichtiger als sein Bruder.

Die nicht inkarnierten geistigen Führer und Lehrer, die auf dem Entwicklungspfad schon ein wenig höher auf den Berg gelangt sind, schauen hinunter auf den Kampfplatz des Lebens. Sie sehen nicht die Uniform des einzelnen, der gegen seinen Bruder kämpft, sondern die Seele und den Geist innerhalb der äußeren Schale. Sie erblicken die Seele in ihrer Strahlkraft. Sie haben volles Verständnis für des Menschen Nöte und Schwächen, die das Los einer jeden Seele sind, und sie wissen, dass im Verlaufe der Höherentwicklung alle dereinst stark, strahlend und siegreich aus den Schwierigkeiten und Konflikten des Erdenlebens hervorgehen werden.

Der Geist der Menschen, der mit göttlicher Lebensenergie geladene Lebensfunke, der vom LOGOS ausgesandt wurde, steigt durch die verschiedenen Bewusstseinsebenen hinab, bis er zuletzt die unterste, die physische Ebene erreicht. Während dieser Reise erschafft er sich das Gewand, den Körper oder den Tempel, den wir seine Seele nennen. Auf diesem Weg, dem absteigenden Bogen des Kreises, sammelt der Geist Erfahrungen und wird individualisiert, wird zum Einzelwesen. In seiner dichtesten Form scheint er gänzlich in Selbstsucht unterzutauchen, in eine Persönlichkeit, die in ihrer Wachstumsanstrengung zu dem wird, was ihr einen Egoisten nennt. Auch das hat seinen Sinn, denn letztendlich wird hierdurch die Seele zum Wachstum angeregt. Doch in ihrer tiefsten Tiefe, eingehüllt in das Selbst, sucht die Seele, wie es das Tier tut, lediglich das eigene Vergnügen und die eigene Macht.

Doch im Verlauf ihrer Entwicklung, wenn die Seele anfängt, das Licht, das von Gott auf sie einstrahlt, aufzunehmen, wendet sie sich, um wieder emporzusteigen. Wie ein Unterseeboot, das, nachdem es den Meeresgrund erreicht hat, allmählich wieder zur Meeresoberfläche auftaucht, so klettert die Seele von der Tiefe des Materialismus erneut zum Licht empor. Hülle um Hülle von Erdhaftigkeit und Selbstsucht wird abgestreift, wenn die wahre Natur sich zu regen beginnt und Seele und Geist vorwärts drängen, um jenes strahlende Wesen zu werden, das Gott ursprünglich plante.

Die Talente, mit denen das Kind Gottes ausgestattet wurde, als es aus dem Herzen des LOGOS hervorging, sind nicht für immer verschüttet. Die Seele steigt durch die Sphären des Lichtes in dem Maße empor, in dem sie es lernt, diese Talente einzusetzen. Diese Sphären des Lichtes befinden sich nicht unbedingt außerhalb der Reichweite des Menschen auf der Erde, denn er kann Kontakt zu ihnen aufnehmen, noch während er im physischen Körper lebt. Alles ist eine Frage der Entwicklung. Der Mensch, der wach genug geworden ist, mehrere Lagen des irdischen Verstandes und der irdischen Gewohnheiten abzulegen, und nicht länger durch animalische Instinkte gefesselt ist, beginnt, sich der inneren Welten von Licht und Schönheit bewusst zu werden, Welten, die er sich zuvor nicht erträumen konnte. Dann ist er von einem einzigen großen Wunsch beseelt – dem Wunsch, Gott zu dienen, denn sein Erwachen hat ihm einen flüchtigen Blick auf die Herrlichkeit des Großen Weißen Geistes gewährt.

Dann endlich weiß er, denn sein Geist sagt ihm mit klarer Stimme, dass er nur im Dienen Gott wahrhaft verehren kann. Er weiß, dass er, um Gott nahe zu kommen, den Scharen von Engelwesen bei ihrer Arbeit helfen soll. Mit anderen Worten gesagt, er muss der Sache der Bruderschaft dienen, die Entwicklung fördern, muss alle Menschen als seine Brüder erkennen, wohl wissend, dass der Kamerad an seiner Seite demselben Pfad folgt, das gleiche Ziel hat wie er. Alle gehen denselben Weg. So drängt er voran, vereint mit jenen aus der großen Armee der Erleuchteten. Nicht länger wird er seinen Bruder niederdrücken, während er schwimmt, denn er weiß, dass dieser mit geistigen Fäden an ihn geknüpft ist – und wenn der Bruder untergeht geht er mit ihm unter. Nach demselben Gesetz muss ein Land, das seinen Nachbarstaat missbraucht, letztlich mit diesem untergehen.

Das göttliche Licht bringt somit einer jeden Seele das Wissen um die Bruderschaft aller Menschen. Wenn diese Erkenntnis dämmert, wird jeder selbstsüchtige Ehrgeiz und jeder egoistische Wunsch schlussendlich abgelegt. Die Seele hat nur noch den einen Gedanken, das eine Ideal – das gemeinsame Wohl aller. Hier mögt ihr einwenden: „Bedeutet das nicht ein Aufgeben, ja ein Auslöschen der Persönlichkeit"? Nein, es bedeutet nicht das Verschwinden des persönlichen Ichs – vielmehr dessen Erweiterung. Wenn der Mensch sich einmal ganz hingibt, sein ganzes Sein, dann – statt sie zu verlieren – gewinnt er die ganze Welt. Dann erweitert er sein persönliches Bewusstsein in das kosmische Bewusstsein. Dann wird er EINS mit dem Großen Weißen Licht, EINS mit der ganzen Schöpfung.

Hat einmal der Mensch sein Antlitz den Sphären des Lichtes zugewandt, die sowohl in ihm als auch außerhalb sind, dann beginnt er, zum „Visionär", zum „Seher" zu werden. Befreit von der Langeweile des niederen Verstandes, wird sein Sehvermögen erweitert, sein Hörvermögen geschärft. Er dringt in unbekannte Sphären vor und registriert mit seinen sensibilisierten Sinnen Wellen aus dem Hör- und Sehbereich, die kein materielles Instrument messen kann. Als „Sensitiver" registriert er diese Licht- und Tonwellen und wird sich einer ganz neuen Welt bewusst. Seine Seele ist wie ein Schmetterling, der sich aus seinem Kokon befreit. Denke nicht, dass solch herrliches Erwachen sich erst dann ereignet, wenn du deinen Körper abgelegt hast. Diese Herrlichkeit ist geistiger Natur und wenn dein eigener Geist genügend auf das Christuslicht eingestimmt ist, wirst du jene bisher unsichtbaren geistigen Welten wahrnehmen können.

So wirst du dir unter anderem eines Lebens bewusst, das innerhalb der Naturreiche existiert. Es sind Lebensströme, die parallel zur Menschheitsentwicklung verlaufen und mit ihr zusammenarbeiten. Du wirst dir der Naturgeister bewusst, die nicht nur in Bilderbüchern für Kinder vorkommen, vielmehr Wirklichkeit sind und innerhalb des großen Entwicklungsplanes Gottes ihren eigenen Zweck und Sinn haben. Diese Naturgeister beschäftigen sich unter anderem mit dem Auf- und Niedersteigen der Lebenskräfte innerhalb von Pflanzen und Bäumen. Wären deine Augen geöffnet, du würdest solche Geister in fröhlich rauschenden, plätschernden Bächen sehen können. Es sind glitzernde Wassergeister, die Nymphen und Nixen. Du könntest auch Sylphen oder Luftgeister mit ausgebreiteten Flügeln sehen, oder Salamander, die Feuergeister inmitten eines Feuers.

Alle physischen Manifestationen des Lebens tragen in sich ein geistiges Gegenstück. Seid nicht so selbstherrlich, meine

Freunde; warum sollte der Mensch das einzige beseelte Wesen, die einzige geistige Manifestation auf der Erdensphäre sein und alle anderen Formen nur leere Hüllen? Wenn ihr glaubt, dass der Mensch ein in Fleisch gekleideter Geist ist, dann müsst ihr auch dem Pflanzen- und Tierreich unsichtbares Leben zubilligen.

Einige Naturgeister werden sich allmählich zur Himmelswelt empor entwickeln. Sie folgen einer parallelen Linie der Entwicklung zu derjenigen des Menschen. So wie der Mensch letztendlich göttlich wird, so entwickeln sich gewisse Naturgeister von Gnomen, Elfen und Sylphen zu Engelwesen. In dieser Gestalt spielen sie eine wichtige Rolle im Menschenreich.

Ihr neigt dazu, den Geist verstorbener Menschen mit Engelwesen zu verwechseln, doch da begeht ihr einen Fehler. Die Engel entstammen einer anderen Entwicklungslinie als der Mensch und obwohl sie parallel zur menschlichen Linie existieren, sind die Engel eng mit den Menschen verbunden und helfen ihnen in ihrer Arbeit und ihrem Leben auf Erden. Schon immer wanderte der Mensch zusammen mit den Engeln auf dem Erdenpfad, und die Menschheit, ob sie es weiß oder nicht, lebte zu allen Zeiten unter der Obhut von Gottes Engeln. Es mag euch stärken und trösten zu wissen, dass nicht einer von euch den Weg allein geht. Vom Moment der Geburt bis zum Tod werdet ihr von einem Schutzengel beschützt und bewacht, der zu dieser Aufgabe berufen wurde.

Schutzengel und geistige Führer sind nicht ein und dasselbe. Euer Führer entstammt der Evolutionslinie der Menschen, euer Schutzengel derjenigen der parallelen Entwicklung der Naturgeister. Sollen wir den Schutzengel den Wächter des Gesetzes nennen? Er ist ein Hüter des karmischen Gesetzes, das alles Leben regiert. Spricht nicht die Bibel von einem Engel, der alles aufzeichnet? Ihr modernen Menschen habt diese Idee als Unsinn abgetan. Doch glaubt uns, meine Freunde, der Engel der Chronik existiert wirklich, doch nicht in der allzu menschlichen

Gestalt des Engels mit dem Buch des Lebens in der Hand. Die Hüter des Gesetzes überwachen, lenken und registrieren die Auswirkungen des karmischen Gesetzes – dem Gesetz von Ursache und Wirkung.

Die Idee des Engels als ein geflügeltes Wesen ist nicht so abwegig, wie ihr glaubt. Der im Halbdunkel und im Gefängnis seines Körpers lebende Mensch hat nur eine geringe Ahnung von der Herrlichkeit eines Engels. Ein unbeschreiblich glanzvolles Licht strahlt besonders vom Scheitel des Hauptes eines solchen Wesens und umrandet seine Gestalt. Es ist eine Strahlung, die wie Flügel aus Licht anzusehen ist. Die großen Engel, die als Boten mit einer besonderen Mission aus der Christussphäre der Himmel zu den Menschen kommen, sind alle auf diese Weise durchstrahlt. Wir sprechen in voller Kenntnis der Tatsachen, wenn wir sagen, dass von jenseits des dunklen Schleiers der irdischen Welt, Engelwesen aus den Himmeln die Seelen der Menschenkinder betreuen.

Als Petrus gefangen saß, sandte Gott einen Engel zu seiner Befreiung, und die Ketten, die ihn fesselten, fielen ab. Dann berührte ihn der Engel und sagte: „Folge mir“, und der Jünger folgte ihm. Auch du musst es erlernen, wachsam zu sein und bereit, dem Engel des Herrn zu folgen oder der Stimme der Wahrheit zu gehorchen. Dann wirst du wie Petrus vom irdischen Gefängnis erlöst und findest dich wieder in einer Welt der Freiheit.

Die Engelwesen, von denen wir reden, haben nie die Erfahrung einer menschlichen Inkarnation gemacht und sind deshalb nicht in der Lage, dem Menschen sehr nahe zu kommen, bis dieser gelernt hat, seine Gefühle zu beherrschen. Wenn aber einmal Emotionen und Leidenschaften beruhigt und diszipliniert sind und der Friede des inneren Christus die Seele beherrscht, dann kann der Schutzengel tatsächlich sehr nahe kommen und das menschliche Leben schützen, leiten und mit Licht erfüllen. Oh, wären wir doch in der Lage, die Schönheit und die Hilfe zu schildern, die der Mensch erhalten kann und eines Tages von den Engelwesen erhalten wird, deren Aufgabe es ist, ihm auf dem Pfad der Entwicklung wie auch in seinem Dienst am Mitmenschen zu helfen.

Möge Gott euch segnen, meine Freunde, und euch die Kraft verleihen, das Wunder Seines Universums zu begreifen. Möget ihr den Pfad eurer täglichen Pflichten beschreiten in der Gewissheit, dass ihr die Kameradschaft und Liebe, die Führung und Mitarbeit der Engel erfahren dürft. So könnt ihr den ewigen Frieden finden, der zu der Seele kommt, die von der Angst der irdischen Gefangenschaft befreiten ist.

Die Engel-Hierarchien

NATURGEISTER UND ENGEL

VIELE von euch sind sich der Liebe und Führung bewusst, die euch von Freunden und Lehrern aus höheren Welten zuteil wird, die sich, um der Menschheit zu dienen, sich unter die Menschen mischen. Aber nur wenige wissen um Ausmaß, Erhabenheit und Vielfalt jener himmlischen Scharen, die sich um das Leben auf der irdischen Ebene kümmern. Ihr habt vielleicht eine vage Vorstellung von Devas und Engeln und habt euch gefragt, ob diese wirklich existieren und welche Aufgaben sie haben. Ihr habt auch von der Hierarchie gehört, die den Lebensplan und die geistige Entwicklung der Menschheit lenkt. Wir bemühen uns, euch die beiden mächtigen Organisationen zu beschreiben, um euch einen besseren Einblick in den Plan der Evolution zu gewähren.

Mit der Entfaltung des geistigen Bewusstseins im Menschen befassen sich auf der einen Seite die älteren Brüder und Meister, während auf der anderen Seite die Hierarchien der Engelwesen mit der Entwicklung und der Formung der Gestalt betraut worden sind.

So werdet ihr erkennen, dass die Engel sich mit dem Aufbau von Körpern oder Formen in jedem Reich des Lebens befassen. Andererseits kümmern sich die Meister und noch höhere Wesen um die Entfaltung des Gottesbewusstseins innerhalb der Formen. Der Schöpfungsplan bedarf der engsten Zusammenarbeit und des Ineinandergreifens dieser beiden Hierarchien. Eine Trennung zwischen Engeln und Menschenwesen ist undenkbar. Wir gehen sogar so weit zu sagen, dass in Ausnahmefällen eine menschliche Seele, die bis zur Grenze der Befreiung von materieller Form und physischem Leben vorgedrungen ist, sogar in den Evolutionszweig der Engelwesen hinüberwechseln kann, um dort zu wirken. Umgekehrt sind Engelwesen von Zeit zu Zeit eine enge Verbindung mit der menschlichen Familie eingegangen.

Manche von euch haben ohne Zweifel von den Legenden der Alten gehört, dass eine Vereinigung zwischen einem Engel und einem Sterblichen möglich sei. Der englische Magier Merlin, so berichtet die Arthussage, war das Kind einer solchen Verbindung. Dieses Beispiel veranschaulicht, was wir meinen. Unsterbliche Wesen können sich zu einem ganz bestimmten Zweck mit den sterblichen Erdenbürgern verbinden – das gilt aber nur für jene, die eine besonders hohe Mission zu erfüllen haben.

Eure Welt ist sehr dunkel im Vergleich mit den Reichen des Lichtes und der Schönheit jenseits der Erde. Keiner kann sich auch nur die geringste Vorstellung von der Größe und Schönheit des göttlichen Planes machen, und keiner von euch hat eine Ahnung von dem Leben, das sich auf anderen Planeten entfaltet und eng verknüpft ist mit der Schöpfung und Entwicklung der Erde. Von diesen geistigen oder „heiligen Planeten", wie einige sie nennen, kommen Engel, um bei der Entwicklung irdischer Form mitzuwirken.

So kamen Engelwesen von der Venus auf die Erde, um in den Anfängen speziell bei der Entwicklung der verschiedenen Lebensformen mitzuhelfen. Zu einem späteren Zeitpunkt kamen menschliche Wesen, die zuvor auf einem anderen Planeten einen gewissen Entwicklungsstand erreicht hatten, und inkarnierten auf der Erde, um ihren jüngeren, noch weniger entwickelten irdischen Geschwistern zu helfen. Somit waren es damals gleich zwei Arten von Wesen, die sich um die Weiterentwicklung des Lebens auf der Erde bemühten. Zum einen waren es die Engel oder großen planetarischen Wesen, auch Götter genannt, zum anderen jene „Gottmenschen", die im Sinne menschlicher Entwicklung weiter voran waren.

Schon oft haben wir von den drei Wesenheiten, der Trinität, gesprochen, die von Anfang an da waren und die sich ausschließlich mit diesem Sonnensystem und mit der Evolution des Planeten Erde befasst. Am besten begreift man diese als die drei Aspekte Weisheit – Liebe – Macht. Diese sind die DREI von denen alles Leben stammt, die drei ersten oder Hauptstrahlen des Lebens. Auf einem dieser Strahlen kommt die Engelslinie des Dienens, die sich dem in Form gekleideten Leben in allen Reichen der Natur widmen.

Pulsierendes Leben und Wachstum existieren im Mineralreich ebenso wie im Tierreich. Da gibt es jene, die man „Elementarwesen" nennt, die unter der Leitung von Engeln, jedes auf seine eigene Weise, bei der Evolution und dem Wachstum von Gestein und Mineralien mithelfen. Sie sind Werkzeuge auf der unsichtbaren Ebene, um Lebenskräfte weiterzuleiten. Diese sehr kleinen Lebensformen im Mineralreich sind die Träger der feinsten und zartesten Wachstums- und Lebenskräfte.

Dasselbe gilt für das Pflanzenreich. Ihr, die ihr Blumen liebt und Pflanzen besorgt, wisst, dass planetarische Einflüsse das Wachstum von Blumen und Kräutern beeinflussen, und könnt manches tun, um den Naturgeistern und Elfen bei ihrer Arbeit zu helfen. Diese Wesen stehen direkt unter dem Einfluss von Engeln, die sich mit der Entwicklung von Gestalt und Wachstum auf der Erde befassen. Große Fortschritte werden erzielt, wenn

Landwirte und Gärtner planetarische Einflüsse auf das Pflanzenwachstum zu verstehen beginnen. Es ist für den Landwirt und Gärtner durchaus möglich, sich mit den Engeln und dem Reich der Naturgeister und Elfen in Einklang zu bringen, um mit diesen in Zusammenarbeit und Partnerschaft, das feinste und beste Resultat zu erzielen.

Wir möchten die Weisheit der älteren Brüder betonen, jener hohen Wesen, denen das Leben auf der Erde am Herzen liegt. Ihr seht das Chaos in der Welt. Euch erscheint das Menschenleben sturmgepeitscht, und ihr fragt euch, wie das alles enden wird. Hinter jedem Bereich menschlichen Lebens, hinter Staatsmännern und Regierungen stehen größere Geister, die sich um die Evolution des Menschengeschlechtes bemühen. Wenn ihr von Geschehnissen hört, die euch als Katastrophen erscheinen, dann seid euch bewusst, dass sogar hier der Meister am Werk ist, wie ein Gärtner mit seiner Baumschere. Natürlich habt ihr tiefes Mitgefühl für die Opfer, doch wisst, dass die Meister und Engel für die Leidenden ein viel größeres Mitgefühl haben, als ihr je begreifen könnt. Deshalb bewahrt eure innere Ruhe und seid euch in allem und zu jeder Zeit der Realität der himmlischen Scharen hinter den Geschehnissen bewusst, deren Ziel es ist, die Menschheit zur Vollkommenheit zu führen.

Eine gewisse Gruppe von Engeln befasst sich ausschließlich mit der Seele der Dinge, mit den Merkmalen und Eigenschaften sowohl der menschlichen Seele als auch der Seele des Universums. Göttliche Eigenschaften wie Liebe werden von den Engeln der Liebe betreut, göttliche Wahrheit von den Engeln der Wahrheit, göttliche Gnade von den Engeln der Gnade. Diese Engelwesen sind tatsächlich aus Seeleneigenschaften erschaffen, und manchmal nehmen sie Menschengestalt an oder tragen zumindest ein menschliches Antlitz. Hierin liegt eine große Wahrheit. Gott schuf den Menschen nach Seinem Ebenbild. Es scheint, dass die menschliche Gestalt eine Idealform ist, durch die sich Gott auf Erden manifestieren kann. Durch Christus wurde der Menschheit die vollkommenste Manifestation vor Augen geführt, das höchste Idealbild Gottes in Menschengestalt und in uns allen. Alle Wesen im Reich der Naturgeister und in den Engelwelten und sogar in gewissem Grade die Planetenwesen, nehmen diese gleiche Form an.

Oh meine Freunde, könnte die Menschheit doch begreifen, wie bedeutsam es ist, dass Mann und Frau nach dem Bildnis von VATER-GOTT bzw. MUTTER-GOTT erschaffen sind. Könnt ihr denn nicht die große Bedeutung der innewohnenden Göttlichkeit im Menschen erkennen? Besinnt euch darauf, wenn ihr die scheinbare Erniedrigung des Mitmenschen betrachtet. Statt diese zu verdammen, solltet ihr eigentlich das göttliche Bildnis im Bruder und in der Schwester verehren.

Eines der ältesten Symbole, das man auf Steinskulpturen in allen Teilen der Erde gefunden hat, ist das Kreuz mit dem Kreis. Es symbolisiert den Menschen im Universum, der über den Kreis hinausreicht, um zu geben. Es ist das Symbol des Christusmenschen, des vollendeten Menschen in seiner Stellung der Hingabe und des Gebens, geborgen im Kreis der universellen Liebe. Aus seinem Herzen erblüht die Rose der Liebe. In der Kreuzform angedeutet sind auch die vier Bereiche, die die vier großen Götter oder Engel der vier Elemente symbolisieren.

Es sind die vier großen Wesen der Hierarchie an der Spitze des Evolutionsplanes für diese Welt – die vier großen „Lords of Karma“ (Herren des Karma). Unter diesen Lords of Karma wirken andere Gruppen oder „Regenten“. Es gibt Lords für das Weltkarma und das nationale Karma, wie auch für Gruppenkarma und für individuelles Karma. Diese großen Wesenheiten halten sogar die Erdkruste in ihrer Obhut und unter ihrem Willen, ihrer Weisheit und Macht. Eure Wissenschaftler mögen der Ansicht sein, dass alles von Naturgesetzen geregelt wird. Das ist wohl der Fall, aber es ist nicht die ganze Wahrheit. Hinter den

Naturgesetzen und ihren Auswirkungen, hinter den Katastrophen eures Planeten stehen hohe Intelligenzen – die Gärtner mit der Baumschere –, die Lords of Karma. Solche Ereignisse unterstehen ihrer Weisheit und ihrem Willen und sind ein Teil des großen Planes, der das Wachstum und die Entwicklung der Menschenseele im Auge hat und hierfür ganze Zeitalter benötigt.

In diesem Zusammenhang möchten wir erwähnen, dass Engel, die während einer Heilbehandlung anwesend sind, nicht nur mit dem jetzigen Leben eines Patienten und mit dem Heilen seiner derzeitigen Krankheit beschäftigt sind. Große Liebe und tiefes Mitgefühl für ihre jüngeren Brüder erfüllt sie, doch sie beachten neben der individuellen Behandlung auch den großen Bauplan. Wenn die Engel mithelfen, den physischen Körper zu reinigen und zu heilen, dann tun sie mehr als dies. Sie wirken schöpferisch, denn sie weben geistige Kräfte des Lichtes in die feinstofflichen Körper und in den physischen Körper – Kräfte, die dazu dienen, langsam, aber stetig die menschliche Form für das zukünftige Menschengeschlecht vorzubereiten und zu erschaffen. Hieraus mögt ihr ersehen, wie wunderbar der Plan Gottes für die Entwicklung des menschlichen Lebens auf Erden ist.

Denkt nicht, der menschliche Entwicklungsstrom sei der einzige oder sogar der beste Lebensstrom. Und seid euch auch gleichzeitig bewusst, dass in Tausenden von Jahren – in einer unvorstellbaren Zukunft – der einfache Herr Müller, die einfache Frau Meier sich zu Gottmenschen entwickeln können, um gemeinsam mit den Engeln auf einem anderen Planeten vollkommenes Leben zu erschaffen. Welch ein Ausblick ewigen Fortschritts liegt vor euch! Deshalb sagen wir: Versäumt keine Gelegenheit, eure Seele zu erheben, ihre Schwingung zu erhöhen, damit sie Hand in Hand mit den Engeln einer Zukunft entgegengehen kann, die sich kaum erträumen lässt.

In Harmonie mit allem Leben

NATURGEISTER UND ENGEL

MAN sagt von gewissen Menschen, sie hätten „grüne Daumen". Ihre harmonische Schwingung zieht eine große Schar Naturgeister an. Sie wecken deren Interesse und können diese kleinen Wesen zur Mitarbeit gewinnen. Andere Menschen haben diesen Aspekt ihres Wesens nicht entwickelt. Sie mögen der Meinung sein, dass sie Blumen lieben, was bis zu einem gewissen Grad auch stimmen mag. Liebe aber beinhaltet unbeirrbares Dienen. Pflanzliches Leben wirklich lieben heißt, sich mit diesem Lebensstrom in Harmonie zu bringen. Nicht alle sind dazu fähig, weil sie zurzeit andere Seiten ihrer siebenfachen Gottnatur zu entfalten haben. Der vollkommen gewordene Mensch hingegen ist Herr der Naturreiche und besitzt die Gabe, die Naturgeister zum Helfen und Dienen aufzurufen.

Liebt eure Blumen, meine Freunde. Sprecht zu ihnen. Sprecht auch mit Bruder Baum. Der Indianer hielt Zwiesprache mit dem Geist der Bäume und der Blumen, dem strömenden Wasser. Er sprach mit dem Großen Geist in den Bergen – ihm war alles Leben Ausdruck des Großen Weißen Geistes.

Seid freundlich mit den Gänseblümchen, mit den Blumen am Wegesrand, ja sogar mit jedem Grashalm. Versucht euch als Bruder jeder lebendigen Kreatur zu fühlen. Sogar das Mineralreich ist mit göttlichem Leben erfüllt, und jeder Stein am Wegesrand schwingt mit dem Licht und dem Leben, das er mit allen Pflanzen teilt. Wäre euer inneres Auge geöffnet, ihr würdet die Schwingungen der Bäume und Blumen eures Gartens farbig und lebendig pulsierend erleben. Die ganze Erde ist durchdrungen von dem göttlichen Feuer des Lebens. Dieses göttliche Feuer, das auch Liebe genannt wird, ist das Leben in allem. Sogar in Metallen, Erzen, Mineralien und anderer „lebloser" Materie ist göttliches Feuer, das der Hellsichtige als winzige pulsierende Lichtfunken erkennt. Göttliches Leben pulsiert in aller Natur.

Die Naturgeister, die Elfen bringen den Blumen die Farbe, indem sie über den Hauptstängel der Pflanzen arbeiten und ja nach deren Bedürfnissen ihre eigene Essenz dazugeben. Anders gesagt: die Blume nimmt die Farbe des mit ihr arbeitenden Naturgeistes an. Die Essenz, die Bewusstseinsqualität des die Pflanze betreuenden Wesens findet ihren Ausdruck in Form und Farbe der Blüte. Könntet ihr mit euren offenen geistigen Augen einen Baum betrachten, ihr würdet mehr sehen als nur Stamm, Äste und Blätter. Ihr würdet dann sehen, wie das göttliche Feuer vom Erdreich und Wurzelstock den Stamm emporlodert, um sein Licht in alle Äste und Blätter zu verteilen. Das geschieht in besonders starkem Maße jedes Frühjahr. Dieses göttliche Feuer leuchtet nicht nur am Himmel und in der Luft und in den Sonnenstrahlen, sondern auch in der Erde selbst und in der ganzen Natur.

Die innere oder ätherische Welt vibriert nicht nur mit Farben, Klängen und Düften, sondern sie ist gleichzeitig auch völlig von den Strahlen der Planeten durchdrungen. Gewisse Teile und Organe eures Körpers schwingen in Harmonie mit bestimmten Planeten, denn jeder Planet hat seine Entsprechung im menschlichen Wesen. Versucht diese Schwingung besser zu verstehen und intensiver zu empfangen, zu empfinden. Ihr habt dann Meisterschaft erlangt, wenn ihr gelernt habt, in harmonischer Übereinstimmung mit allem Leben zu schwingen.

Wir möchten euch so gerne aus eurer persönlichen Sphäre heraus- und emporziehen – jenseits der Begrenzungen des heutigen Erdenbewusstseins – hinein in das ewige Leben. Gebraucht eure göttliche Vorstellungsgabe und kommt mit uns in einen Tempel, wo wir alle um den Altar knien. Ein Strahl goldenen Sonnenlichtes durchflutet den Tempel. Könnt ihr sehen, dass dieser goldene Lebensstrom mehr ist als Sonnenlicht? Schaut genau hin – es ist das Leben selbst, mit Lebensessenz geladen, mit winzigen Lebensfunken, die im Raum wirbeln. Nun sehen wir diese winzigen Funken sich in niederen Lebensformen manifestieren und erkennen, dass wir alle mit diesen Lebensfunken, mit unseren jüngeren Brüdern des Mineral-, Pflanzen- und Tierreiches verbunden sind…

Betrachtet diesen goldenen Lebensstrom, versenkt euch darin und stimmt euch auf die Sphärenmusik des geistigen Lebens ein. Horcht hin, und während ihr hinhört, werdet ihr ihre Harmonien in euren Herzen erklingen hören. *Höre zu… horche intensiv hin…*

Ihr seid nun eingehüllt in eine Farbenharmonie zartester Tönung. Ihr seid in der geistigen Welt und ungezählte Wesen in der Strahlenpracht geistigen Sonnenlichtes bewegen sich um euch. An ihren besonderen Farben und ihrem speziellen Ton der Harmonie erkennen wir planetarische Engel, die mit uns und in uns wirken. Jeder muss lernen, den Einfluss desjenigen Engels zu erkennen, der in seinem gegenwärtigen Leben am stärksten mit ihm verbunden ist. Auf diese Weise werden wir zu einem besseren Kanal im Dienst an unseren jüngeren Brüdern. Auf einer höheren Ebene zieht jeder diejenigen planetarischen Engel an, deren besondere Hilfe seine Seele in der jeweiligen Inkarnation benötigt. Wenn die Chakras, die Seelenfenster des Menschen lebendiger und leuchtender werden, dann beginnt die Menschheit, bewusst und mit intelligentem Verständnis auf den Einfluss dieser Planetenengel anzusprechen. Ist dies zur allgemeinen Gewohnheit geworden, wird ein neues goldenes Zeitalter anbrechen.

Je nach Ort und Zeit deiner Geburt wurdest du – das Ego – mit bestimmten Planeten stärker verbunden und Lehrer von diesen Planeten sind in Kontakt mit deinem höheren Selbst. Das wurde lange vor deiner Zeugung vereinbart. Vor der Geburt eines Kindes werden spezifische magnetische und geistige Ströme zu den ausgewählten Eltern geleitet. Diese Ströme sind mit jenen planetarischen Kräften verbunden, die die Seele des neuen Erdenbürgers beeinflussen sollen. Das Bindeglied, das Kind und Eltern zusammenbringt, wurde in vergangenen Leben geschmiedet.

Die Seele wird unter der Leitung der „Lords of Karma" vom Zentrum des Lebens auf die Erde gesandt.

Mit den „sieben Engeln um den Thron Gottes" in der Offenbarung des Johannes sind die planetarischen Wesen gemeint – die großen Lords der Flamme –, die alle zur Inkarnation bereiten Seelen in ihrer Obhut haben. Jede Seele kehrt mit den ihr entsprechenden planetarischen Kräften ausgerüstet in eine neue Inkarnation zurück.

Gewisse vorherrschende Einflüsse durchdringen das Leben und gestalten die Umweltbedingungen der inkarnierenden Seele. Außer diesen Kräften ist noch eine weit höhere Macht am Werk, eine heilige Flamme, die heller leuchtet als alle das Ego beeinflussenden planetarischen Strahlen. Dieses zentrale Licht ist die Sonne des menschlichen Wesens und ist im Herzen zentriert. Wenn im Laufe der geistigen Höherentwicklung die Leuchtkraft des Herz-Zentrums zunimmt, werden Engel von jedem Planeten sich der Seele annehmen, um ihr auf ihrem Entwicklungspfad zu helfen.

Wenig wisst ihr von der gewaltigen Organisation des geistigen Lebens. Wenn der große Meister sagt: „Werden nicht fünf Sperlinge für zwei Cent verkauft und keiner fällt ohne Gottes Wissen vom Dach, ja auch die Haare auf eurem Haupte sind gezählt" – dann ist dies keine Übertreibung. Das Leben ist derart vollkommen organisiert und geplant, dass jeder Schritt bemerkt und registriert wird. Registriert werden nicht nur eure Taten, sondern auch euer Bestreben und eure Gedanken. Registriert werden aber auch alle Auswirkungen von Gedanken und Handlungen, die jene beeinflussen, die euren Lebenspfad immer wieder kreuzen.

Der physische Körper wird unter der Aufsicht planetarischer Engel aufgebaut und durch planetarische Beeinflussung gestaltet. Jede Krankheit des Körpers kann auf planetarische – daher auch karmische – Beeinflussung zurückgeführt werden. Jedes

Tierkreiszeichen korrespondiert mit einem Teil des physischen Körpers, und jeder Planet hat eine Entsprechung mit dem einen oder anderen der feinstofflichen Körper des Menschen. Und wiederum ist jeder dieser feinstofflichen Körper einem der sieben Chakras zugeordnet, das heißt mit ihm verbunden.

Diese inneren Wahrheiten um die planetarischen Engel und um die Kräfte, die auf die Seele wirken, waren den Weisen in alten Zeiten sehr gut bekannt. Zu Beginn des Lebens auf der Erde waren diese planetarischen Engelwesen den damaligen Menschen sichtbar. Sie wurden als Gottmenschen – als Gottgesandte verehrt. Als sich der Mensch mehr und mehr in die Finsternis der Materie verlor, entschwand die Hierarchie der Engel aus seinem Gesichtsfeld. Ist er einmal auf dem emporsteigenden Bogen der Entwicklung angelangt und erkennt er durch das helle Leuchten seiner sieben Chakras die Stufe, auf der er steht, dann wird er die planetarischen Engel mit vollem Bewusstsein schauen und erkennen. Diese wachen über die Höherentwicklung des Menschen und über seine Rückkehr im voll entfalteten Bewusstsein zu VATER-MUTTER-GOTT.

„Am Anfang war das Wort“, seine Schwingung erschuf das Licht. Das Licht wiederum war der „Sohn“, der Erstgeborene des VATERS. Im Licht ist alles Leben und das Licht ist in sieben Strahlen des Lichtes eingeteilt. Auf diesen sieben farbigen Strahlen des Lichtes kommen die planetarischen Engelwesen oder Boten, um der Menschheit weiterzuhelfen. Und wenn ein Heiler gewisse farbige Heilstrahlen an seine Patienten verströmt, dann verbindet er sich – wenn er es richtig macht – mit den Engeln des betreffenden Strahls.

Die Engel wirken in gewissen geistigen Sphären und richten ihre Liebe auf die irdische Ebene. Sie wirken durch Gruppen aller Kategorien bis hinab zur kleinsten Lebensform. Wir wollen damit sagen, dass auch der Instinkt der niederen Lebensformen von einem der großen Engelwesen geleitet und gelenkt wird. So wird ein Tier instinktiv auf den kontrollierenden Einfluss seiner Gruppenseele reagieren, und die Gruppenseele wiederum steht unter der Liebe und Weisheit eines Engels. Ähnlich ist es bei den primitiven Menschenrassen und Menschengruppen. Erst bei den höher entwickelten Seelen der menschlichen Familie beobachten wir einen gewissen Grad von freiem Willen. Jene Engel, die den Gruppengeist beeinflussen, dienen unter der Obhut eines der sieben großen Wesen um den Thron Gottes – um das zentrale Licht – der Ersten Ursache – Gott.

Von diesem zentralen Punkt, der Ersten Ursache, gehen ungezählte Millionen von Lebenslinien aus, wie feine und feinste Äderchen. Man könnte den großen Lebensplan vielleicht mit der menschlichen Blutzirkulation vergleichen. Jeder Lebensstrahl ist in vollkommenster Weise mit dem Zentrum verbunden. Nichts in der Schöpfung geschieht von ungefähr. Alles ist Vollkommenheit – vollkommener Rhythmus, vollkommene Form und größte Präzision in jeder Einzelheit.

Denke an die Schönheit in Farbe und Beschaffenheit eines Schmetterlingsflügels und überlege, dass du durch ein Mikroskop schauen und eine klare, starke Lichtquelle auf das Objekt lenken musst, um seine ganze Schönheit zu entdecken. Genauso verhält es sich mit einer kleinen Blume. Unter dem Mikroskop erblickst du ihre Pracht, strahlend wie ein Juwel. Alle Regenbogenfarben werden von ihren Blütenblättern reflektiert, und wenn du um die Musik in den Sphären weißt, dann hörst du den Ton der Schönheit jener kleinen Blume wie einen Gesang.

Halte in deinem täglichen Leben Ausschau nach Schönheit. Nimm nichts als selbstverständlich hin. Suche die Schönheit im Sonnenlicht, im Tautropfen, in der ganzen Natur. Wenn du kannst, gehe früh am Morgen hinaus, solange noch der Tau auf den Gräsern und auf den dünnen Spinnwebfäden glitzert. Betrachte die Schönheit dieser feinsten Kunstwerke und spüre dann, wie sich in deiner Seele ein Gefühl der Bruderschaft und des Verwandtseins mit diesen kleinen Wundern regt. Ein Bruder der „Großen Weißen Loge“ ist sich seiner Beziehung zu allen Lebensformen voll bewusst. Er kann sich mit dem kleinsten Insekt, mit einer Blume, dem Sonnenlicht, den fallenden Regentropfen identifizieren. Dies ist der Weg, meine Freunde. Auf ihm gelangen alle in den Tempel Gottes. Der Poet sagt: „Kleinste Blume in der Mauerritze, könnt` dein Leben ich versteh`n, ich würde Gott begreifen und sein ganzes Universum“. Und du wirst es begreifen – nicht mit dem Verstand allein, sondern indem du dich mit dem Licht und mit den Lebensströmen identifizierst und EINS wirst mit der Schwingung der Sonne – der Schwingung Gottes.

Bemühe dich, wenn du irgendeine Lebensform betrachtest, in das Innere ihres Wesens zu schauen und ihren Geist zu erkennen. Sieh und erkenne den Geist in jedem Wurzelstock, im Stamm, in den Ästen und in den Blättern. Sieh, wie das Licht gemeinsam mit dem Saft emporsteigt – in den Sträuchern, Blumen, Bäumen und in der gesamten Natur. Suche stets den Geist innerhalb einer jeden Lebensform. Fühle die Beziehung zu dem göttlichen Leben in jedem Wesen. Spüre dieses Leben in der Luft, die du atmest, im Wasser, in dem du badest, und im Quell, aus dem du trinkst, im Wind, in den Lüften und im Feuer. Pflege diese Gabe des Geistes, nenne sie Einbildung oder Phantasie, wenn du willst. Bedenke jedoch, dass diese Gabe die Brücke ist, die dich über die physische Materie hinaus in die ätherischen und in die himmlischen Welten führen kann. Diese Fähigkeit kann dir und in der Tat der ganzen Menschheit dienen. Sie fördert die Harmonie in dir und erschafft Schönheit in deinem Leben, denn es werden dir Reiche eröffnet, von denen du zurzeit noch keine Ahnung hast.

Lerne daher, deine Persönlichkeit, das begrenzte, einengende Selbst beiseite zu legen und entfliehe dem niederen Selbst und dem äußeren Verstand auf den Flügeln der Imagination. Dann fühlst du dich frei im Land der Meditation, dem wahren Land des Lichtes. Dort schaust du hinter die Kulissen des physischen Lebens und begreifst den wahren Sinn der Bruderschaft. Du wirst erkennen, dass du nicht mit ganzem Herzen, ganzer Seele und ganzen Geist dienen kannst, ohne in deinem geistigen Wachstum Christus ähnlicher zu werden. Dann weißt du auch, dass du dich in keiner Weise vom großen Ozean des Lebens wirst trennen können. Du kannst deinem Bruder aus dem Pflanzen-, Tier- oder Menschenreich nicht Schaden und Leid zufügen, ohne dich selbst zu verletzen.

So kommen wir zurück zu der einfachen Lehre Jesu, den Sohn und das Licht: „Kinder, liebet einander ..., liebet einander!"

Meine Freunde, in Liebe sind wir zusammengekommen und in Liebe gehen wir auseinander, doch stets wird uns das Band der Liebe zusammenhalten, wird Herz mit Herz verbinden. Liebt euch gegenseitig und liebt die große Bruderschaft allen Lebens. Seid geduldig und tolerant mit den menschlichen Fehlern der anderen. Mit der Zeit werden diese Fehler schwinden und ihr erkennt euch gegenseitig als vollkommene und wahre Brüder des Lichtes.

III

DAS

SPIRITUELLE LEBEN

Ihr seid in Gott und Gott ist vollkommen

Unser geistiger Bruder spricht

DIE Bruderschaft des weißen Lichtes ist innig bemüht um die Weiterentwicklung der Menschheit, ihr Glück und ihr Wohlergehen. Wir sind durch viele Inkarnationen hindurchgegangen und können uns an diese menschlichen Erfahrungen erinnern. Wir sind daher in der Lage, mit euch zu fühlen. Wir verstehen eure Enttäuschungen, eure Begrenzungen, eure Ängste und Befürchtungen. Wir empfinden mit euch eure körperlichen Schmerzen und seelischen Leiden. Wir sind ein Teil von euch, sind einer von euch und wir sind mit einem jeden von euch – und wir lieben euch. Deshalb beseitigen wir auch nicht eure Probleme, denn das wäre weder hilfreich und freundlich noch gut für euch. Wir können nur an eurer Seite stehen und euch Kraft und Liebe geben, während ihr langsam durch Versuchungen und Irrtümer lernen müsst. Wenn ihr auf dem Pfad des Lichtes seid und offen für die Botschaft, die aus dem Geist kommt werdet ihr als Resultat und Erfolg all dieser Kämpfe und Mühen in eurer Seele tiefe Freude empfinden, wie ihr sie nie hättet erleben können, wenn wir euch eure Probleme und Schwierigkeiten aus dem Weg geräumt hätten.

Jedes Mal, wenn ihr den richtigen Weg erkennt und ihm folgt, jedes Mal, wenn es euch gelingt, das geheime innere Leben zu berühren, nimmt das Licht in eurem Herzen, eurer Seele zu und lässt euch euer Leben neu und hoffnungsvoll erscheinen. Ihr seht dann nicht nur mit den physischen, sondern auch mit den geistigen Augen ein weit ausgebreitetes, sonniges Landschaftsbild von so blendender Schönheit vor euch, wie ihr es zuvor nie habt erschauen können, und euer Herz beginnt zu tanzen und zu singen.

2

Folgt eurer Intuition, folgt immer der Eingebung eures Herzens, und lasst sie über euren irdischen Verstand herrschen. Möge euer geistiger, höherer Verstand über euren niederen Verstand siegen. Lasst ihn euer Leben und alle Ereignisse eures Lebens regeln. Das bedeutet keineswegs, dass ihr damit etwa „außerhalb der Welt“ lebt. Das ist nicht der Fall. Denn immer, wenn ihr mit dem Herzensverstand denkt seid ihr mit Gott, der die Macht besitzt, euer Leben auf die vollkommenste Weise zu ordnen. Auch wenn ihr IHM euer Herz wie ein kleines Kind öffnet, IHN fragt und IHN bittet, werdet ihr stets die Weisheit nach der ihr strebst empfangen. Aber bittet nicht auf falsche Weise. Richtig ist es Vertrauens in Gott zu haben und zu wissen, dass Gott, der All-Liebe und Weisheit ist, eurem tiefsten Bedürfnis gerecht werden wird.

Die Art, wie ihr beten solltet ist, euch in den Zustand des vollkommenen Einsseins mit dem kosmischen Geist der Liebe zu bringen. Ruht in diesem Geist der Liebe, lebt, denkt in ihm und nicht an euch selbst und die Belange des irdischen Verstandes. Ihr allein seid gar nichts. Ihr besitzt weder dauernde Macht noch andauernde Weisheit oder Liebe. Aber wenn eure Seele im Zentrum des Sterns oder dem himmlischen Licht wohnt, erlangt ihr wahre Größe, denn ihr seid dann bewusst mit Gott verbunden, und Gott ist mit euch. Alles muss sich dann zum Guten hin entwickeln, wenn ihr mit dem Guten oder mit Gott verbunden seid.

3

Schaut nicht hinter euch. Bedauert nicht eure Fehler, sondern seid dankbar für jede Erfahrung, wie schmerzlich sie auch gewesen sein mag, denn sie hat euch dazu verholfen, besser verstehen zu können.

Sammelt eure Gedanken und Vorstellungen über der materiellen Ebene. Wir gebrauchen hier das Wort „materiell“, obgleich wir wissen, dass Geist und Materie im Grunde genommen eins sind. Aber ihr versteht das vielleicht jetzt noch nicht ganz. Der Mensch muss sein Leben im vollen Bewusstsein des Geistes leben. Der Mensch ist Geist in einer körperlichen Form; und auch diese Form ist aus Geist gebildet. Das heißt, dass die äußere Form und das Leben des Menschen eine Verwirklichung der Stufe oder des Ausmaßes des Geistes ist, der sich in ihm manifestieren kann oder wie weit es dem Menschen möglich ist, das reine vollkommene Licht und Leben des Schöpfers in seinem Leben, in seinem physischen Körper zu offenbaren.

Wir hoffen, dass ihr über unsere Worte nachdenken werdet, denn all eure zukünftigen Werke, das Glück des einzelnen sowie der gesamten Menschheit werden sich auf diese grundsätzliche Wahrheit gründen. Wenn ihr durch Übung dazu in der Lage seid, so legt die Dinge von geringer Wichtigkeit beiseite und widmet euch den größeren Angelegenheiten des Geistes. Ihr werdet dann die Hilfe und Führung erlangen, die ihr benötigt. Verstrickt euch nicht so sehr in die Einzelheiten des materiellen Lebens, damit ihr euch dadurch nicht selbst abtrennt von den Quellen, die eure Lebenskräfte speisen.

Die Zeit, die ihr mit guten Gedanken verbringt, ist niemals vergeudet. Jedes Mal, wenn ihr der Versuchung widersteht, zu eurem niederen Selbst und den Gedanken der materielle Welt Zuflucht zu nehmen und euch statt dessen dem Licht eures höheren Selbst öffnet, werdet ihr kraftvoller werden im Geist und mehr als das: ihr verstärkt dadurch die Macht des Lichtes auf Erden.

4

Wir geben euch immer eine Antwort, wenn ihr uns von der inneren Seinsebene aus anruft, nur seid ihr oft nicht in der Lage, uns zu hören. Dann fehlt es euch an Vertrauen, oder es gelingt euch nicht, die Ängste und Zweifel eures irdischen Lebens hinter euch zu lassen. Ihr wollt zwar glauben und vertrauen, aber ihr seid nicht immer stark genug. Ihr seid wie junge Pflanzen, die noch in der dunklen Erde verwurzelt sind und darum kämpfen, ihre ersten grünen Schösslinge ans Licht des Tages wachsen zu lassen. Dieser Vorgang des Wachsens entspricht euren Auseinandersetzungen mit den Schwierigkeiten des Alltags, und es gehört viel Ausdauer und Kraft des Geistes dazu, diesen ständigen Kampf immer wieder erfolgreich zu bestehen.

Seid nicht bestürzt über das Dunkle, das ihr in der Menschheit beobachtet, sondern fördert Mitgefühl für das Leben – keine überhebliche Art von Mitleid ist gemeint, sondern ein sanftes, liebevolles und verstehendes Mitgefühl. Das ist gar nicht so einfach; wir wissen das sehr wohl. Aber ihr müsst es immer wieder versuchen, immer wieder daran arbeiten. Offenbart das höheres Leben in eurem eigenen Wesen. Versucht, jeden Morgen, bevor ihr euer Tagewerk beginnt, dieses sanfte, warme Mitgefühl in euch wachzurufen, auch wenn es euch nur für einige Augenblicke gelingt. Haltet ein in euren äußeren Tätigkeiten und bittet in der Stille eures Herzens Gott um Seine Gnade und Seine Liebe. Sendet eure Gedanken zu jenen, die in den geistigen Welten wohnen, zu beiden; den ehemals menschlichen Wesen und den Engelwesen, die über euch wachen und euch helfen. Lasst das geistige Leben in euch lebendig werden, so dass es sich immer mehr in euch entfalten kann. Möge es euch zur Gewohnheit werden, wenigstens einige Minuten morgens nach dem Aufstehen und abends, bevor ihr Schlafen geht, die Gegenwart Gottes zu spüren, und lasst euch nicht – wir bitten euch so sehr darum – überwältigen von all der Gleichgültigkeit, Unwissenheit und Dunkelheit die euch täglich umgibt. Es tut nicht gut, die Gedanken auf das Dunkle zu richten. Schaut zum Licht empor und betet darum größere und bessere Kanäle für das Licht zu werden. Wehrt euch gegen die Einflüsterungen des niederen Selbst, wenn es euch überreden will, dem Gefühl der Verzagtheit und Mutlosigkeit nachzugeben. Gott ist die All-Güte, das All-Gute, die Liebe und Weisheit, und alle Dinge wirken zusammen zum Guten für den Menschen der Gott liebt. Seid nicht verzweifelt, verweilt nicht auf der negativen Seite irgendeiner Situation oder eines Ereignisses, denn dadurch tut ihr nichts Gutes. Setzt immer die positiven, konstruktiven Kräfte ein. Glaubt daran, dass das Gute siegen und das Beste sich ereignen wird – und es wird so und nicht anders kommen.

Wir sprechen nicht mit lauter Stimme von den Dingen des Geistigen. Es ist besser es nicht von den Hügeln zu schreien und so machen wir still weiter – ihr mit uns und wir mit euch. Eure Herzen sind erfüllt von Liebe und wir danken euch für jeden Gedanken, der von Gott ist, der ein Gott-Gedanke ist. Wir können euch gar nicht sagen, wie viel ihr durch eure guten und freundlichen Gedanken erreichen und vollbringen könnt.

5

Es ist wichtig, dass ihr Stärke und Gleichgewicht entwickelt. Ihr müsst leidenschaftslos werden und eure Gedanken nach außen und auf das Wohl der Menschen richten, anstatt euch nach innen zu wenden und über eure kleinen Schmerzen, Fehler und Misserfolge nachzugrübeln. Viele Menschen verschwenden viel Zeit mit Selbstbeobachtung. Sie sinnen darüber nach, ob dieses richtig oder jenes vielleicht falsch war, und auf diese Weise sind sie ängstlich und eifrig darauf bedacht, möglichst schnelle Fortschritte zu erzielen. Aber dies ist eine Schwäche, die überwunden werden muss. Ein paar Fehler oder Unvollkommenheiten spielen keine Rolle. Es ist einzig das von Bedeutung, was ihr denkt und was ihr an Liebe, Mitgefühl und Großherzigkeit für die Menschen aufbringt.

Ihr liebt die geistige Welt und eure geistigen Freunde; aber ihr würdet noch weit glücklicher sein, wenn ihr begreift, wie glücklich ihr sie macht, wenn ihr recht und richtig denkt – nicht nur hinsichtlich eurer eigenen Probleme und kleinen Schwierigkeiten auf dem Weg, sondern vor allem auch bezüglich anderer Menschen. Wir wissen, dass das für einige sehr schwierig ist, aber mit der Zeit wird es immer leichter werden und schließlich ein ganz selbstverständlicher Bestandteil eures Lebens sein.

Möge das Licht in eurem Herzen im Laufe eurer Lebensjahre immer strahlender und heller erscheinen. Möge es euer inniges und ernstes Anliegen werden, das Licht in euch nicht nur trübe dahinglimmen, sondern weithin leuchten zu lassen.

6

Ihr mögt euch verwundert fragen, warum es euch hin und wieder fast unmöglich erscheint, die Nähe der geistigen Wesen zu empfinden, während ihr zu anderen Zeiten ihrer Gegenwart so sicher seid. Wie kommt es, dass ihr euch manchmal so leer und belastet fühlt, während ihr ein anderes Mal eine solche Freiheit verspürt wie auf dem Gipfel eines Berges, umweht von frischer reiner Luft? In diesem heiteren gelösten Zustand ist es euch möglich, ganz deutlich die Gegenwärtigkeit der geistigen Welten wahrzunehmen. Ihr spürt dann euren geistigen Führer und Lehrer an eurer Seite, und alles scheint euch leicht und mühelos und in allerbester Ordnung zu sein.

Die Schwere und beschränkende Dichte, die euch immer wieder umklammert, entsteht aus dem seelischen Nebel, der euch in solchen Augenblicken umgibt und den das Licht der geistigen Sonne nicht zu durchdringen vermag. In solchen Zeiten haltet mit all eurer Kraft am dem Bewusstsein fest, dass die Sonne da ist, und sich eure Helfer stets in eurer unmittelbaren Nähe befinden. Dieses Wissen ist von großer Bedeutung und wichtigem Einfluss auf eure seelische und geistige Entwicklung, denn sehr viel hängt ab von eurem inneren Gleichgewicht und der Eigenschaft eures Charakters ab. Ihr müsst euch darin üben, wie ein Spiegel zu sein, der nicht Verwirrung widerspiegelt, sondern der ständig und zuverlässig die Wirklichkeit und Wahrheit des geistigen Lebens zurückstrahlt.

Es gibt Zeiten der Arbeit aber auch Zeiten der Ruhe. Es ist gut zu wissen, wann und wie man sich entspannt und zu unterscheiden zwischen Entspannung und Erholung einerseits und einem Absinken von Mut und Hoffnung andererseits. Menschen können vollkommen zusammenbrechen, ihr inneres Gleichgewicht gänzlich verlieren und dann viele Dinge sagen, die sie gar nicht meinen. Während ihr entspannt seid und euch erholt, sollte euer Geist immer die Oberhand behalten. Seid auf der Hut, dass die Herrschaft eures Geistes nicht durch Furcht oder Niedergeschlagenheit verloren geht, denn das bedeutet, dass der Kapitän sein Schiff verlassen hat.

Gebt eurem höheren Selbst das folgendes Versprechen: „Ich will der Kapitän meines Schiffes bleiben!“ Denn das zu sein heißt, dem Pfad der geistigen Entwicklung zu folgen.

Meditiert oft über die Gegenwart eures Meisters. Ihr könnt gar nicht an Seine leuchtende Persönlichkeit denken, ohne dass eine Veränderung in eurem Seelenkörper vor sich geht. Wenn ihr über ihn meditiert, wird euer ganzes Sein teilhaben an Seiner Strahlung.

7

Alle, die Frieden in das Leben anderer tragen möchten, die Kümmernisse in fremden Herzen besänftigen oder mit behutsamen, weisen Worten „Teufel“ vertreiben wollen, müssen zuerst lernen, ihr eigenes Selbst zu beherrschen. Jesus wusste, dass er nicht den unsichtbaren Kräften befehlen konnte, bevor er die eigenen inneren Kräfte fest in seine Gewalt gebracht hatte. Jene, die die Geheimnisse des Universums durchdringen und die Fülle und Vielschichtigkeit der menschlichen Beziehungen verstehen möchten, sollten, bevor sie Recht oder Unrecht der einen oder anderen Person beurteilen, erst einmal in sich selbst hineinschauen; sie müssten erst einmal ihr eigenes Haus in Ordnung bringen.

Es ist euch gelehrt worden, dass, wenn ihr die rechten Gedanken hegt, ihr zu einem Brennpunkt für die Kräfte des Guten werdet, die dann euer Leben bestimmen werden. Doch noch mehr als das: Ihr werdet auch die großen Mysterien verstehen lernen, wenn ihr den einfachen Lehren des Meisters Folge leistet. Wenn ihr euch in Liebe Gott anvertraut, wird ER durch euch wirken, und nichts kann mehr in eurem Leben fehlgehen. Wahre Liebe irrt nicht. Liebe kennt nichts Böses oder Ungerechtigkeit. Liebe ist weder schwach noch stolz und hochmütig – Liebe gibt und Liebe hält zurück.

Diejenigen unter euch, die die Gabe des Hellsehens entfalten möchten, sollten oft den inneren Tempel ihres Herzens aufsuchen. Schwingt euch ein in den Geist der himmlischen Welten, und das, was sich euch enthüllt, wird dann nicht nur Einbildung und ein Produkt leerer Phantasie sein, sondern es wird sich euch die Wahrheit zeigen. Mediale Fähigkeiten sind nützlich, bedenkt jedoch , dass sie nur in den Bereichen Anwendung finden, die das irdische Leben unmittelbar umgeben. Geistige Kräfte hingegen unterliegen keinerlei Begrenzungen. Mit rein medialen Kräften bleibt ihr immer in Abhängigkeit einer bestimmten Gesamtverfassung des menschlichen Körpers und des menschlichen Lebens, während ihr mit der Entfaltung eurer geistigen Gaben die Kräfte entwickelt, die auch die unsichtbaren Gefilde durchdringen und grenzenlos sind. Jeder von euch verfügt über verborgene geistige

Fähigkeiten, und so wie ihr danach strebt von den Wassern des Geistes zu trinken, werden sich auch eure spirituellen Gaben entfalten wie die Blüte einer Seerose im Licht der Sonne.

Oftmals werdet ihr schon von der Seerose als Symbol geistiger Entfaltung gehört haben. Die Seerose, die Lotosblüte, die auf der stillen Wasseroberfläche ruht, ist ein uraltes Sinnbild für die Entwicklung der geistigen Gaben. Wenn ihr eure geistigen Fähigkeiten entfalten wollt, dann verschließt eure Augen und Ohren vor dem Weltlichen, das euch umgibt, und lasst vor eurem inneren Auge die Vision, das geistige Bild eines vollendet schönen Gartens erstehen. Wandert durch diesen Garten zum Heiligtum in seinem Zentrum, schreitet durch das weit geöffnete Tor in das Innere des blühenden Gartens, bis zu einem kleinen stillen See. Schaut auf das ungetrübt, reine Wasser, das kristallklar vor euch liegt. Beugt euch hinab, und erkennt euer eigenes wirkliches Bild im schimmernden Spiegel des Wassers, denn die Wasser des Geistes geben nur die Wahrheit wieder, sie lügen nie. Auf der hellen, unbewegten Wasseroberfläche ruht die Blüte einer Seerose von reinstem Weiß. Ihr innerstes erstrahlt in goldenem Licht. Weiß und Gold: Symbole der Reinheit und der göttlichen Intelligenz und Weisheit. Versenkt euren Geist in die vollkommene Schönheit dieser Seerose und verweilt in der Ruhe und dem Frieden, die euch zuteil werden.

Erschaut und erkennt nun um euch eine wolkenhafte Aura von unsichtbaren geistigen Wesen, die mit euch sind. Seht die strahlenden Formen, die euch umgeben. Seht die Formen der Engel, und spürt die Nähe der von euch Geliebten, denen ihr persönlich verbunden seid und die nun in der Welt des Lichtes leben. Sie sind so nahe, dass sie eins werden mit euch. In Gottes Universum gibt es keine Trennung durch Zeit und Raum. Ihr seid in Gott, und Gott ist in euch. Euer geistiger Führer ist in euch, ist ein Teil von euch, und ihr seid ein Teil von ihm. – Es gibt keine Trennung. Alle sind Geschöpfe und Kinder Gottes, und in Gott gibt es keine Trennung. Ihr seid in Gott und Gott ist vollkommen.

Kommt, meine Kinder, kommt zu den Wassern des lebendigen Geistes. Lasst alles Missgeschick, alle Not, alles Elend von euch gleiten und wisset um die eine große Wahrheit – ihr seid in Gott und Er macht alle Dinge klar und einfach.

Gott segne euch alle!

Das Licht

Lebensspende Sonne

Wunder des Lichts

WIR sprechen oft über die Eigenschaften und die Natur des Lichtes. Unter „Licht" verstehen wir den Christus im Herzen des Menschen, der sich in der Seele mit gottähnlichen Eigenschaften äußert wie Sanftmut, Geduld, Hoffnung, Vertrauen, Vergebung, intuitives Mitgefühl für andere, Zurückhaltung, Nachsicht und durch die Eigenschaft reiner Liebe, aus der alle diese ihren Ursprung haben. Deshalb sagen wir – Liebe ist Licht und Licht ist Liebe.

In früheren Epochen pflanzten wir unsere Feldfrüchte in Übereinstimmung mit dem Licht und baten um den Segen des Großen Göttlichen Geistes, ehe wir säten. Wir lenkten Licht in die Erdscholle und wenn die heutige Menschheit lernt, dies wiederum zu tun, wird sie viel bessere Ernten erzielen, um sowohl den Körper als auch die Seele zu nähren.

In der damaligen Zeit waren sich die Menschen dieser Tatsache wohl bewusst. Sie wussten, dass Licht und Liebe Machtfaktoren im Land sein können. Sie versammelten sich, entweder in kleinen Gruppen oder zu großen Zeremonien, um das Licht zu verehren. Ursprünglich wurden sie von den Gottmenschen belehrt, die gekommen waren, um ihre jüngeren Brüder in diesen Dingen zu unterweisen. Die damaligen Menschen lernten, dass das Licht, das ihre Wege erleuchtete, eine Schöpfung der Güte Gottes sei und dass dieses Licht ihnen letztlich den Heimweg zu Gott ermöglichen würde.

Vor den Zeremonien umschritten sie ihre Tempel im

rhythmischen Schritt und mit sakralem Gesang. Immer waren diese Tempel auf einem flachen Grundstück oder auf der Kuppe eines Hügels errichtet worden. Die ganze Nacht hindurch schritten sie so unter freiem, sterneübersäten Himmel unter sichtbaren wie unsichtbaren Planeten einher, die in unserem Sonnensystem kreisen und den Menschen von heute noch unbekannt sind. Alle wussten, dass diese Zeremonien von Engelwesen des Lichtes geleitet wurden, und vielen waren diese Wesen sichtbar. Beim ersten Dämmern des Morgens kam eine große Stille über die Menge. Beim Erscheinen der Sonne wandten sich alle dem Licht entgegen. Sie beteten zum Großen Göttlichen Geist, lobten und priesen ihn und dankten für den neuen Tag der Gnade und des Segens.

Wie viele Menschen würden heute Zeit erübrigen, um sich für das Erlebnis des Sonnenaufgangs zu versammeln? Wie viele könnten die himmlischen Scharen sehen, die bei Sonnenaufgang anwesend sind, wie auch die vielen Erleuchteten, die kommen, um die Erdenmenschen zu segnen? Nur wenige, denken wir. Doch damals begriffen die Menschen, dass sie zu dieser Stunde an das Geheimnis der Schöpfung rührten und in ihr eigenes Wesen eine Strahlung des Sonnenlogos aufnahmen, durch die sie gestärkt und gereinigt wurden. Sie atmeten das Licht förmlich in sich ein, die Lebenskraft, die den Menschen durchstrahlte, reinigte und vervollkommnete. Die Menschen bewohnten damals Körper von feinerer Schwingung als die heutigen Menschen, sie standen den Naturkräften und der „Großen Mutter" näher und waren dem Licht und den Geisteskräften offener.

Was ist mit dem Ausspruch gemeint: „Ein Mensch trägt das Licht in sich?" Wie muss er sein? Sicherlich wie ein Sohn Gottes. Je nach dem Grade seines Verstehens ist er Gott treu. Der, der das Licht in sich trägt, muss ein wahrheitsgetreuer Mensch sein. Er muss der Wahrheit treu sein, weil er klar sieht. Er sieht die Wahrheit in seiner Vision weder verzerrt noch verschleiert.

Er geht direkt zur Quelle und erkennt dadurch immer wieder neue Aspekte der Wahrheit.

Jetzt verstehen wir, dass „Licht“ ein anderes Wort für Wahrheit ist. Durch die Jahrtausende hat Gott die Menschen nie ohne einen Zeugen gelassen. Über die Jahrtausende hat Gott seine Boten zu den Menschen gesandt, um ihnen die Wahrheit zu verkünden. Deshalb finden wir in allen vergangenen und gegenwärtigen Völkern und Rassen, etwas von der Lehre über das Licht. Kenntnisse hiervon hatten die Hyperboräer, die Völker der Anden, die Polynesier, die alten Ägypter und die Menschen im fernen Osten, bis zu jenen der frühchristlichen Epoche.

„Lasst das Licht leuchten“ war der Ruf des ägyptischen Hohepriesters. „Lasst uns die Feuer entzünden“ war die Anrufung der Hohepriester in den Anden. In Atlantis ertönte dieselbe Anrufung: „Lasst das Licht leuchten“, wenn die Priester der großen Sonnentempel den Gottesdienst eröffneten. In den Tempeln Griechenlands erschallte derselbe Ruf. Hier oblag es den Tempeljungfrauen oder Vestalinnen, die Flamme auf dem Altar zu hüten, das Wahrzeichen der Sonne. Wenn diese Flamme erlosch, wurden sie mit dem Tode bestraft.

Später kam dann der Sonnenlogos oder der Christus, der durch die Lippen Jesu die Worte sprach: „Ich bin das Licht der Welt.“

Das Christuslicht

WUNDER DES LICHTS

Die Anfangsworte des Johannesevangeliums lauten: „Das Licht leuchtet in der Finsternis, doch die Finsternis hat es nicht begriffen.“ Wenige halten inne und meditieren über den Sinn dieses Ausspruchs. Am Anfang der Schöpfung sagte Gott: „Es werde Licht“, und aus der Dunkelheit ward Licht. Jeder Mensch wird schicksalhaft letztlich völliges Verstehen für Gott erlangen und mit seinem ganzen Wesen in Gottes Licht sein.

Wenn ihr das abgetragene Gewand, den sterblichen Körper des Menschen, durch Feuer bestattet, so bewirkt diese Verbrennung des Körpers eine Veränderung der Atome oder in anderen Worten, die Befreiung des Lichtes, das von der Dunkelheit in den Atomen des Leibes gefangen gehalten war. In der Tat, der Tod, den der Mensch fürchtet, ist in Wahrheit eine Form der Einweihung kleineren oder größeren Grades, und durch den Tod dringt ein großes Licht in die Seele ein.

Meine Freunde, wir bitten euch, das Hinübergehen einer Seele von ihrem Körpergefängnis in ein reicheres Leben niemals als etwas zu betrachten, das gefürchtet werden müsste. Nach dem Gesetz Gottes und wenn die Zeit gekommen ist, geht die Seele weiter, nicht um ihre Identität zu verlieren, sondern um ein größeres Verständnis des ewigen Lichtes zu erlangen. (Das Wort „Seele" versteht sich als der eigentliche Mensch, das eigentliche „Ich" der Gefühle, der Sympathien und Antipathien, der Interessen, der Zuneigungen, der Erinnerungen, der Empfindungen – in einem Wort, „wir selbst", die wir inwendig im äußeren Menschen wohnen und durch seine Augen schauen, mit seiner Zunge reden und mit seinem Gehirn denken. Es ist dieses „Selbst", das den Tod überlebt und in ein helleres Licht schreitet).

Wenn ein Mensch die Natur des Lichtes zu begreifen beginnt und wenn er die Strahlung des Lichtes aufnehmen kann, wird sein Christusbewusstsein stimuliert. Ein solcher Mensch braucht nicht überintellektuell oder besonders klug zu sein, um auf das Licht anzusprechen. Einfach und liebevoll soll er sein, weiter nichts.

So, wie ein Mensch liebevolle Freundschaft zum Nächsten empfindet oder das Leben selbst liebt, so wie es sich ihm in der Schönheit eines jeden Tages bietet, so wird sein Licht scheinen, weil der Christus in ihm leuchtet. Liebe, derart zum Ausdruck gebracht, zieht das Licht Christi an die Seele heran, sodass die wahrhaft liebende Seele strahlend wird.

Versucht einen Augenblick über das Antlitz, die Gestalt, die

Erscheinung, ja die ganze Natur von Jesus dem Christus nachzudenken. Wir stellen nicht in Abrede, dass andere Weltenlehrer existierten, die das Licht Christi in großem Maße zum Ausdruck brachten, doch wir möchten euch den großen Erlöser des Christentums, Jesus den Christus, besonders nahe bringen. Seht in ihm die Göttlichkeit des Herrn, die Reinheit und Schönheit des Christusgeistes. Seht, wie Jesus die ganze Herrlichkeit der Christusliebe zum Ausdruck brachte, denn die Christusliebe ist Licht.

Dann versucht euch für einen Augenblick vorzustellen, wie es im Himmel ist. Versucht euch den Himmel nach eurer eigenen Idee auszumalen. Versucht euch einen Daseinszustand auszudenken, der dauernd von goldenem Licht durchstrahlt ist. Schaut in diesem himmlischen Daseinszustand engelgleiche oder menschliche Wesen. Sie alle sehen so aus, als wären sie von innen her erleuchtet, denn sie strahlen Licht aus. Woher kommt es, dass Geister, die von einer Himmelswelt kommen, stets als Lichtwesen erscheinen? Warum ist dieser Himmel so von Licht durchstrahl? Weil in Wirklichkeit das Leben Licht ist.

Dann lest in eurer Bibel über die Engelerscheinungen bei Propheten und Heiligen. War nicht Paulus von einem hellen Licht getroffen und dadurch völlig gewandelt worden? In strahlendes Licht gehüllte Engel betreuten Petrus. Jesus zog sich einmal mit drei Jüngern auf einen Hügel zurück, wo er, samt seiner Kleidung, durch die Herrlichkeit des Lichtes verklärt wurde.

Diese Begebenheiten wurden uns von ehrlichen, wahrheitsliebenden Männern berichtet. Sie ereigneten sich erst gestern, denn 2000 Jahre sind kurz im Vergleich zur Geschichte der Menschheit. Glaubt ihr diese Dinge? Sie geschehen, weil hinter allen physischen Formen eine geistige Lebenskraft steht, die als Licht in Erscheinung tritt.

Immer und immer wieder sagen wir: *Licht ist Leben und Leben ist Licht.*

Um Licht in sich zu speichern, muss der Mensch lieben. Blicke auf irgendeinen deiner Bekannten, der liebend und freundlich ist, und du wirst erkennen, dass Licht durch ihn leuchtet. Erforsche, ob du Liebe in anderen Gesichtern siehst, auch in den unwahrscheinlichsten. Ein Mensch, der nicht liebt, ist von Selbstmitleid erfüllt. Das schließt den Vorhang seiner Seele und sein Antlitz erscheint düster, denn sein Licht ist eingedämmt, verdeckt. Daher – lasse dein Licht leuchten! Sende das Licht aus! Gehe durchs Leben in liebender Haltung, und dein Licht wird wahrhaft hell sein.

Das Geheimnis vollkommener Gesundheit

WUNDER DES LICHTS

Weißt du, dass die Lebenskraft, die aus dem Licht stammt und durch deine Adern pulst, das Geheimnis vollkommener Gesundheit ist? In der Tat, ein Mangel an Licht heißt, es fehlt an gewissen Elementen im Blut, was allmählich zur Erkrankung und zum Zusammenbruch führt. Jesus kannte dieses Geheimnis. Er wusste, wie die göttliche Strahlkraft empfangen werden kann. Er musste nicht einmal den Körper eines kranken Menschen berühren, um Licht in dessen Leib zu senden, denn er hatte die Begrenzung von Zeit und Raum überwunden. Als der römische Hauptmann zu Jesus kam und um Heilung für seinen kranken Knecht bat, hatte Jesus bereits seine Aura erweitert und den kranken Mann geheilt, indem er ihn mit der Schwingung des Lichtes durchdrang. Mit anderen Worten gesagt, er sandte Licht in das Dunkel und löste die Dunkelheit auf.

Licht durchflutet auch die Substanz der Erde. Ihr meint, dass eure Erde dunkel und tot sei, doch in der Substanz der Erde, in ihrer physikalischen Materie, ist Licht. Und dieses Licht ist Träger des physischen Lebens im Körper des Menschen und verleiht seiner Seele ewiges Leben. Deshalb ist der wahre Sinn des Lebens, das Licht zu entdecken und sich seiner zu bedienen und so zu einer Sonne oder zu einem Sohne Gottes zu werden. Jetzt denkst du vielleicht, dass du noch einen sehr langen Weg gehen musst. Das müssen wir alle. Aber wir, die wir zu euch sprechen, haben gesehen. Wir wissen, dass Leben im Wesentlichen Licht ist. Und vollkommenes Leben ist die Herrlichkeit Gottes.

Sei geduldig. Schaue vorwärts und nie zurück. Wende dein Antlitz zum Licht und gehe beharrlich, geduldig und vertrauensvoll deines Weges. In dem Maße, in dem du Licht oder Liebe aussendest, wirst du Licht empfangen. Sei hoffnungsvoll und nicht bedrückt. Wenn du traurig oder leidend bist, dann beten wir, dass du ein Zeichen der Kraft des Lichtes und der Liebe Gottes erhältst, so dass Wunder geschehen, sowohl in deinem Körper als auch in deinen Lebensumständen. Das Gesetz ist dies: Gott hat Seine Söhne und Töchter so erschaffen, dass sie selbst das Licht freisetzen müssen, ehe es in ihnen und in ihrem äußeren Leben wirksam werden kann.

Schaue immer zum Licht – bleibe stets im Licht. Es wird jeglichen Schatten vertreiben und es macht dich frei. Eine solche Freiheit heißt Frieden, Glück, Freude und ein Überfluss von allem, was du brauchst. Die Zeit wird kommen, da der Mensch fähig ist, die Einwirkung des Lichtes auf die Materie zu steuern, und er wird dies selbstlos, zum Guten aller tun.

Licht ist Leben

WUNDER DES LICHTS

Denkt oft über diese Dinge nach. Die Bibel versichert uns, dass Gott den Menschen nach Seinem Ebenbild erschuf. Das ist tatsächlich so. Sogar mit seinem heute noch begrenzten Verstand kann der Mensch Gott erkennen, als allmächtig, allweise und allgegenwärtig. Jeder einzelne von euch hat schon Beweise von göttlicher Liebe und weiser Führung erhalten, die euch von der Existenz einer intelligenten und liebenden Macht überzeugten.

Manchmal allerdings hat diese Macht euch in Situationen geführt, die euch unangenehm sind, und ihr leidet, weil ihr der Ansicht seid, die Dinge seien falsch gelaufen und nichts, was ihr euch wünschtet, wäre eingetroffen. Doch wenn ihr ein wenig weiser geworden seid, werdet ihr die Dinge anders sehen. Ihr wisst dann, dass Gottes Gesetze gerecht und vollkommen sind und dass alles, was in eurem äußeren Leben geschieht, wie unerwünscht es auch zu sein scheint, stets einen ausgleichenden Segen mit sich bringt.

Wenn du von einer Situation befreit wurdest, an die du dich festgeklammert hast, dann ist es so, wie wenn eine Mutter ihrem Kind ein gefährliches Spielzeug wegnimmt. Das Kind fängt an zu schreien, doch die weise Mutter sagt: „Nein mein Kind, hier ist etwas anderes“, und sie gibt ihm ein geeigneteres Spielzeug. Wende dieses Beispiel in deinem Leben an und du wirst im Laufe der Zeit den Wert des Annehmens einsehen. Versuch das, was geschieht, hinzunehmen, wissend, dass Gott weise ist in allem, was ER gibt, und sogar besonders weise, wenn ER dir etwas vorenthält oder wegnimmt. Der Kernpunkt ist, dass die Menschenseele, die sich entfaltet und an Gottesbewusstsein zunimmt, eigentlich gar nichts verlieren kann. Lediglich ihr begrenztes Bewusstsein hindert sie an der Erkenntnis, dass alles da und alles gegenwärtig ist.

Menschen, die viel Zeit im Gebet oder in der Meditation zubringen, werden zuweilen von den Mitmenschen missverstanden, weil diese der Ansicht sind, aktiv zu sein sei besser als beten. Wohl ist es wahr, zur rechten Zeit zu handeln ist richtig. Doch jede Tat sollte aus der Meditation und dem Gebet hervorgehen und niemals aus emotioneller Spannung.

Die älteren Brüder

Wir wollen euch einiges über die älteren Brüder erzählen, die in den Höhen leben. Unter „Höhe“ verstehen wir sowohl eine Erhöhung des Bewusstseins als auch einsame Berggegenden der Erde. Diese älteren Brüder haben eine Stufe geistiger Erkenntnis erreicht, auf der sie in engem Kontakt mit dem ewigen Geist Gottes stehen. Von dieser Ebene aus arbeiten sie unermüdlich an der geistigen Entwicklung und Entfaltung der Menschheit. In ihrem Einklang mit Gott ist ihr Seelenbewusstsein derart erweitert, dass sie mit allem menschlichen Leben in Kontakt stehen, und in diesem erhobenen Zustand werden sie zu Boten zwischen dem Schöpfer und Seinen Geschöpfen.

Sie behalten ihre physische Gestalt als Mann oder Frau. Da sie durch die verschiedensten Stufen menschlicher Erfahrung hindurchgegangen sind, haben sie großes Verständnis für die elementarsten Nöte eines jeden menschlichen Wesens. Sie sind ganz Liebe und Verstehen. Sie sind niemals allzu streng, noch üben sie Zwang aus. Sie lassen ihren jüngeren Brüdern die vollständig freie Wahl. Sie beten unaufhörlich zu Gott, und in dieser Anbetung strahlen sie Licht und Liebe über die ganze Menschheit aus. Die Mehrheit der Menschen hat keine Ahnung von dem Einfluss, der durch die Strahlkraft jener Großen ausgeübt wird. Trotzdem ist dieser Einfluss dauernd da, und so wirken die älteren Brüder ununterbrochen für dich und die ganze Menschheit.

Sie sind nie hastig und verurteilen niemanden. Junge Seelen sind allzu rasch in ihrem Urteil, doch die älteren Brüder sind geduldig, denn sie wissen, wie langsam die geistige Höherentwicklung der Kinder Gottes vor sich geht. Sie erwarten von niemandem zuviel. Diese älteren Brüder stehen der Menschheit sehr nahe. Sobald ein Mensch lernt, das göttliche Gesetz anzuwenden und danach zu handeln, wird sein Seelenkanal dem Einströmen des Christuslichtes weit geöffnet.

Der Weltenlehrer

WUNDER DES LICHTS

Immer wieder wird gefragt, ob bald ein neuer Weltenlehrer kommen würde. Doch ihr wisst, dass nur einer der erhabene Sohn des Lichtes ist. Die Christen nennen ihn Jesus Christus. Durch Jesus von Nazareth schien einst das Licht. Durch andere Eingeweihte wird dasselbe Licht eines Tages scheinen, jedoch auf einer höheren Spirale, einem höheren Lebenszyklus.

Ihr werdet euch wahrscheinlich fragen, ob der Weltenlehrer von der Kirche und vom Volk erkannt und angenommen wird, wenn er kommt. Das fragen wir uns auch, denn das ist gar nicht immer der Fall. Erst aus einer gewissen Distanz, oft erst nach Jahrhunderten findet ein Weltenlehrer Anerkennung. Wir müssen uns stets vor Augen halten, dass es nicht auf die Person des Weltenlehrers ankommt, sondern auf die Strahlung des Christuslichtes, das durch den Weltenlehrer/in scheint. Im Laufe der Zeit wird sich die Menschheit wundern und wird beginnen ihn/sie zu verehren, wenn sie die Kraft und den Einfluss erkennt, die durch sein/ihr Leben in die Welt strahlen, besonders, wenn sie die Weisheit seiner oder ihrer Lehre begreifen wird.

In der heutigen Zeit kommt der Weltenlehrer den Menschen sehr nahe. Er bringt Allliebe und Allweisheit. Seine große Kraft und seine Liebe werden die feinstofflichen Körper des Menschen stimulieren. Dieser Einfluss ist jetzt schon auf Erden spürbar. Daher entsteht so manche internationale Schwierigkeit, mancherlei Umbruch und bittere Konfrontation verschiedener Ideologien. Eine Nation möchte dies und eine andere jenes tun, so dass sich die Menschheit aufführt wie Kinder im Kindergarten. Die Menschen reagieren auf die Stimulation durch dieses große geistige Licht auf verschiedene Weise, weshalb, das ist ihnen unverständlich. Sie fühlen einen außerordentlichen Drang, vorwärts zu stürmen, sich durchzusetzen. Sie haben den Wunsch, Bruderschaft in primitivster Form zu verwirklichen. Hinter all diesen unreifen Formen von Unrast und Aufruhr wirken die Impulse, die von dem kommenden Licht des Weltenlehrers ausgehen.

Ihr dürft ihn euch nicht als Einzelperson vorstellen. Während himmlisches Licht und himmlische Macht durch ihn wirken, bleibt das Einströmen dieser Kräfte nicht auf seine Persönlichkeit beschränkt. Vielmehr wird diese Kraft wie Sauerteig im Brot wirken, in den Menschen den Geist anregen und die Schwingung der Erde erhöhen.

Wenn sich der Weltlehrer der Erde nähert, wird er viele Jünger mit sich bringen. Viele von diesen sind bereits hier und bereiten sein Kommen vor. Einige von euch mögen zu jenen gehören. Jünger werden gebraucht, um die Schwingung zu erhöhen, die Finsternis zu erhellen in Erwartung des Kommenden. Jeder Mensch muss sich geistig erheben, bevor er die geistige Wahrheit und deren Realität begreifen kann. Die Jünger sind schon dabei, den Weg vorzubereiten. Wenn dann die Menschen endlich bereit sind, werden sie wahrhaftig ihre Augen erheben, um das heller werdende Licht wahrzunehmen.

Ursache und Wirkung

WUNDER DES LICHTS

In Bezug auf Wahrheiten, die für ihn lebenswichtig sind, hat der Mensch ein sehr schwaches Gedächtnis, das öfters der Auffrischung bedarf. Ihr vergesst oft das Ziel und den Pfad, auf den ihr eure Füße gesetzt habt. Ihr vergesst außerdem, dass ihr viel mehr seid als nur physischer Körper und Verstand und, dass ihr nicht sterben werdet, niemals sterben könnt. Ihr werdet nicht einmal wissen, wann euer eigener Tod stattfindet, denn wenn ihr euren Körper verlasst, werdet ihr finden, dass ihr genau derselbe Mensch seid wie zuvor. Das Königreich des Himmels ist kein weit entferntes Land, in das ihr eingeht, sobald ihr euren Körper abgelegt habt. Es ist in euch – hier und jetzt. Ihr seid hier auf

Erden, eingehüllt in Materie, um euch durch eure Anstrengung das Werkzeug anzueignen, das ihr benötigt, um den Weg zu ebnen, der euch in jenes herrliche Reich bringt. Das kann nur durch eure eigene Anstrengung und durch eure geistige Entfaltung erreicht werden.

Es ist euch gesagt worden, dass, wenn ihr wahrhaft an Jesus Christus glaubt, dieser euch erlösen wird. Das stimmt, doch nicht ohne eure Mitarbeit, eure Anstrengung, euer Einwirken auf euch selbst und eure Umgebung. Wurde euch nicht gesagt, was auch immer ein Mensch sät, das wird er mit Sicherheit ernten? Eure Gedanken, Worte und Taten sind die Samen, die ihr tagtäglich, ein ganzes Leben lang sät. Das Resultat dieser Aussaat ist gewiss und unausweichlich. Wir wollen weder predigen noch irgendjemanden erschrecken. Wir vermitteln euch ganz einfach die Wahrheit, die ihr leicht nachprüfen könnt. Wenn die Dinge für euch schwierig werden, und ihr erlaubt es euch, euch darüber aufzuregen, dann erscheint das Leben sehr unangenehm. Wenn ihr euch andererseits daran halten könnt, dass die Dinge der Erde nicht so hochwichtig sind, werdet ihr glücklich bleiben. Seid ihr ungeduldig, so gelangt ihr in Schwierigkeiten, doch wenn ihr geduldig seid, in Ruhe auf Gott blickt und von Ihm die benötigte Führung erbittet, dann ist alles gut.

Eure Gedanken und Taten sind wie Samen, deren Ernte eines Tages mit Gewissheit eingebracht wird, sowohl im Seelenbereich als auch im Bereich des Irdischen. Dies wird eure ganze Zukunft gestalten. Es ist die Auswirkung des vollkommenen Gesetzes und ist unausweichlich.

Hand in Hand mit diesem Gesetz, auch Karma genannt, geht ein ergänzendes Gesetz, das man im Osten Dharma nennt. Dharma bedeutet eine angebotene Gelegenheit. Es ist die Gelegenheit, aus den Umständen und Gegebenheiten das Beste zu machen. Diese Lebensumstände und Umweltbedingungen bieten sich an, damit ihr euer Höchstes und Bestes gebt. Deshalb ist mit dem Gesetz von Karma oder Ursache und Wirkung – exakt, vollkommen, gerecht und wahr – das Gesetz des Dharma verknüpft, das die Gnade Gottes ausdrückt. Gott ist immer gnädig mit seinem Kind, doch ER verspricht nicht, dass es ohne Leid und Arbeit geht oder dass man dem Wiedergutmachen seiner Verfehlungen aus dem Wege gehen kann. Vielmehr sagt ER: „Mein Kind, meine Liebe ist mit dir und will dir helfen." Gottes Liebe ist SEINE Gnade, sein Erbarmen. Gott kann alle Wunden heilen, indem ER Seinen Kindern hilft, durch ihr selbstverschuldetes Karma hindurch zu kommen. Die Gnade Gottes steht in enger Beziehung zur Gnade des Menschen. Im dem Maße, in dem ein Mensch seinen Mitmenschen Gnade erweist, wird Gott ihm Gnade erweisen.

Wir erwähnten die Macht Christi, Seelen zu retten. Das Licht des Christus im Menschen ist tatsächlich seine einzige Rettung. Gott hat jedes Seiner Kinder mit dem Geist Christi ausgerüstet. Das ist die rettende Gnade im Leben: So rettet Christus alle, die in Unwissenheit und Sünde leben. Das göttliche Gesetz ist Liebe und das Brechen dieses Gesetzes ist Sünde. Durch Leid und Schmerzen, die aus einer solchen Gesetzesübertretung hervorgehen, nimmt der Mensch allmählich an Weisheit zu. Unkenntnis des göttlichen Gesetzes ist allerdings keine Entschuldigung für die Sünde.

Auf dem Pfad der seelischen Entfaltung ist der Dienst am Nächsten außerordentlich wichtig. Dieser Dienst kann sowohl auf der inneren als auch auf der äußeren Ebene geleistet werden. Gott in Anbetung und Verehrung zu dienen ist notwendigerweise das erste Gesetz, und das zweite heißt: Liebe deinen Nächsten wie dich selbst.

WUNDER DES LICHTS

Bei diesem Gedankengang erinnern wir uns der älteren Brüder, die ihr Leben in der Verehrung und Anbetung Gottes und in der Meditation verbringen. Auf diese Art helfen sie der ganzen Menschheit und verfeinern sogar die Substanz der Erde. Jedes Lebendigwerden des Geistigen im Menschen bewirkt dasselbe. Die älteren Brüder strahlen einen Einfluss aus, der langsam aber sicher beide, die Menschheit und Mutter Erde durchdringt. Gleichermaßen dienen alle, die Gott wahrhaft verehren, der Menschheit.

Gottes größtes Geschenk an den Menschen ist das Leben selbst und die Tatsache fähig zu sein, sich tagtäglich eines Lebens bewusst zu werden, das so rein, harmonisch und schön ist, wie es auf Erden bisher noch nicht bekannt ist. Dazu gehört dein Glaube an die Beeinflussung durch die Unsichtbaren, die dir stets im Geiste nahe sind, wenn du dich bereithältst, sie zu empfangen. Mein Freund, wenn du still und mit beruhigtem Gemüt und Verstand über himmlische Dinge meditieren wolltest, würdest du den unsichtbaren Gast, den älteren Bruder oder die ältere Schwester einladen und seinen oder ihren Einfluss spüren.

Was wir euch sagen ist wahr. Die Brüder des Weißen Lichtes wirken, um euch zu helfen. Sie sind immer mit euch. Sie lenken eure Gedanken aufwärts. Sucht zuerst nach dem Reich Gottes. Sucht zuerst den Kontakt mit dem unendlichen Geist. Bemüht euch, euren Schöpfer zu verehren und zu preisen. Dann könnt ihr mit dem Licht einer Kerze verglichen werden, das einfach und bescheiden leuchtet. Unzählige Kerzenlichter aber, die zu Gott emporgehalten werden, vergrößern auch Sein Licht und Seine Herrlichkeit. Ihr könnt nicht allein und nur für euch selbst leben. Ihr lebt für Gott und so wie ihr euch entwickelt und wachst, so nimmt auch SEIN Licht und SEINE Macht zu. Warum hat euch Gott ursprünglich erschaffen? Weil ER ununterbrochen Freude und Leben spendet und letztendlich Freude und Leben von SEINEN Kindern zurückerhält. Welch wundervolle Möglichkeit ihr doch habt! Welch gnadenreicher Pfad öffnet sich vor euch! O Herr, wie wunderbar sind DEINE Segnungen, wie herrlich DEINE Tempel. Lasst uns eintreten, um für immer und allezeit zu beten…

Die Toten leben

VOM LEBEN JENSEITS DER TODESPFORTE

AM 11. November eines jeden Jahres gedenkt man in Großbritannien der Toten zweier Weltkriege (In Deutschland wird dieser Tag „Volkstrauertag" genannt und ist an einem Sonntag Mitte November – Anmerk. des Übers.) Viele Menschen möchten wissen, was mit denen geschieht, die auf dem Schlachtfeld fallen. Meine Freunde, betrachtet euren Körper, als sei er ein „Überzieher" ein Mantel. Dann nehmt an, dass dieser Mantel durchschossen, verbrannt oder durchnässt wird, und ihr müsst zugeben, dass ein Mantel weder fühlen noch leiden kann. Genauso wenig fühlten oder litten die Soldaten, denn sie waren in jenem Moment bereits nicht mehr in ihrem Mantel. Im gegebenen Augenblick wird der Geist aus dem Körper entfernt. Dies geschieht auf eine Art, die ihr nicht verstehen könnt. Es ist, als ob ein Schleier vorgezogen würde, so dass sich der Geist des körperlichen Leidens nicht mehr bewusst ist. Der Tod wird zu einem wunderbaren Erlebnis. Trotzdem sieht es anders aus, denn der Schein trügt. Das Herz erschrickt vor dem Gedanken an Schmerz und Tod, doch wenn der Tod eintritt, schwindet alle Angst. Die Seele ist sich nur noch eines großen Friedens bewusst – der Gegenwart Gottes. Was wir sagen, ist von Tausenden bestätigt worden. Ruft die Seele nicht instinktiv nach Gott, wenn sie in großer Gefahr schwebt oder dem Tode ins Auge schaut? Und Gott nimmt sich ihrer unweigerlich an. Der Augenblick des Todes wird weder gefühlt, noch wahrgenommen. Diejenigen, die in der Schlacht sterben, mögen sich des nahenden Todes bewusst sein, und plötzlich befinden sie sich außerhalb des Körpers. Sie können sogar ihren fallenden Körper beobachten, doch in ihnen selbst ändert sich nichts. Jemand erwartet sie und bringt sie auf vollkommen natürliche Weise an einen Ort, wo sie Ruhe und Erholung finden. Alles ist natürlich und normal. Sie sind glücklich. Auch von ihren Verwandten, die sie häufig während der Schlafenszeit besuchen, sind sie nicht getrennt.

Es ist schade, dass viele, die trauern, nicht wissen, was nach dem Tod geschieht. Sie bekommen weder eine Botschaft noch haben sie ein Gefühl dafür, dass ihre Liebsten nahe sind, und es bleibt für sie nichts als traurige Erinnerung – so wenigstens meinen sie. Sie missverstehen die Bibel und ziehen einen unsichtbaren eisernen Vorhang zwischen beide Welten. Andere meinen, dass der Mensch den Tod wohl überlebe, aber für immer der Erde entrückt sei. Wir hörten euch sagen: „Mein Liebster hat mich für immer verlassen. Ich werde ihn im Jenseits niemals wieder finden können. Er ist nun schon so lange in der anderen Welt und ist sicherlich weit über mich hinausgewachsen."

Wir wollen euch helfen zu verstehen, was wirklich geschieht. Viele, viele Male haben wir euch gesagt, wo wahre Liebe ist, gibt es keine Trennung, denn in dieser Liebe seid ihr alle vereint. Auf einer gewissen Bewusstseinsstufe wird der Kontakt mit den Heiligen Wirklichkeit.

Die Seelen der Menschen sind wie ein Tropfen im Ozean oder wie ein Sandkorn am Meeresstrand. Jede Seele ist ein Individuum, jede eine Einheit, alle aber können sich zu einem großen Ganzen vereinigen. Viel Menschen fürchten, dass sie, wenn sie eine bestimmte Vergeistigung erreicht haben, ihre Identität in Gott verlieren, doch das ist nicht so. Gott hat euch erschaffen als SEINEN Sohn oder als SEINE Tochter, und das für alle Ewigkeit. Natürlich seid ihr stets ein Teil Gottes, doch ihr habt einen individuellen Geist, und wenn ihr euch dereinst mit der großen Familie Gottes vereinigt habt, bleibt ihr trotzdem ein individuelles Wesen und behaltet eure Identität. Versuche, nie die materiellen Dinge den göttlichen Dingen vorzuziehen. „Suchet zuerst das Reich Gottes." Lasse dieses Reich zu deinem vordringlichsten Herzenswunsch werden, zum ersten Gedanken beim Erwachen. Suche Gott und alle Schönheiten SEINER Welt. Dann lebst du für ein Ziel. So schreitest du diesem endgültigen Ziel entgegen, der vollständigen Vereinigung mit dem heiligen, universalen Leben – dem Einswerden mit dem VATER. Immer aber bleibst du du selbst, denn ER hat dich mit einer Persönlichkeit ausgestattet. Trotzdem kommt dein schönster Augenblick, wenn du gelernt hast, dein Selbst aufzugeben, wenn du erkannt hast, EINS mit dem GANZEN zu sein, und somit fähig geworden bist, dich in die Gemeinschaft der Heiligen einzureihen.

Zu bestimmten Zeiten kommt eine gewaltige Schar von Seelen zur Erde, denn die Menschen gedenken in Liebe der Verstorbenen. Wann immer die Menschen beten und ihrer Lieben gedenken, wird für diese ein Weg geöffnet. Dann kommen so viele Seelen an den besonderen Gedenktagen zur Erde, um ihren Lieben etwas von dem Licht und der Wahrheit zu bringen, die sie selbst gefunden haben. Wir möchten aber klarstellen, dass du nicht zu sterben brauchst, um in der höheren Welt diejenigen zu sehen, die dort wohnen.

Wahrer geistiger Kontakt

WAS geschieht mit einem Neugeborenen oder Kleinkind, wenn es stirbt? Vom materiellen Standpunkt aus betrachtet, scheint ein solches Kind tatsächlich zu sterben. Im Moment des Überganges aber ist ein Engel des Todes anwesend, der die Seele des Kindes in einen tiefen Schlaf versetzt und sie dann liebevoll und zärtlich wegträgt. Das Kind erwacht in der geistigen

Welt mit dem Geist der göttlichen Mutter an seiner Seite. Ihr liebevoller Einfluss umfängt es und nimmt ihm jede Angst.

Es sind Vorbereitungen getroffen worden, um dem besonderen Temperament des Kindes gerecht zu werden. Oft ist eine geliebte Seele, eine Großmutter oder wenn möglich seine eigene Mutter, die vielleicht gerade schläft, gegenwärtig. Nachbildungen seiner liebsten Spielsachen nehmen seine Aufmerksamkeit in Anspruch. Kinder, die ins Jenseits hinüberkommen, leiden in keiner Weise unter dem Gefühl eines persönlichen Verlustes. Da sie nur eine relativ kurze Zeit von ihrer geistigen Heimat getrennt waren, sind sie in der geistigen Welt fast noch wie zu Hause. Für sie ist es wie eine Heimkehr an einen Ort, an den sie sich noch erinnern und den sie lieben, obwohl die Erinnerung an ihre neu erworbenen irdischen Eltern auch da ist. Bald freuen sie sich an allem, was für sie vorbereitet wurde, um sie glücklich zu machen. Sie leben in Heimen in schöner ländlicher Umgebung und freuen sich an ihren Lieblingsspielen und anderer Freizeitsaktivitäten und Erholung. Sind sie alt genug, kommen sie in eine Schule oder an einen Ort des Lernens. Wohin sie auch gehen, sind sie von dem Gefühl göttlicher Liebe durchdrungen und wissen, dass sie in der Geborgenheit sind. Glückstrahlend durchforschen die Kinder ihre Umgebung. Sie werden mit der Natur ihrer Welt vertraut und schließen Freundschaft mit Naturgeistern, den Elfen und Gnomen, die in Fülle dort leben. Sie freunden sich auch mit den Kindern an, die neu vom Erdenleben herüberkommen.

Überdies sind sie mit ihren Eltern immer noch in Verbindung, besonders wenn diese während des Schlafens zu ihnen kommen. Die Eltern vergessen zumeist ihren Traum der Wiedervereinigung und erinnern sich auch nicht mehr an das Heim der Kinder und dessen Umgebung. Im Jenseits wachsen die Kinder rasch auf. Die Zeit dort lässt sich nicht mit der Zeit der Menschen vergleichen. Diejenigen, die ein geliebtes Kind durch den Tod verloren haben, können versichert sein, dass ihm nichts fehlt. Kommt dann ihre eigene Zeit des Überganges, werden sie mit ihrem Kind wieder zusammentreffen. Damit keine Entfremdung entsteht, nimmt es für eine Zeitlang das den Eltern bekannte Aussehen an.

Das Leben im Jenseits wäre ohne die Kameradschaft der Tiere unvollständig. Auch diese überleben den Tod und erfreuen sich eines Lebens in Freiheit mit allen Freuden ihres Tierlebens, jedoch mit dem Unterschied, dass sie weder jagen noch töten. Für sie ist ihr neues Leben eine Fortsetzung des alten, doch vollkommen und schön in jeder Hinsicht. Sie erinnern sich an ihren ehemaligen Meister und die Freunde und warten auf deren Kommen.

Echte Beweise der Wahrheit

Denjenigen, die Beweise haben wollen, können wir lediglich wiederholen, was wir einst jemandem sagten, der uns bat, ihn vom Leben nach dem Tod zu überzeugen. Wir fragten ihn, ob er in der Lage sei, uns einen überzeugenden Beweis zu liefern, dass es kein Leben nach dem Tod gäbe. Das konnte er nicht. Niemand kann diesen Gegenbeweis antreten. Andererseits haben Tausende, ja Millionen Menschen persönliche Beweise von einem Weiterleben jenseits des Grabes erhalten. Einzelne Episoden, isolierte Berichte von einem Überleben sind jedoch noch keine allgemeingültigen Beweise. Sogar wenn wir in diesem Moment bemerkenswerte übersinnliche Phänomene hervorbrächten, sie würden immer noch nicht eindeutig beweisen, dass eure Persönlichkeit das Grab überdauert.

Die Wahrheit ist eine Offenbarung Gottes in des Menschen eigenen Wesen. Der einzige wahre und dauerhafte Beweis der Unsterblichkeit offenbart sich im Innersten des menschlichen Geistes und ist nicht vom Äußeren abhängig. Erfolgt diese innere Offenbarung, dann bist du sicher, dass gewisse Dinge unumstößlich wahr sind. Solltest du aber aufgefordert werden, dies anderen Menschen zu beweisen, wäre das für dich äußerst schwierig. Du kannst dir diese Dinge zu deiner eigenen Zufriedenheit beweisen, denn der Gott in dir kennt die Wahrheit. Auf ähnliche Weise sollte das Göttliche in jedem Menschen die Wahrheit oder Gott in seinem menschlichen Bruder erkennen können.

Deshalb sagen wir zu jenen, die Beweise für ein Leben nach dem Tod haben wollen: Folgt dem Licht in eurer eigenen Seele. Sucht die Offenbarung, und so sicher wie der Tag auf die Nacht folgt, werdet ihr Erfahrungen sammeln, die euch absolute Beweise von einem Leben bringen, das über dieses irdische Leben hinausgeht.

Indirekter und direkter Kontakt

Ihr werdet wissen wollen, ob es für eine Seele im Jenseits möglich ist, über ein Medium mit Menschen auf der Erde in Gedankenaustausch zu kommen. Ja, echte Kontakte kommen auf diese Art zustande, aber es ist eine etwas unsichere Methode, weil vollkommene Bedingungen nicht leicht zu erreichen sind. Trotzdem kann ein solcher Kontakt durch ein Medium die Seelen auf beiden Seiten des Schleiers trösten, besonders nach einem kürzlich erfolgten Tod, und das sollte nicht als unerwünscht oder falsch gewertet werden.

Dürfen wir euch nahe bringen, wie wichtig es ist, alle eure Sinne zu schärfen, wenn ihr erhofft, Botschaften aus der Welt des Geistes durch ein Medium zu erhalten. Oftmals wurden wir recht traurig, wenn wir die Bemühungen beobachteten, welche Jenseitige unternahmen, um einen Diesseitigen zu erreichen, der so schwer von Begriff schien und so wenig Verständnis zeigte. Andererseits wissen wir, dass ihr eigentlich auf alles eine fertige

Antwort haben möchtet. Die Jenseitigen aber wollen es euch nicht so leicht machen, nicht weil sie euren logischen Verstand ablehnen, sondern weil sie wünschen, dass ihr eure eigenen göttlichen Gaben gebrauchen sollt. Sie wollen, dass ihr selbst einen Teil der Arbeit leistet. Mediale Kommunikation ist wie eine Brücke, die von einer Welt zur anderen reicht. Von beiden Seiten muss man sich Mühe geben, um eine „Zusammenkunft" zu erreichen. Deshalb wisst, dass ihr genauso verantwortlich seid für euren Teil der Brücke, wie es die Jenseitigen für den Teil sind, den sie zu bauen haben.

Wie wir bereits erwähnt haben, bedienen wir uns des Ätherleibes für eine Kontaktaufnahme von uns zu euch. Der Ätherleib ist mit dem Nervensystem eng verbunden, ja er durchdringt es, und da ein Medium überaus sensibel und sensitiv ist, wird während einer Übertragung sein Nervensystem stark beansprucht.

Viele Menschen haben versucht, Instrumente zu konstruieren, die als Brücke zwischen dem Jenseits und dem Diesseits dienen sollen und die somit das Medium überflüssig machen. Sie glauben, dass eine mit solchen Mitteln erreichte Kommunikation viel zuverlässiger sei. Wir sind anderer Ansicht. Wir meinen, dass ein Kontakt zwischen den beiden Welten bis zu einem gewissen Grad immer vom ultrasensitiven menschlichen Organismus abhängt.

Es gibt eine „äußere" und eine „innere" Kommunikation. Die erstgenannte benötigt ein Medium und äußert sich auf verschiedene Arten, wie Hellsehen, direkte Stimme, Tieftrance, Psychometrie oder automatisches Schreiben. Obwohl viele echte und gute Kontakte auf diese Art und Weise stattgefunden haben und immer noch stattfinden, sollt ihr euch bewusst sein, dass die so erhaltenen Botschaften nicht notwendigerweise immer von der geistigen Welt kommen. Sie können auch aus dem Unterbewusstsein stammen, oder im Falle von gewisser Hellsichtigkeit und der Psychometrie sind sie ein Art von „Aura lesen". Wir sagen nicht, es sei unmöglich, dass klare, echte Botschaften durchkommen, doch wenn ihr die oben genannten Faktoren in Betracht zieht, müsst ihr zugeben, dass diese Art der Verständigung unter Umständen unzuverlässig sein kann. Manchmal kommt eine Botschaft klar und eindeutig – ein anderes Mal ist sie unklar und verwirrt. Ein Medium muss gewisse Qualifikationen aufweisen, wie die Gabe, sich auf Gott einzustellen, oder anders gesagt, Kopf und Herz der absoluten Wahrheit, Weisheit und Liebe Gottes zu unterziehen. Wir betonen, dass sich das Medium vollständig auf die Wahrheit konzentrieren muss, nur dieses und nichts anderes wünschen darf und indem es alle Eigenwünsche ausschaltet, und das ist nicht leicht für einen gewöhnlichen Menschen.

Deshalb ist es weiser und sicherer, die eigenen geistigen Fähigkeiten zu entfalten. Wir denken hier nicht an eventuelle außersinnliche Wahrnehmungen, sondern an die Fähigkeit der Bewusstseinserweiterung, so dass du selbst direkten Kontakt aufnehmen kannst. Ein Gefühl, eine Überzeugung im Herzen, dass dein Liebstes direkt zu dir gesprochen hat, zählt mehr als viele übersinnliche Beweise. Jenseits aller „äußeren" Methoden der Kommunikation liegt, was wir die innere, geistige Verbindung, die direkte „Kommunikation des Geistes" nennen wollen. Wer diese Arte der Verbindung erreicht, nähert sich dem Kontakt mit der reinen Wahrheit. Denn sie kommt nicht via übersinnliche Fähigkeiten, sondern findet im Herzzentrum statt. Vermutlich weißt du, wo das Herz-Chakra liegt. Der Hellsichtige sieht es wie eine Lichtscheibe in der Herzgegend. In einem geistig noch nicht Erwachten glüht sie gerade sichtbar, doch in einem geistig Erleuchteten strahlt sie rein und schön. Bei Heiligenbildern sieht man manchmal ein strahlendes Juwel auf der Brust. Unsere katholischen Freunde stellen das Herz-Chakra auf Jesusbildern durch ein flammendes Herz dar. Diese innere Verbindung mit der geistigen Welt findet über das entwickelte strahlende Herz-Chakra statt, und Worte sind dabei nicht nötig. Sollen wir sie die Sprache des Herzens nennen? Der Empfänger einer solchen

Botschaft aus der geistigen Welt hat eine absolute innere Gewissheit über deren Quelle. Manchmal bekommt ihr durch ein Medium einen Hinweis, der eure Gedanken in eine gewisse Richtung lenkt und euch in Kontakt mit einer geistigen Bewusstseinsebene bringt, aus der ihr diese innere Gewissheit bekommt. Ihr seid dann vielleicht nicht in der Lage, die Quelle dieses Wissens jemand anderem zu erklären, seid aber absolut sicher, dass ihr mit einer Seele, die euch sehr teuer ist, in Kontakt seid. Hierzu braucht es keine Worte. Es ist ein Einfließen geistigen Lichtes von Herz zu Herz, eine seelische Verwandtschaft. Ihr habt einen wahren, echten Kontakt erlebt.

Normalerweise gelingt diese innere Verbindung mit dem Jenseits denen, die sich hierfür vorbereitet haben. Doch braucht man nicht unbedingt allein zu sein in einer Kirche oder einem Tempel. Durch ein tief empfundenes Gebet, einem selbst kaum bewusst und vielleicht ohne Worte, erhebt man sich zu Gott. Wahres Beten stellt die Verbindung her mit der Welt des Geistes.

Du sollst natürlich bei solche Dingen vernünftig und ausgeglichen sein. Lebe auf die richtige Art und Weise, wissend, dass du zu einem ganz bestimmten Zweck in einem materiellen Körper lebst. Die Verbindung mit der Welt des reinen Geistes wird dir nicht vorenthalten, wenn du demütig im Herzen bist, einfach im Glauben bleibst und der ewigen Liebe vertraust. Vernimmst du aus der geistigen Welt etwas, das weise, göttlich, wahr und schön ist, dann sage hinterher nicht: „Das war alles nur Einbildung." Kein Besucher aus den höheren Regionen wird dir eine Botschaft bringen, die den Gesetzen Christi widerspricht, oder Worte gebrauchen, die unfreundlich und verletzend wären, noch wird er dich jemals in die Irre führen. Was aus der Christussphäre kommt, trägt sein besonderes Siegel. „An ihren Früchten wird man sie erkennen."

Zusammenfassend können wir sagen, dass die Vorbedingungen für einen klaren Kontakt Seelenfrieden und Stille sind, nicht nur im äußeren Leben, sondern tief im Inneren. Jenseits aller Konflikte, aller widersprüchlicher Schwingungen, ist die Stille, und in dieser Stille ist Gott. Gott ist hinter jeder geschaffenen Form, jeder Aktivität und jeder Offenbarung.

Dieses Zentrum des Lichtes in deinem eigenen Wesen ist nicht allein auf dich beschränkt, denn je mehr es wächst, desto mehr strahlt es nach außen, streckt sich aus und berührt die universelle Welt. Dann kommst du, wie es dein inniger Wunsch ist, mit strahlenden Wesen in Kontakt. Vergiss nicht, dass deine Lieben, nachdem sie durch die Astralwelt hindurchgegangen sind, in eine höhere Ebene eingehen, in die himmlische Welt, wo du sie von Angesicht zu Angesicht treffen kannst. Verfalle nie in den Fehler zu glauben, dass du, weil du in einem physischen Körper lebst, auf diese materielle Welt beschränkt bist. Du bist sowohl göttlich als auch menschlich. Vergiss nicht, du hast sowohl einen himmlischen Körper als auch einen physischen Körper, der dir gegeben wurde, damit du dich seiner selbst jetzt bedienen kannst. Es ist ein großer Fehler zu glauben, dass die Herrlichkeiten des Himmels unerreichbar seien. Im Verlaufe seiner Entwicklung wird der Mensch lernen müssen, wie er als Wanderer, als Besucher, in seine wahre Heimat in der himmlische Welt gelangen kann, um dort mit eigenen Augen die Wunder zu schauen, die für jede Gott liebende Seele bereitet wurden. Der Ort dieses geistigen Kontaktes ist der Tempel innerhalb eures eigene Wesens, von dem Meister Jesus sprach. Alle Meister aller Zeiten haben ihre Jünger gelehrt, die geistige Verbindung, die Kommunion, zu suchen, bei der das Brot des Lebens gegessen und der Wein des Lebens getrunken werden kann. Der Heilige Gral, meine Freunde, ist in eurem Herzen, und er ist zugleich der kosmische Kelch. Folgt geduldig eurem Pfad und ihr werdet das Ziel mit Sicherheit erreichen und die wahre Freude des Lebens kennen lernen. Die Nebel werden weichen und Glück wird eure Krone sein.

Kontaktadressen:

Deutschland:

White Eagle Centre Deutschland e.V., Schraystr. 2, 82110 Germering,

Telefon: +49(0)89/8 41 77 90 – Fax: +49(0)89/84 00 60 38

info@whiteeagle.de – www.whiteeagle.de

Schweiz:

Stern-Zentrum der White Eagle Lodge, Moserstr. 25, 3421 Lyssach

Telefon und Fax: +41(0)34/4 02 36 36

mail@whiteagle.ch – www.whiteagle.ch

Hauptsitz der weltweiten White Eagle Familie in England:

The White Eagle Lodge, New Lands, Brewells Lane, Liss, Hampshire GU33 7HY

info@whiteagle.org – www.whiteagle.org

DIE WHITE EAGLE FAMILIE hat sich, seit der Gründung durch Grace und Ivan Cooke im Jahre 1936 in London, weltweit ausgebreitet.

Die White Eagle Lodge ist eine Gemeinschaft in der die Menschen die Möglichkeit für Wachstum und Verständnis finden und in der die Lehre von White Eagle praktischen Ausdruck erfährt. Hier können Männer und Frauen über die Gründe für ihr Leben auf Erden lernen und erfahren, wie man in Harmonie, Gesundheit und Glück leben kann mit der ganzen sichtbaren und unsichtbaren Bruderschaft des Lebens.

Wenn Sie mehr über die Arbeit der White Eagle Familie allgemein, das Symbol des Sterns und über unsere Licht- und Heilarbeit erfahren wollen, fordern Sie einfach unser umfangreiches Infomaterial im White Eagle Centre Deutschland e.V. an.

In den verschiedenen weltweiten Zentren (Adressen auf Anfrage) finden regelmäßige Veranstaltungen statt. Dies sind in erster Linie Kontaktheil-Gottesdienste (Heilung durch Hand auflegen) für persönlich Anwesende und Fernheil-Gottesdienste auch über größere Distanzen. Wenn Sie die White Eagle Fernheilung in Anspruch nehmen möchten, wenden Sie sich bitte mit zwei frankierten und an Sie selbst adressierten Rückkuverts und Angaben darüber, was in die Fernheilbetreuung aufgenommen werden soll, an Ihr jeweiliges Landeszentrum.

Außerdem finden regelmäßig Treffen zu Sonntags-Gottesdiensten und zu gemeinsamen Meditationen statt ebenso weitere Kurse und Seminare zum Erlernen der White Eagle Meditation, der White Eagle Heilarbeit und Lehre. Es gibt auch entweder wochenweise oder zum verlängerten Wochenende Meditations- oder Einkehrtage, die „Retreats". Näheres in den oben erwähnten Infos.

Heilung für die Erde

Softcover – 210mm x 210mm – vierfarbig
112 Seiten — Art.Nr. 0675
ISBN 978-3-937980-14-0

Ein Leitfaden, um geistiges Bewusstsein als Werkzeug zur Heilung unseres Planeten Erde einzusetzen.

HEILUNG FÜR DIE ERDE ist ein außergewöhnliches und bahnbrechendes Buch. White Eagles` Lehren haben seit mehr als 70 Jahren das Leben vieler Menschen verändert, aber seit Jahren gab es keine so vollständige, sowohl wichtige als auch zeitgemäße Sammlung seiner Lehren, als in diesem Buch. Es stellt einen Entwurf für unsere individuelle und kollektive Veränderung dar.

White Eagle wird nicht müde zu betonen, dass „den Planeten zu retten“ kein Vorgang von Angst und Reaktion sein muss, sondern einer der Einstimmung auf den natürlichen Prozess der Entwicklung im menschlichen Bewusstsein. Allein schon unsere Gedanken beeinflussen die Gedanken von anderen – unsere eigene Beachtung von Schönheit erschafft tatsächlich Schönheit. Wahre Liebe zur Natur attackiert Verschwendung. Vertrauen in den natürlichen Prozess des Lebens beseitigt die Ängste vor dem Leben und Tod, die wiederum Habgier und Egoismus erschaffen. Die Menschheit kann und wird sich verändern.

Heilung für die Welt

Softcover – 130mm x 197 mm – 106 Seiten
Art.Nr. 0674
ISBN 978-3-937980-13-3

In HEILUNG FÜR DIE WELT zeigt uns White Eagle, wie man den Prozess der Selbstheilung fortführt. Nachdem er uns darauf vorbereitet hat, Heiler zu werden, führt er uns weiter auf dem Pfad des Heilens. Er leitet uns dazu an, Heiler zu werden für unseren Planeten, füreinander und schließlich für uns selbst. Wenn wir uns der Heilkraft des Geistes öffnen, erhalten wir eine einzigartige, wunderbare Verbindung mit Gott, wir finden inneren Frieden und Schönheit, was sich heilend auf unser Leben auswirken wird.

Diese lang erwartete Fortsetzung eines populären geistigen Klassikers ist sowohl eine erbauliche Lektüre als auch ein Arbeitsbuch, in dem der Leser von einem geistigen Lehrer auf einem Weg zur Heilung und zur Entdeckung seiner selbst geführt wird.
Es setzt da an, wo das DAS GROSSE WHITE EAGLE HEILUNGSBUCH endet – bei einem Heildienst, und es vermittelt eine klare Botschaft: DIE WELT BEDARF DER HEILUNG – UND DAZU BRAUCHT SIE DICH.

Heilmeditationen

Softcover – 210mm x 210mm – vierfarbig
160 Seiten — Art.Nr. 0682
ISBN 978-3-937980-15-7

Meditation wird derzeit in zunehmendem Maß als ein Mittel gesehen, um Gesundheit und Wohlbefinden in Seele, Geist und Körper zu erlangen. Ob man selbst an einer Krankheit leidet, als Heiler oder Pfleger arbeitet oder einfach die Gabe der Heilung entwickeln will – man braucht immer das Selbe, sagt White Eagle in diesem Buch. Es geht um die Verbindung zur tiefsten und ewigen Quelle des Heilens nämlich Christus – den Großen Heiler.

Die im Buch enthaltenen und von White Eagle durchgegeben Meditationen sind alle, auf gewisse Weise, eine geistige Kommunion. Die Symbole, die im Buch verwendet werden, schließen die Rose der Liebe, den Tempel des Lichtes, das reinigende Bad und den sechseckigen Stern ausgeglichener Vollkommenheit ein, wobei „Christus" für White Eagle sehr viel mehr bedeutet als die Person Jesus, nämlich eine Kosmische Kraft, die in uns allen existiert und durch die wir uns wirklich selbst heilen.

Das Buch ist in Abschnitte eingeteilt, in denen ein Abschnitt der Betrachtung aus White Eagles´ Lehre in eine Meditation führt. Dieser wiederum geht eine hilfreiche Vorbemerkung voraus, wie man die jeweilige Meditation am besten anwendet. Werner Achermanns Fotos sind dazu gedacht, im Zusammenhang mit dem Heilen betrachtet zu werden. Dieses Buch gründet auf Themen in White Eagles´ weltbekanntem Klassiker „Heal Thyself" – deutsche Ausgabe: „Das große White Eagle Heilungsbuch".

Das kleine Engelbuch

Softcover – 105mm x 148mm
112 Seiten — Art.Nr. 0672
ISBN 978-3-937980-17-1

Die bewusste Wahrnehmung der Engel kann uns durch Zeiten großer Herausforderungen helfen, aber auch durch Zeiten großer Freude. Die Engel sind immer gegenwärtig und wenn wir uns ihrer ständigen Gegenwart bewusst werden, wird unser Leben durch ihre liebevolle Unterstützung verbessert, erweitert und bereichert.

DAS KLEINE ENGELBUCH ist eine sorgfältig zusammengestellte Auswahl von Lehren aus der geistigen Welt, so dass White Eagles´ Worte und des Lesers Intuition zur Entdeckung des ganz speziellen Engels führt, der uns bei allen unseren Bedürfnissen und Nöten unterstützt.

Häuser am Himmel

Softcover – 130mm x 197mm
106 Seiten — Art.Nr. 0673
ISBN 978-3-937980-16-4

SIMON BENTLEY, der Leiter der WHITE EAGLE ASTROLOGIESCHULE, bietet mit seinem Buch HÄUSER AM HIMMEL eine Weiterführung zum WHITE EAGLE ASTROLOGIEBUCH von Joan Hodgson an.

Dieses Buch ist für Anfänger in der Astrologie leicht verständlich, aber auch für Fortgeschrittene sehr aufschlussreich. Es ist ein praktischer und spirituell inspirierender Führer zu den zwölf HÄUSERN AM HIMMEL, die die Sonne auf ihrem täglichen Weg durch den Himmel bereist.

Ausgehend von der spirituellen Interpretation der Sternzeichen von Joan Hodgson erklärt Simon Bentley die Bedeutung des Hauses in dem die Sonne zum Zeitpunkt der Geburt stand und hilft uns unser spirituelles Potential zu verwirklichen.

Entschlüsselte Wirklichkeit

Softcover – 148mm x 210mm
344 Seiten — Art.Nr. 0643
ISBN 978-3-937980-12-6

BÉLA BALOGH, der Leiter der WHITE EAGLE LODGE in Ungarn hat mit seinem Buch ENTSCHLÜSSELTE WIRKLICHKEIT in seinem Heimatland Ungarn bei einer Auflage von zurzeit weit über 100.000 Stück ein beliebtes und in weiten Kreisen sehr beachtetes Werk geschaffen.

Seiner inneren Führung folgend, schuf er ein Werk, das die Kluft zwischen der materialistischen, der idealistischen und der esoterischen Weltanschauung zu überbrücken vermag.

Nach Überprüfung wissenschaftlicher Ergebnisse, Fähigkeiten und Erlebnisse wird sowohl die Annahme unhaltbar, dass unsere Gedanken durch Hirntätigkeit entstehen als auch die Vorstellungen über die Anfänge der Evolution. Die Möglichkeit, bzw. die Wirklichkeit des Lebens vor der Geburt und nach dem Tod bleibt keine Glaubensfrage mehr, sondern ist eine physikalische Gesetzmäßigkeit, die auf eine Vielzahl der uns wesentlichen Daseinsfragen Antwort gibt.